抗日战争档案汇编

抗战时期璧山军事档案汇编

2

重庆市璧山区档案馆 编

中华书局

本册目录

二、对敌防空

三、征工与军事建设

四、征兵与优待征属

二、对敌防空

四川全省防空司令部第十四独立监视哨关于报送裁撤监视哨并增设补助哨情形致璧山县政府的呈（一九三八年十二月）

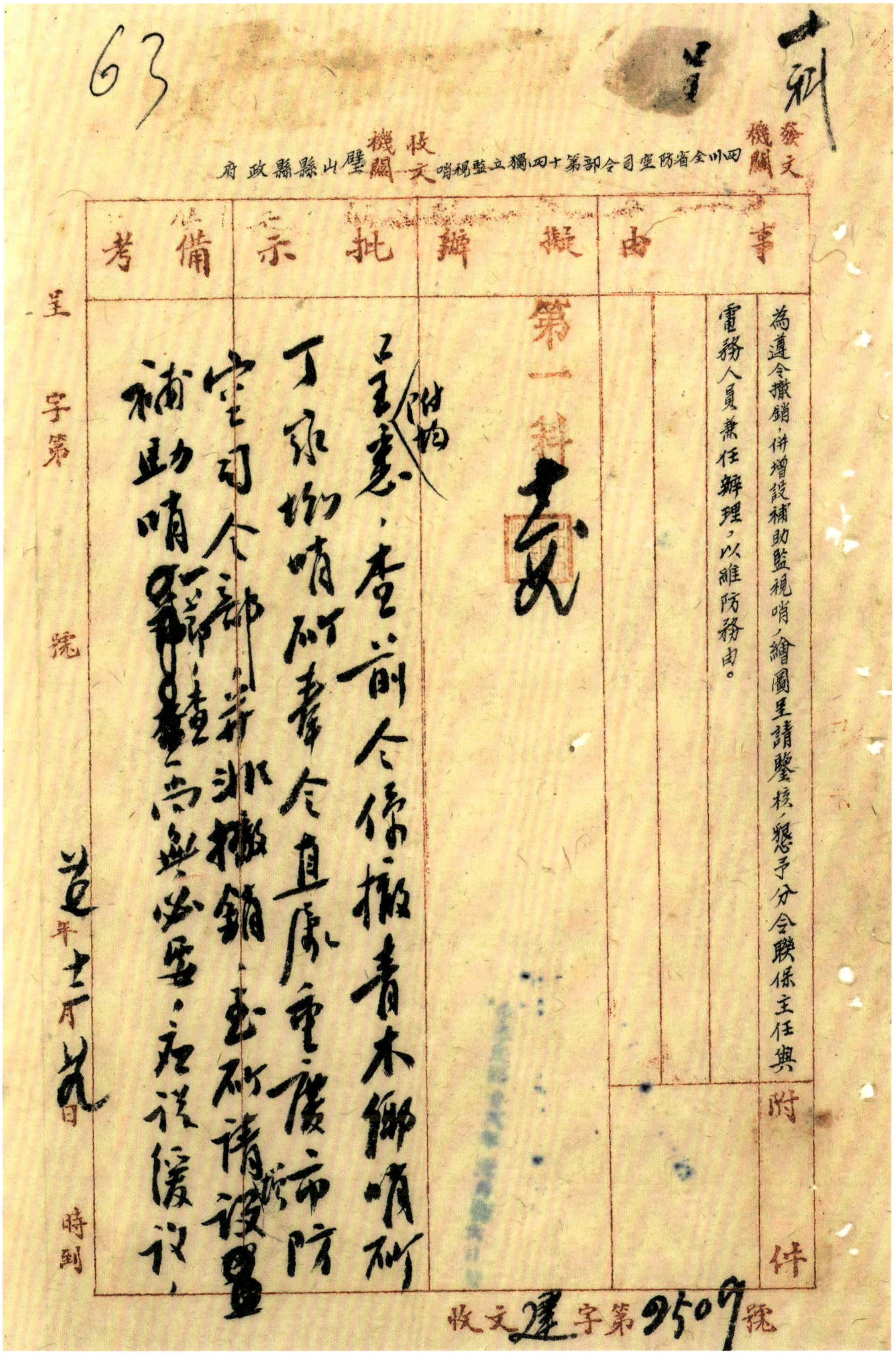
63

十一科

呈

發文機關：四川全省防空司令部第十四獨立監視哨

收文機關：璧山縣政府

事由：為遵令撤銷，併增設補助監視哨，繪圖呈請鑒核，懇予分令聯保主任與電務人員兼任辦理，以維防務由。

附件：

擬辦：第一科 存

批示：

備考：呈悉。查前令停撤青木鄉哨所、丁家坳哨所，奉令直属重慶市防空司令部，並非撤銷。至所請設置補助哨[illegible]尚無必要，應從緩議，

呈 字第 號

年 月 日 時到

收文建字第9509號

63

竊職于本月二十八日，案奉

鈞府轉發重慶防空司令部二十七年十二月二字第五九零號密令，（原文有案，邀免不錄外）後開，「除分令

外，合行令仰該哨長遵照，迅將該鄉哨所撤銷，所有公物，備文賫呈來府，以憑核轉備查為要。此令」

等因，奉此，職即遵令將本哨番號，改為四川全省防空司令部第十四獨立監視哨，除呈報外，并分別函達丁

家鎮，青木關，兩補助監視哨，着即撤銷，將所有公物文件，迅速繳呈鈞府核查，職思防空事關重

大，貴能切實週密，對空監視，傳達情報，該鄉哨所，既應撤銷，而蒲元，接龍，六塘，臨江，獅子，中興，來

鳳等七鎮，與職哨魚貫相續，為航線要路，應即增設，用特將應增設補助監視哨鄉鎮及番號，繪圖

壹綈，具文呈請

鈞府，俯賜鑒核，懇予令飭該鄉聯保主任，與當地電話人員，迅即遵照設置兼任辦理，是為公便，

是否之處，伏乞指令祇遵！

四川全省防……

65

謹呈。

璧山縣縣長彭

附呈應增設補助監視哨鄉鎮及番號圖壹張

四川全省防空司令部第十四獨立監視哨代理哨長張燦東

[印：已銷卡]

[印：張燦東印]

[印：十四獨立監視哨圖記]

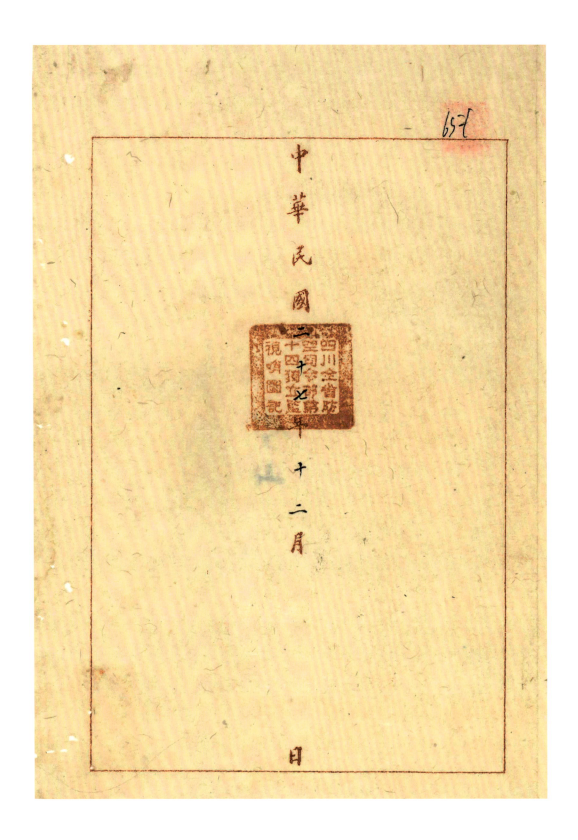

中華民國二十七年十二月　日

四川全省防空司令部第十四號監視哨圖記

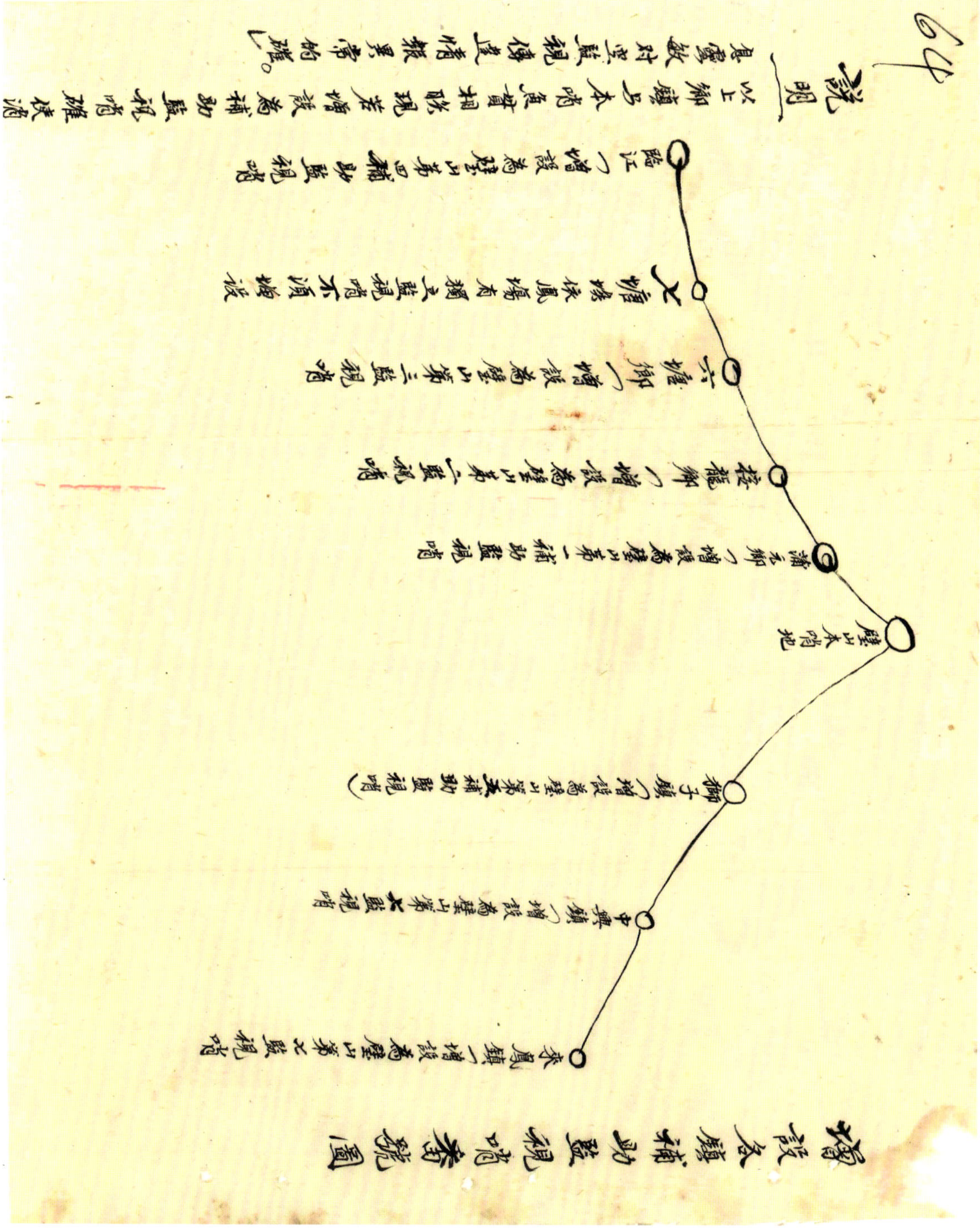
64
增設各鎮補助監視哨番號圖
來鳳鎮（增設為壁山第七監視哨
中興鎮（增設為壁山第六監視哨
獅子鎮（增設為壁山第五補助監視哨）
壁山本哨地
蒲元鄉（增設為壁山第一補助監視哨
梓龍鄉（增設為壁山第二監視哨
六塘鄉（增設為壁山第三監視哨
七塘場依鳳場有獨立監視哨不須增設
臨江（增設為壁山第四補助監視哨
說明
以上鄉鎮与本哨息貫相联現若增設為補助監視哨確使消息靈敏对空監視傳遞情報異常的確。」

璧山县防空支会一九三八年职员姓名表（一九三八年）

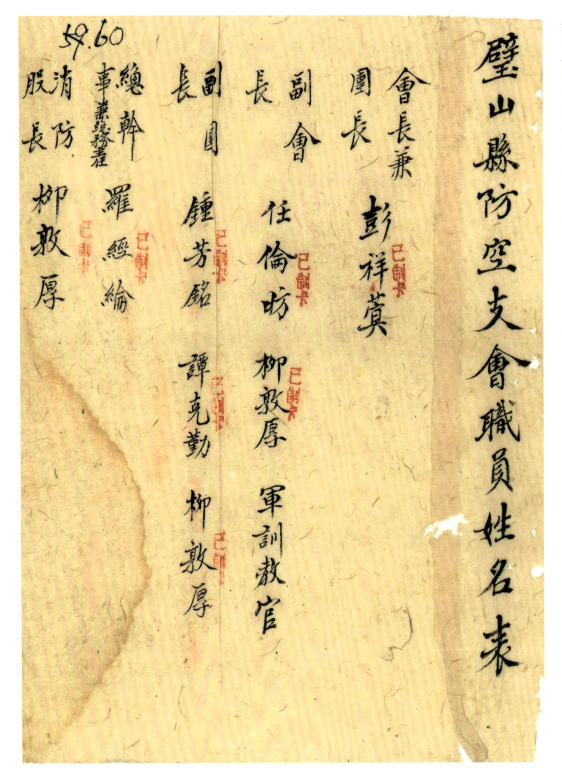

璧山縣防空支會職員姓名表

會長兼團長 彭祥蓂 已製卡

副會長 任倫昉 已製卡

柳敦厚 已製卡 軍訓教官

副團長 鍾芳銘 已製卡

譚克勤 已製卡

柳敦厚 已製卡

總幹事兼總務股長 羅經綸 已製卡

消防股長 柳敦厚 已製卡

59.60

警報股長 何定弘 已制卡

警備及管制股 譚克勤 已制卡

副股長 王主任 彭巡官 特務隊長 補充隊長

宣傳主任 何戡黎 已制卡

訓練主任 縣府第一科長

救護股長（附防毒） 黃炅九 已制卡

副股長 陳遵德 已制卡 葉宗銑 已制卡

校医 尹上勲

研究主任兼工務股長 饒尚沣 已制卡

副股長 陳大海 已制卡 戴俊明 已制卡

團幹事 陳大海 已制卡 張少良 已制卡 賀國才 已制卡 何定弘 已制卡 萬慶源 已制卡 戴俊明 已制卡

璧山县空袭紧急救济联合办事处组织规程（一九三八年）

74

璧山縣空襲緊急救濟联合辦事處組織規程

第一條 本联合辦事處（以下簡稱本處）專為救濟本縣遭受敵機襲炸以致傷亡失所之被災民衆而設

第二條 本處以左列各有關機關團体組織之振濟委員會、璧山縣運送配置難民分站

璧山縣黨務指導委員會

璧山縣政府

璧山縣財務委員會

璧山縣商會

璧山縣民衆教育館

璧山縣立初級中學校

璧山縣立初級職業學校

别動總隊司令部醫務處
第一補訓處第五團醫務所
寬仁醫院分診所
璧山縣防空支會
璧山縣防護團
璧山縣第一區署
璧山縣國民自衛總隊部
璧山縣警察所
凡對於本處緊急救濟熱心贊助之私人或團体本處得聘爲委員

第三條　本處設委員若干人由聯合組織之機關團体遴派負責代表担任之互推主任委員一人副主任委員三人

第四條　本處設左列組

主任委員執行委員會會議之決議綜理處務副主任委員輔助之

一、總務組——掌理本處文書庶務事宜

二、救護組——掌理受灾民衆之救護医療事宜

三、調查組——掌理空襲災害損失調查事宜

四、稽核組——掌理受灾民衆撥願賑款之審核報銷事宜

第五條 每組設組長一人副組長一人至三人就參加機關團体性質推任之

第六條 敵機襲炸被難傷亡民衆經調查屬實應即向振濟委員會請撥賑款予以救濟

第七條 本處救濟費之收支應先經稽核組審核由總務組彙案提出會議報告并應造具報銷呈送振濟委員會

第八條 本處遇有重要事項由主任委員隨時召集委員會議公决之

第九條 各組辦事細則及工作計劃由各組自行擬定送請主任委員核定之

第十條 本規程經委員會决議後施行如有未盡事宜得隨時提出會議修改之。

罗志惠关于报送敌机轰炸情形请核查致璧山县政府的报告（一九三九年一月七日）

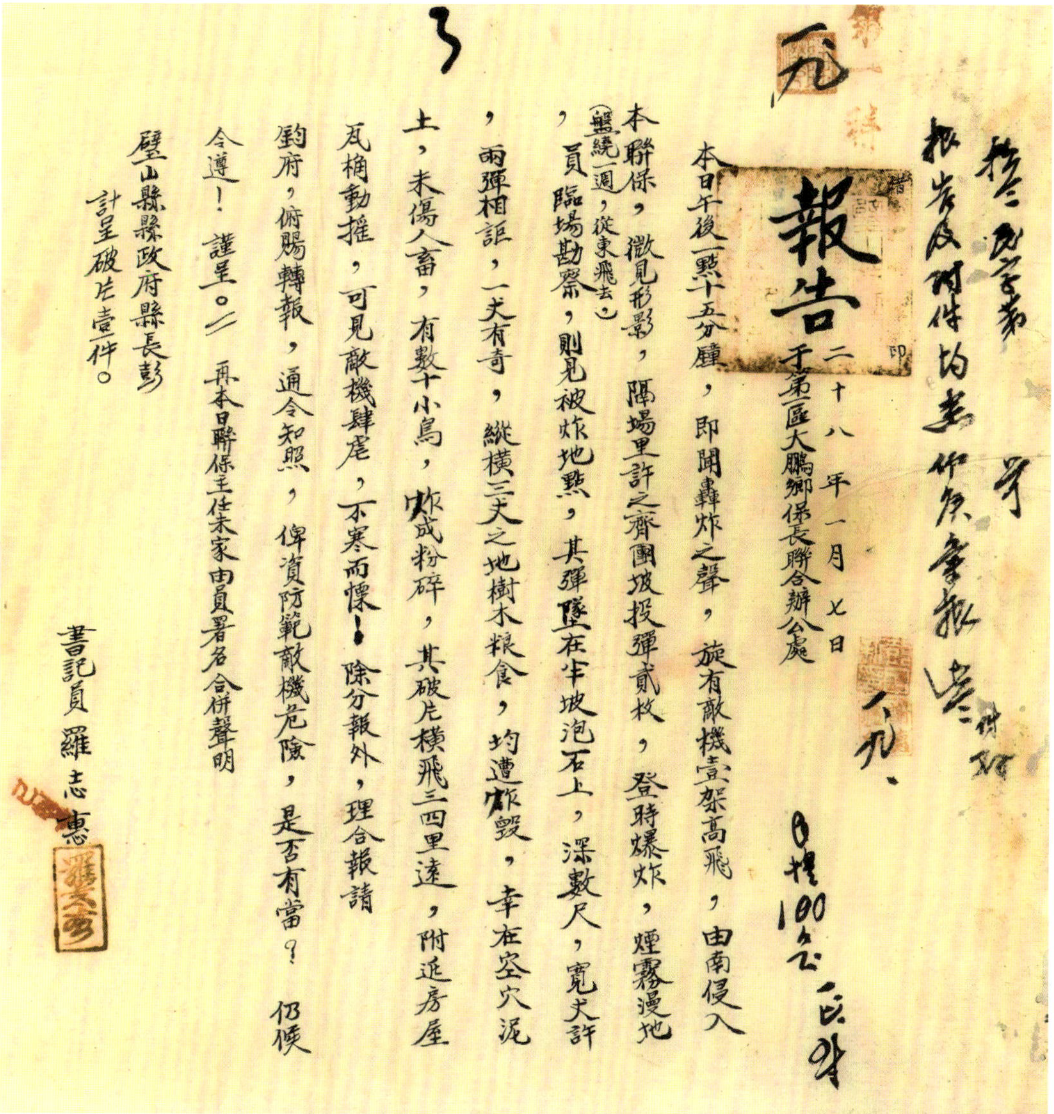

報告　二十八年一月七日　于第一區大鵬鄉保長聯合辦公處

本日午後一點十五分鐘，即聞轟炸之聲，旋有敵機壹架高飛，由南侵入本聯保，微見形影，隣場里許之齊團坡投彈貳枚，登時爆炸，煙霧漫地（盤繞一週，從東飛去。）員臨場勘察，則見被炸地點，其彈墜在半坡泡石上，深數尺，寬丈許，兩彈相距，一丈有奇，縱橫三丈之地樹木粮食，均遭炸毀，幸在空穴泥土，未傷人畜，有數十小鳥，炸成粉碎，其破片横飛三四里遠，附近房屋瓦桷動搖，可見敵機肆虐，不寒而慄！除分報外，理合報請鈞府，俯賜轉報，通令知照，俾資防範敵機危險，是否有當？仍候令遵！謹呈。〇〔再本日聯保主任未家，由員署名合併聲明〕

璧山縣縣政府縣長彭

計呈破片壹件。

書記員　羅志惠

何明周关于报送敌机轰炸情形请核查致璧山县政府的呈（一九三九年一月八日）

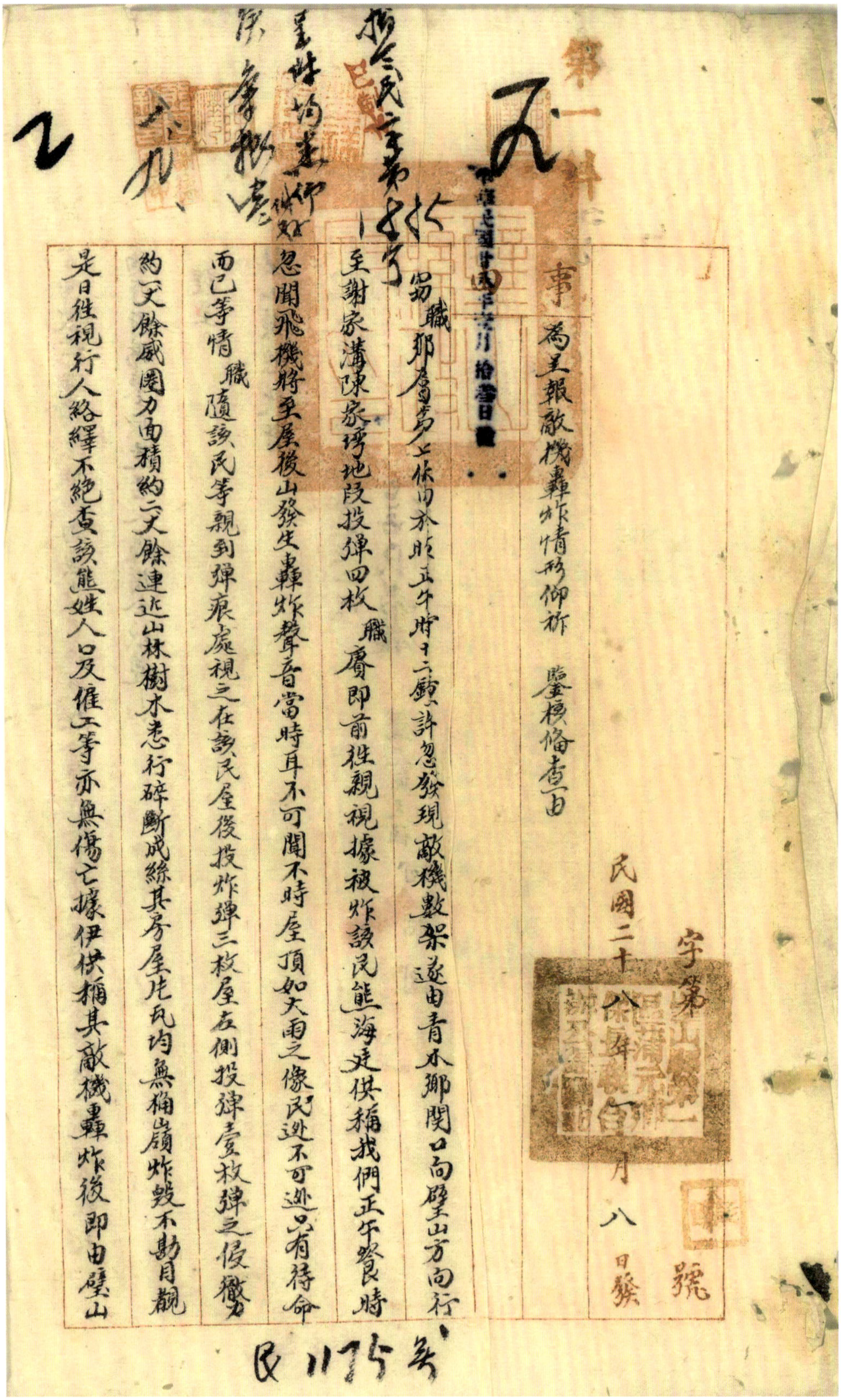

事由 為呈報敵機轟炸情形仰祈 鑒核備查由

竊職鄉屬第七保田於昨正午時十二鐘許忽發現敵機數架遂由青木鄉關口向璧山方向行至謝家溝陳家灣地段投彈四枚 職賡即前往親視據被炸該民熊海廷供稱我們正午餐飯時忽聞飛機將至屋後山發生轟炸聲音當時耳不可聞不時屋頂如大雨之像民逃不可逃只有待命而已等情 職隨該民等親到彈痕處視之在該民屋後投炸彈三枚屋左側投彈壹枚彈之侵蝕約一丈餘威圍力面積約二丈餘連近山林樹木悉行碎斷戚係其房屋片瓦均無損毀不動目觀是日往視行人絡繹不絕查該熊姓人口及傭工等亦無傷亡據伊供稱其敵機轟炸後即由璧山

民國二十八年一月八日發

第 字 號

民1175卷

21

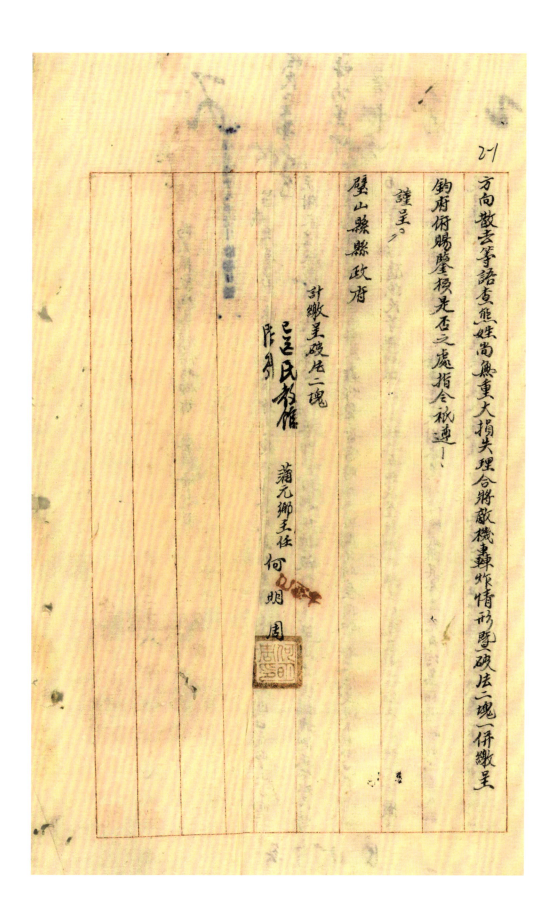

方向散去等語查熊姓尚無重大損失理合將敵機轟炸情形暨破瓦二塊一併繳呈

鈞府俯賜鑒核是否之處指令祇遵！

謹呈。

璧山縣縣政府

計繳呈破瓦二塊

已送民教館陳列

蒲元鄉主任　何明周

何明周印

四川全省防空司令部关于告知航空委员会派员视察重庆区各队哨致璧山县政府的代电（一九三九年一月十三日）

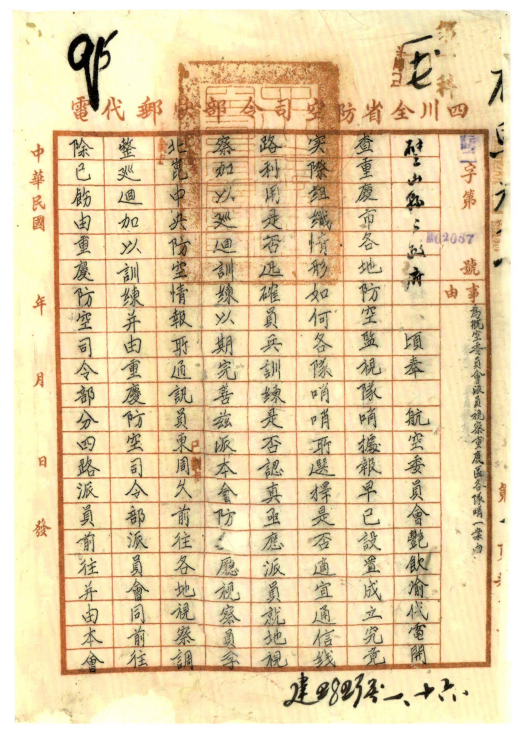

四川全省防空司令部快郵代電

防二字第　　號

事由：為航空委員會派員視察重慶區各隊哨一案由

璧山縣政府

頃奉航空委員會艷飲渝代電開

查重慶市各地防空監視隊哨據報早已設置成立究竟實際組織情形如何各隊哨哨所選擇是否適宜通信綫路利用是否迅確員兵訓練是否認真亟應派員就地視察加以巡迴訓練以期完善茲派本會防空廳視察員李北崑中央防空情報所通訊員東周久前往各地視察調整巡迴加以訓練并由重慶防空司令部派員會同前往除已飭由重慶防空司令部分四路派員前往并由本會

中華民國　年　月　日　發

96

四川全省防空司令部快郵代電

字第　號

事由

電請重慶行營轉行四川省政府通飭有關各縣一體協助外特電知照并轉行有關各縣飭屬一體協助為要等因奉此除有關各縣已由　省府通令并由本部加派王雲馮紹金余止沉彭菊存隨同航委會視察員分頭視察外特電知照　兼司令鄧錫侯　元印

中華民國廿八年一月　日發

第二頁共二頁

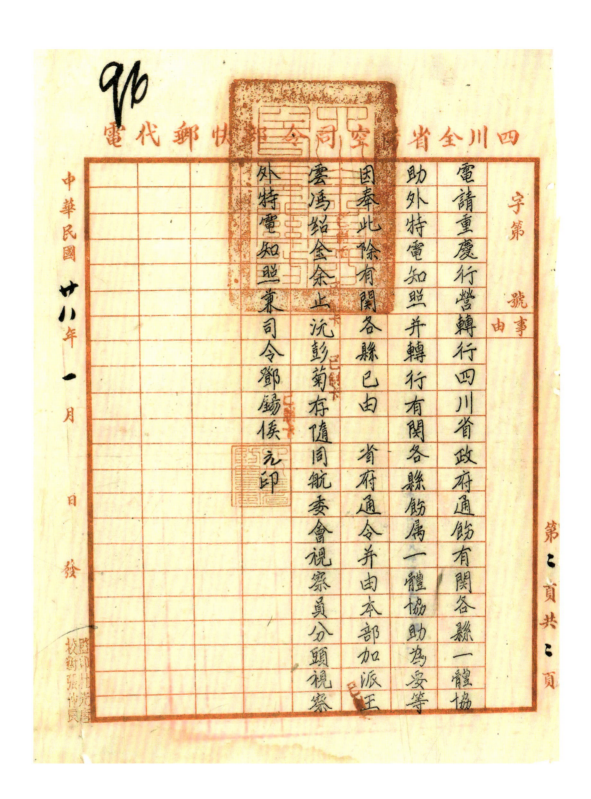

監印杜光㕍
校對張仲良

璧山县政府第二区区署关于报送正心镇三官殿等地被敌机炸毁情形请赈济致璧山县政府的呈（一九三九年一月十四日）

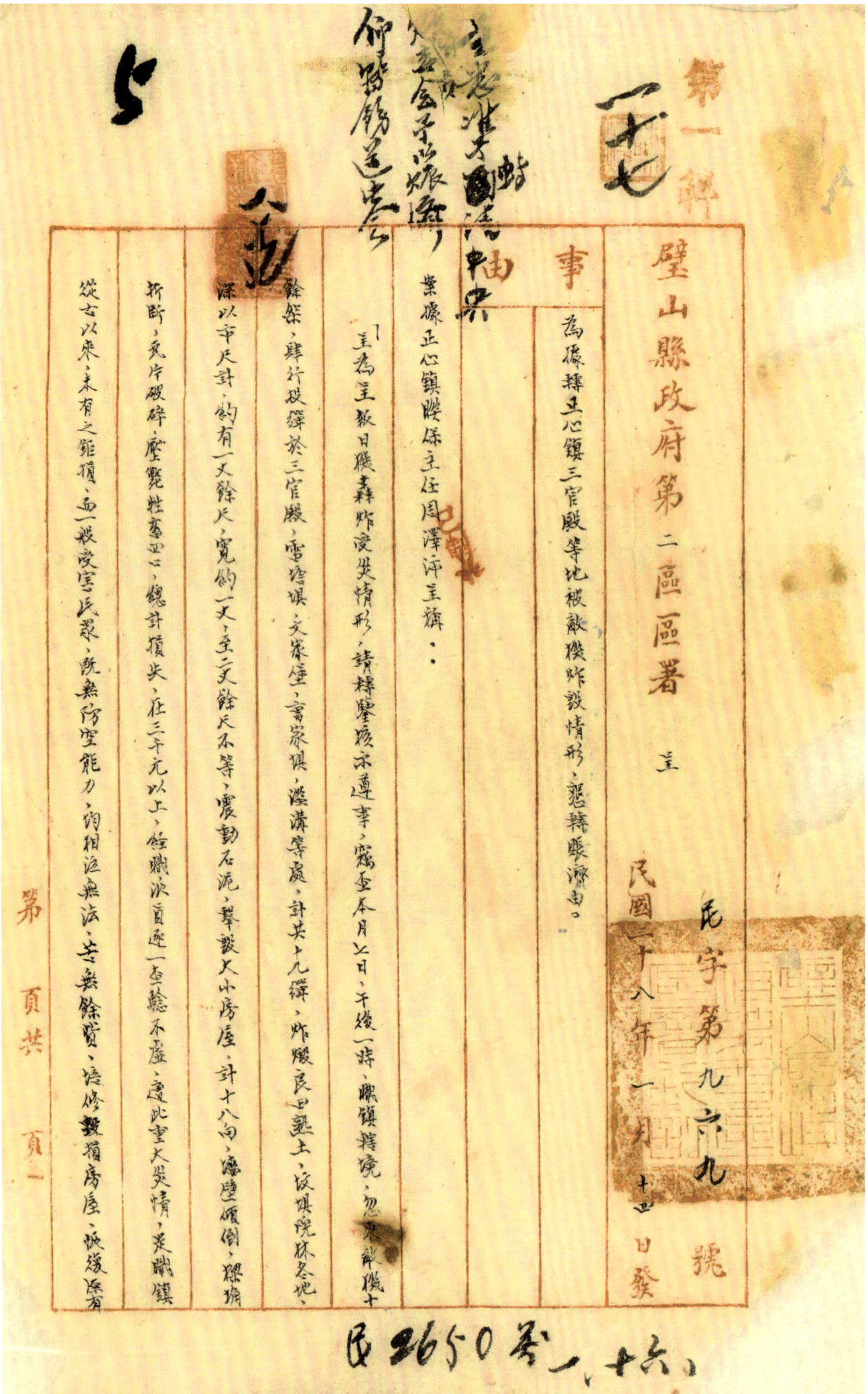
璧山縣政府第二區區署 呈
民字第九六九號
民國二十八年一月十四日發

事由：為據轉正心鎮三官殿等地被敵機炸毀情形，懇轉賑濟由。

案據正心鎮聯保主任周澤沛呈稱：「為呈報日機轟炸受災情形，請轉鑒核示遵事。竊查本月七日，午後一時，職鎮轄境，忽來敵機十餘架，肆行投彈於三官殿、雷壇壩、文家灣、高家壩、澄溝等處，計共十九彈，炸燬良田熟土、該壩院林各地，深以市尺計，約有一丈餘尺，寬約一丈，至二丈餘尺不等，震動石泥，擊毀大小房屋，計十八間，牆壁傾倒，樑桷折斷，瓦片破碎，壓斃牲畜四口，總計損失，在三千元以上，經職沿頁逐一查驗不虛，遭此重大災情，是職鎮從古以來，未有之鉅損，而一般受害民眾，既無防空能力，均相泣無法，並無餘資，培修毀損房屋，恢復原有

第 頁 共 頁

6

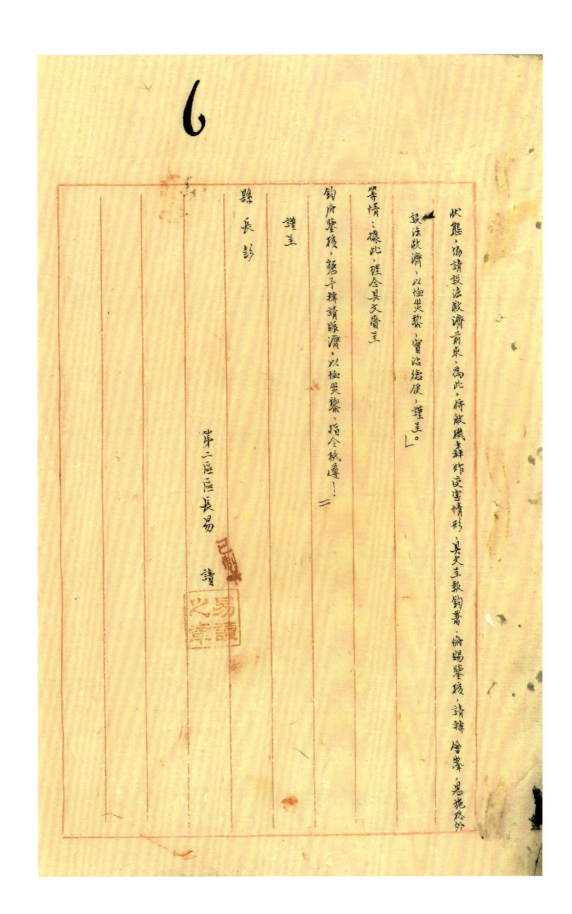

狀態，協請設法救濟前來，為此，將敝職轟炸受害情形，具文呈報鈞署，俯賜鑒核，請轉 層峯，恩施格外

設法救濟，以恤災黎，實沾德便，謹呈。」

等情；據此，理合具文賫呈

鈞府鑒核，懇予轉請賑濟，以恤災黎，指令祇遵！

謹呈

縣長彭

第二區區長易 讀

已制

易讀之章

四川省第三区行政督察专员公署关于查明飞机降落地点致各县县长及三峡实验区区长的代电（一九三九年二月八日）

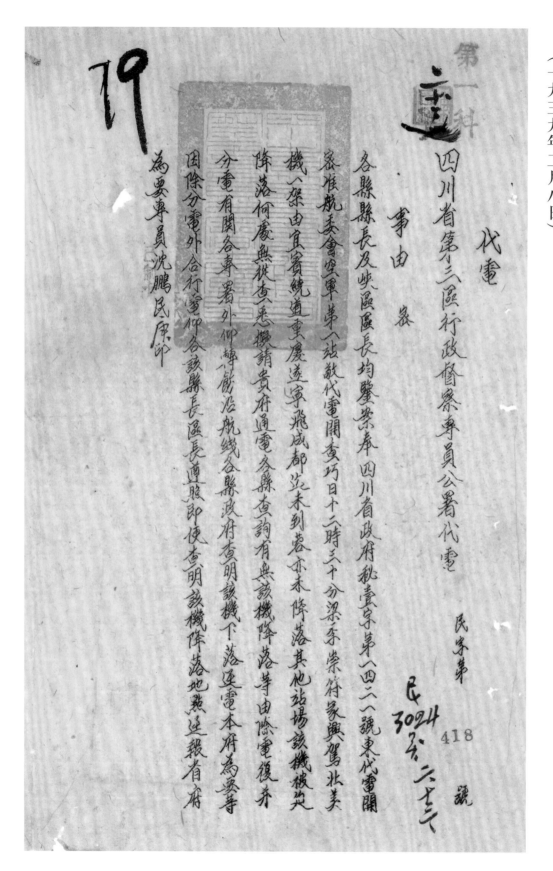

代電

四川省第三區行政督察專員公署代電　民字第　號

事由　案

各縣縣長及峽區區長均鑒：案奉四川省政府秘壹字第一四二一號東代電開：「案准航委會空軍第一站敬代電開：查巧日十二時三十分梁季崇符家與駕駛北美機一架由宜賓繞道重慶遂寧飛成都，迄未到蓉，亦未降落其他站場，該機被迫降落何處無從查悉，擬請貴府通電各縣查詢有無該機降落等由，除電復并分電有關各專署外，仰轉飭沿航綫各縣政府查明該機下落，逕電本府為要。」等因。除分電外，合行電仰各該縣長、區長遵照，即便查明該機降落地點，逕報省府為要。專員沈鵬。民庚印。

璧山县马嘶实验乡公所、璧山县马嘶实验乡农学校关于报送辖境并无北美机降落致璧山县政府的呈（一九三九年二月二十三日）

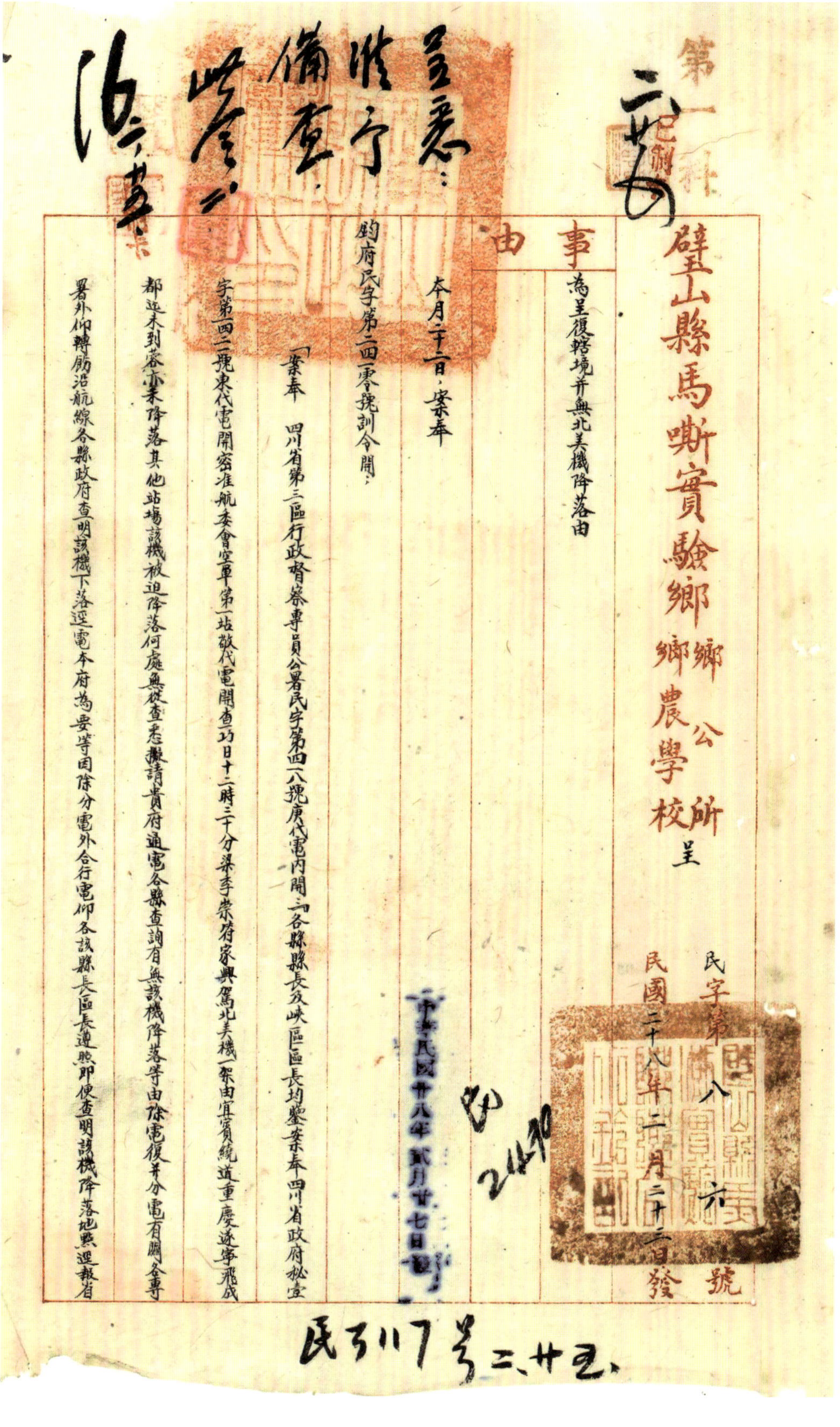
第一科
璧山縣馬嘶實驗鄉鄉公所
鄉農學校呈
民字第八六號
民國二十八年二月二十三日發
事由 為呈復轄境并無北美機降落由
本月二十二日案奉
鈞府民字第二四一零號訓令開：
「案奉 四川省第三區行政督察專員公署民字第四一八號庚代電内開：「 案奉四川省政府秘壹字第四二一號東代電開：密准航委會空軍第一站敬代電開：查巧日十二時三十分梁李崇府、家興駕北美機一架由宜賓繞道重慶、遂寧飛成都，迄未到蓉，亦未降落其他站場，該機被迫降落何處，無從查悉，擬請貴府通電各縣查詢有無該機降落等由。除電復并分電有關各專署外，仰轉飭沿航線各縣政府查明該機下落，逕電本府為要等因。除分電外，合行電仰各該縣長、區長遵照，即便查明該機降落地點，逕報省

民3117号 二、廿三、

77

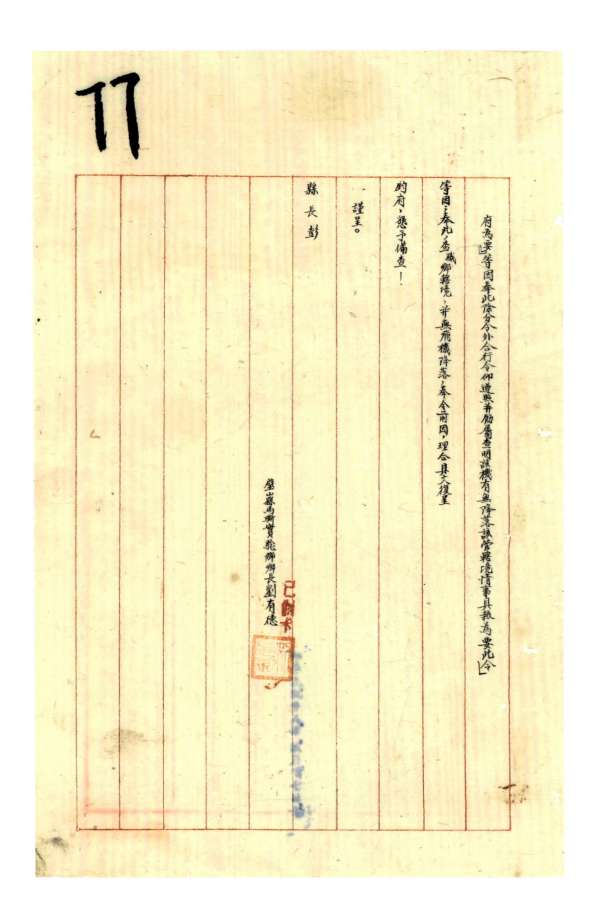

府為要〻等因奉此除分令外合行令仰遵照并飭屬查明該機有無降落該管轄境情事具報為要此令〻

等因〻奉此〻查職鄉轄境〻并無飛機降落〻奉令前因〻理合具文復呈

鈞府〻懇予備查！

謹呈。

縣長彭

璧山縣馬坊實驗鄉鄉長劉有德

璧山县政府第三区区署关于积极疏散城镇居民并筹办消极防空具报致临江乡联保办公处的训令
（一九三九年九月二十三日）

璧山縣政府第三區區署訓令　區民字第　號

民國廿八年九月廿三日　265

事由：為奉令積極疏散城鎮居民並籌办消極防空具報由

遵照办理　九卅〇

令臨江聯保辦公處

案奉

璧山縣政府民字第三四〇號訓令開：

「案奉重慶衛戍總司令部廿八年八月坤二字第三七七二號訓令開：『查自抗戰軍興，敵机到處肆虐，我不設防之城市及無辜之人民，遭其轟害者比比皆是。本衛戍區內各縣均鄰近渝市，值茲積極疏散人口之際，原居渝市同胞多趨居各縣縣市，倘不及時籌措防空設施，難免不遭受重大災害。唯迭據報告，渝市以外各縣政府為及城鎮居民未曾身經慘痛，以為地處偏僻，又無軍事目標，遂致忽視防空，慢不經意。要知敵机兇殘，所到區域多不擇目標，濫施轟炸，此次嘉定空

9

襲之慘，即是證明。為此通令，仰該縣長切實注意，積極疏散城市人口，加緊籌辦消極防空，不得稍有大意，庶防患未然，免遭無謂之犧牲，仍仰將辦理情形詳細具報為要。」等因。奉此。查本縣近處渝市，時有遭敵機濫施轟炸之虞，城廂暨各大場鎮除積極疏散居民，嚴格取締易為敵機轟炸之目標（如白牆等色光等）外，並應在城廂各場鎮附近就地形山勢挖築防空壕洞，以備急時掩蔽之用。仰各該區署切實迅速辦理具報為要。此令。

等因。奉此。除分令外，合行令仰該主任即便遵照，一面積極疏散居民，並取締易為敵機轟炸之目標物（如白牆、紅白衣服及帕子），並應在場市附近就地形山勢挖掘防空壕洞，以資空襲時蔽掩而減損害，仍將辦理情形具報來署，以憑核轉為要！

此令。

區長 趙鑒

已制卡

九、廿七、

璧山县防空联席会议记录（一九三九年九月二十六日）

137/1

璧山縣防空聯席會議紀錄

時間：二十八年九月二十六日午前九鐘

地點：縣府會議室

出席人

地方法院　縣立中學　管獄署　軍訓部

警佐室　救濟院　職中校　警報管理處

正則女校　民教館　第一區署　縣商會

璧山聯保　難民分站　醫學會　城北聯保

財委會　第一科　徵收局　監視哨

淑德校　縣黨部　國民兵團　城西聯保

黨團長王仕錫　總幹事徐昌樑

主席：王仕錫

紀錄　何順信

甲、報告事項

1、主席報告（略）

乙、

討論事項

(1)防護團如何改組案

決議：為適應實際需要，加強防護力量計，特將原有組織予以徹底改組，其性質相同者，合併之，以節人力。

a. 燈火管制，交通管制，警備三股合併名曰警備股

b、警報股

c. 防毒，消防，合併名曰消防股

d、救護股內分三組：醫療、看護、担架。

E. 避難管制，工務，合併名曰營建股。

(2)推定各股負責人員案

a、警備股主任　推國民兵團團副長担任。

b、警報股主任　推防空監視哨哨長張紹良担任。

C、消防股主任 推警佐担任、

D、救護股主任 推救濟院長黃靈九担任、

一、醫療組組長 推醫學研究會王崇德担任、

二、看護組組長 推壁中校校醫尹尚修担任、

三、担架組組長 推第一區署主任區員汪庭熙担任、

E、疏建股主任 推縣府第三科技士杜世勛担任、

3、警報股工作應如何改進案

決議：仍係警鐘，不可放炮，並於城區各聯保内置一鐵鑼，同時發放，使警報聲音可以由近及遠。

4、消防股工作應如何改進案

決議：所有消防人員均由消防股主任指揮組訓，其消防器材，亦由該股配置各適當地點，使應用便利。

5、警備股工作應如何改進案

決議：劃分街段，指定警备人員崗位兼負看守民房，

及管制交通、灯火等事宜。

6、救護股工作應如何改進案

決議：由黃院長統籌計劃指揮院內各組切實組訓，以應事變。

7、疏建股工作應如何改進案

決議：於西門一帶城墻擇適當地點開闢道路以利空襲時之疏散。

8、如何添掘防空窯壕案

決議：城內街上掘防空壕，為防護人員臨時避難之用；城外多掘防空窯或防空壕，均由國民兵團士兵負責

丙、臨時動議：

1、寺廟鐘鼓由一區署調查徵集，後交城關各聯保，以便發放警報。

2、加緊催收防空捐，仍由縣府財委會商會警佐室協同派員催收交財委會保管開支

3、各股工作由各股主任自行籌劃，擬定辦法，繼續訓練，限本月底辦理完竣，報告本會團查核。

4、各街標準鐘，由警佐室負責修理，使時刻準確。

5、戰校所設標準鐘，在標準鐘安定後，除供警報之發放外，不得再用，免與警報混淆。

璧山县政府、四川防空协会璧山县防空支会关于检发璧山防护团改组纲要致防护团救护股主任的训令（一九三九年十月四日）

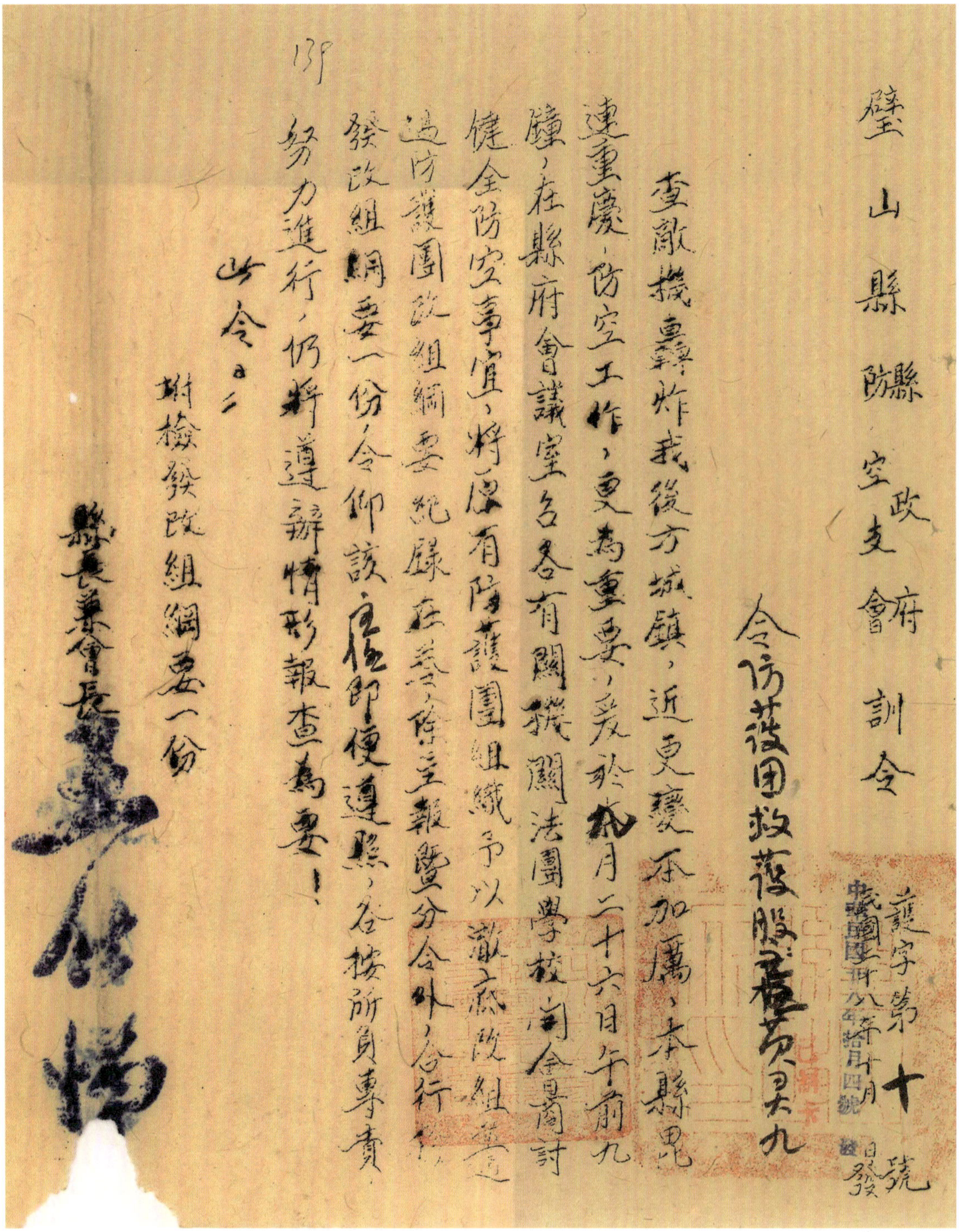
璧山縣政府
璧山縣防空支會 訓令
護字第十號
中華民國廿八年拾月四日發

令防護团救護股主任吳九

查敵機轟炸我後方城鎮，近更變本加厲，本縣毘連重慶，防空工作，更為重要，爰於九月二十六日午前九鐘，在縣府會議室召集各有關機關法團學校開會商討健全防空事宜，將原有防護團組織予以徹底改組，並通過防護團改組綱要，紀錄在卷，除呈報暨分令外，合行檢發改組綱要一份，令仰該主任即便遵照，各按所負專責，努力進行，仍將遵辦情形報查為要！

此令。

附檢發改組綱要一份

縣長兼會長

璧山縣防護團改組綱要

一、本團因鑒於組織龐雜，機構不靈，難以應付事變，特參照內各省市縣防護團組織規程，並適應時間空間之實際需要，澈底予以改組。

二、本團設團長一人，由縣長兼任，副團長二人，由警佐及國民兵團副團長分別兼任，受主管防空機關之指揮，統理一切事務；團長公出時，指定副團長一人代行其職務。

三、團長之下設專任總幹事、幹事各一人，承團長副團長之命，辦理團部一切事務。

四、本團設警備、警報、消防、救護、疏建五股，各股設主任一人，分負實際責任。

五、警備股掌理交通管制、灯火管制、警衛等事宜，由國民兵團全權負責，總理股內應辦事宜。

六、警報股掌理警報發放及傳達事宜

七、消防股掌理消防、防毒及拆卸等事宜，以全璧城官有民有之消防器具及人力綜和編制成隊，負全城消防之責。

八、救護股，以全城之中西醫士、中等以上學校之童子軍，及劃撥城區壯丁隊一部份組合而成，內分醫療、看護、担架三組，各組設組長一人，分負責任，由股長指揮，總理全城救護及醫治事宜。

九、疏建股掌理避難管制及工務等事宜。

一〇、團本部之下依區署劃分為三個區團，區團之下以聯保為單位成立若干分團，負實際防護執行責任。公私學校、公司、工廠、商號在五十人以上者得組特別分團，直屬團本部。

一一、分團之下設警備班，担任警戒交通管制、燈火管制事宜。避難管制班，担任避難指導及管理事宜。警報班，担任補助警報及警報傳達事宜。消防班，担任燃燒彈之撲滅、火災警報之傳播，並施行消防救護事宜。工務班，担任破壞道路之修復、搶拯建築物之拆卸、屍體之抬運、統籌掩埋等事宜。担架隊担任受傷之急救抬運事宜。

一二、各班設正副班長各一人，其團員人數以十名至十二名組成之。

一三、本綱要經防空支會會議通過並呈報重慶防空司令部備案施行。

壁山縣防護團組織系統表

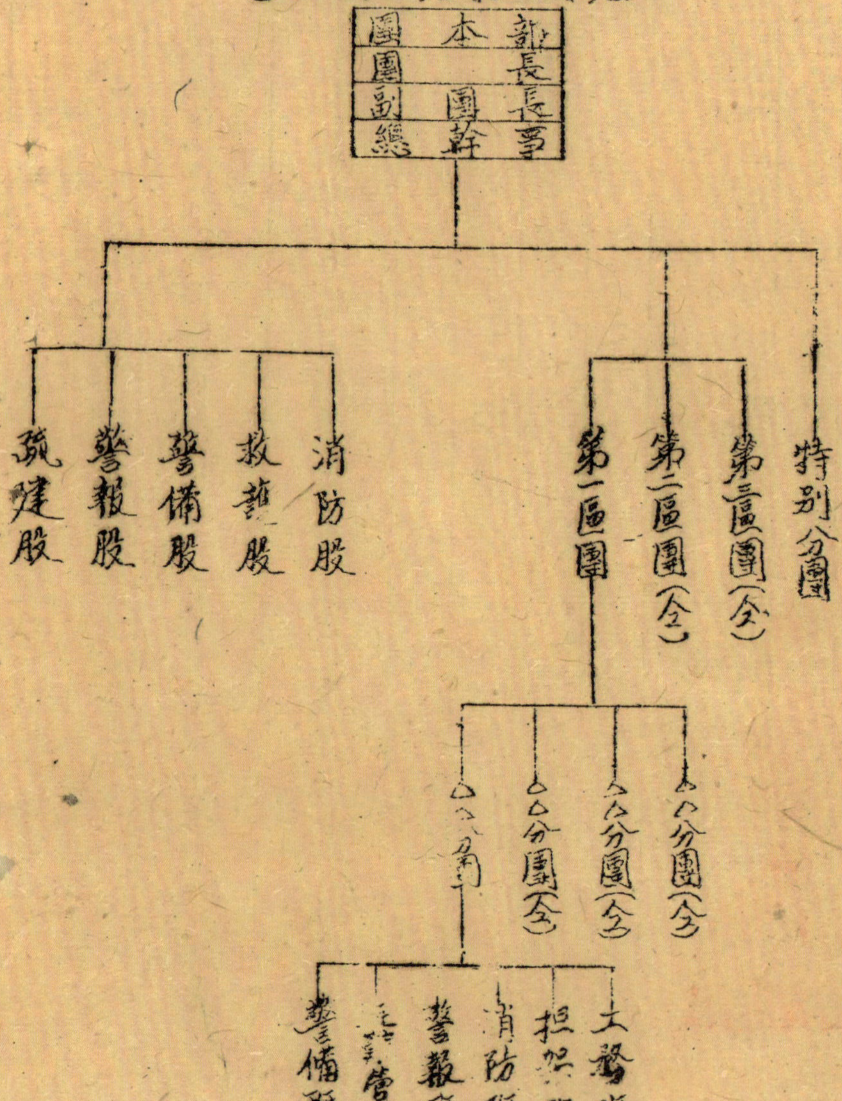

璧山县政府防空紧急会议记录（一九三九年十月五日）

37

壁山縣政府防空緊急會議紀錄

時間：十月五日上午九時

地點：縣府會議室

出席人：黃靈九　魏鼎　尚懷國　馮鯉舟　尹大猷

陳直民　杜世銘　陳蘋洲　鄭廷瑗　何定洪

魏澤寰　張宗和　趙純白　蘇俊賢　戴嵩齡

何戡黎　鍾芳銘　吳禹廷　柳敦厚　徐六合

胡執中　饒尚澧　王良貴　胡安鐵

主席　彭縣長　陳燁代

紀錄　謝德疆

甲、報告事項：（略）

乙、議決事項：

一、在城廂內外開築防空壕由縣政府防空支會第一區署即日會同勘定適當地點。

二、城内防空壕以中職兩校學生出力開築爲原則，城外征工由第一區署督飭聯保主任及保長負責辦理。

三、建築防空壕工程圖樣由防空支會詳細擬定。

四、城内外建築防空壕時由防空支會負責指導。

五、建築防空壕所需材料費就前奉令准之防空設備費壹千元内開支，由防空支會分别支爲分配。

六、城内外防空壕均定本月九日開工，以開工後一星期完成。

七、空襲警報除仍舊撞鐘外，并加放鐵炮，以二砲爲空襲警報，三鐵砲爲緊急警報，一砲爲解除警報。

八、消防設備由防空支會、警察所即日會商辦理。

35

璧山縣防空支會臨時會議紀錄

時間：十月九日上午十一時

地点：縣府會議室

出席人：鍾芳銘 黄靈九 饒尚澄 杜世銘 尹大猷 何定洪
徐大合 魏鼎 陳爗

主席 彭縣長

紀錄 謝德疆

甲、報告事項：畧

乙、議決事項：

一、城外防空壕由城東南西北鄉及璧山鎮五聯保主任各負一門防空壕建築之責征工開築并由第一區區長指揮監督定於十一日全部動工

二、城中防空壕仍由職中兩校學生開築之

三、城牆上設滑梯至多三個由璧中校建設

四、縣府內外防空壕由特務隊及監犯共同負開築
五、開防空壕所需器具由建築者自行設法
六、推饒校長為總監工員工程之指導監督事宜總監工以下需用人員由饒校長自行指派
七、開築防空壕之目的以防敵機之槍掃射及炸彈破片為原則壕上或無蔭蔽或置竹籬木板上敷乱草藉減少敵機空襲時之目標要視環境如何因地制宜
八、各高大房屋為減少空襲目標起見由警察所督飭居民將墻壁刷成灰黑色
九、文廟黃瓦以黑烟加桐油塗之由黃饒長會同饒校長辦理
十、所有應需材料由饒校長估計統購妥分配
十一、消防經費暫定三百元由警佐饒校長酌量設備修理
十二、民間消防由警所通知市民每家備備沙包並置大水缸一口預為蓄水
十三、警報信號灯火交通管制等俟預為製備規定并分配勤務
十四、電話管理所嚴督司機人員不得擅離職守

璧山县政府、四川省防空协会璧山县防空支会关于检发防空须知、训练注意事项致防护团救护股主任黄灵九的训令（一九三九年十月二十一日）

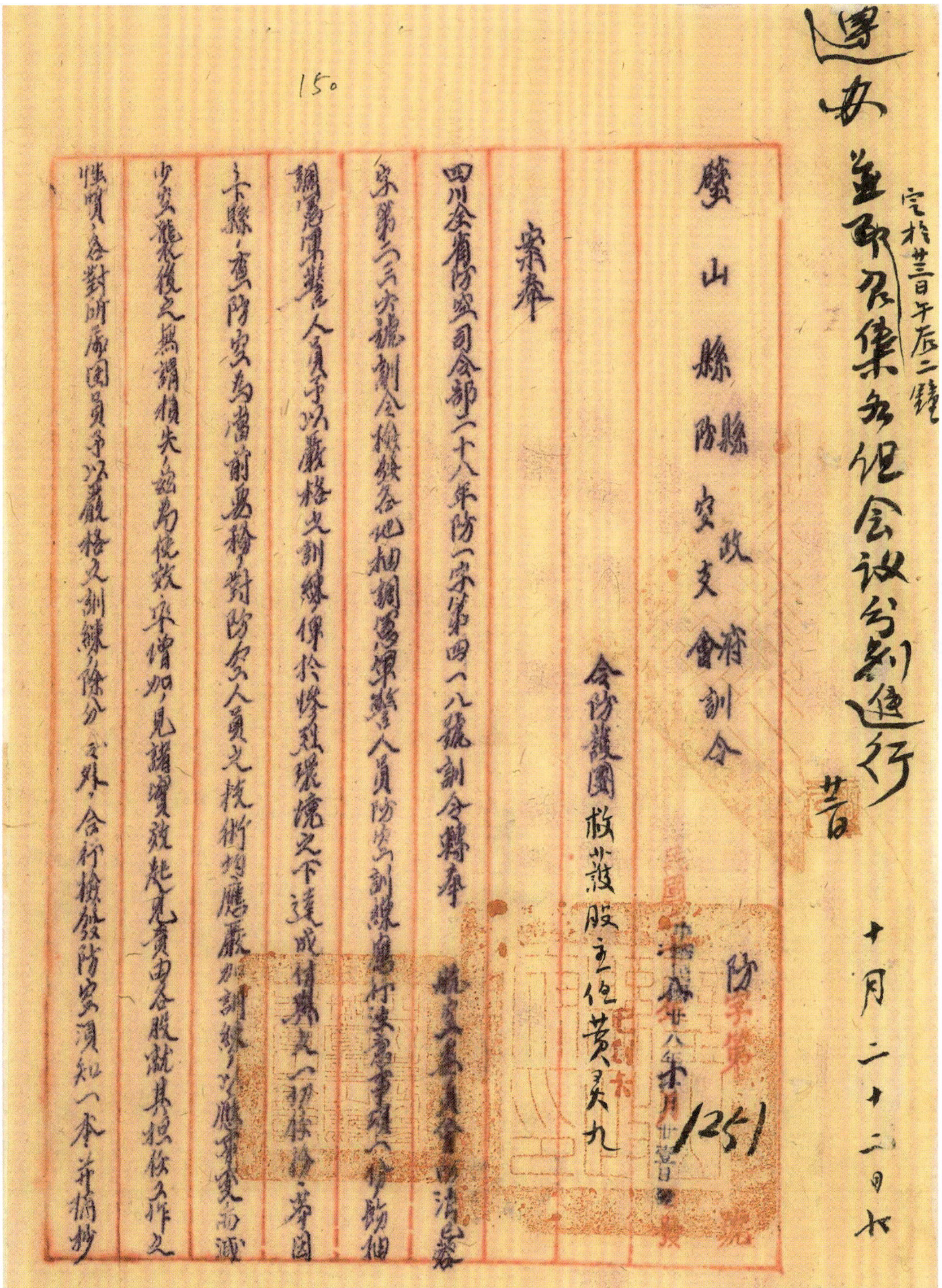
遵办
並即召集各組会议分别进行
定於廿三日午后二钟
十月二十二日收

璧山縣政府
璧山縣防空支會 訓令
防字第1251號
中華民國廿八年十月廿一日
令防護團救護股主任黃灵九
案奉
四川全省防空司令部二十八年防一字第四一八號訓令轉奉航空委員會渝清密字第二六三六號訓令檢發各地相關防空業務人員防空訓練應行注意事項一份，仰飭相關防空業務人員等以嚴格之訓練，俾於慘烈環境之下達成任務，而一切措施，并因之下縣之重，防空為當前要務，對防空人員之技術，均應嚴加訓練，以應事實而減少空襲後之無謂損失，並為使效率增加，見諸實效起見，責由各股就其担任之工作之性質，各對所屬團員予以嚴格之訓練，除分令外，合行檢發防空須知一本，並摘抄

151

訓練注意事項一份，令仰該主任即便遵照辦理，仍將遵辦情形隨時呈報本府，以憑核轉飭查照為要！

此令。

附檢發防空須知一本，訓練注意事項一份

縣長兼會長 王佐梯

監印 聶殿青

附：各地抽调宪军警人员防空训练应行法注意事项

152

救護股

各地抽調憲軍警人員防空訓練應行注意事項

一、訓練目的

為使兼負防空任務之憲軍警備部隊警察增進防空常識俾能於非常環境之下執行任務勝任愉快是以訓練時側重實施不重理論

二、訓練課程及其要領與課目

參照二十七年六月二十九日 軍事委員會辦一參字第一〇五六號指令修正之各省市（縣）及各要地防護團訓練辦法第四條施行之（條文抄附）

三、訓練期間

幹部訓練：規定為三至四星期（內一星期為各別實施）

一般訓練：規定為二星期（內五天為各別實施）

153

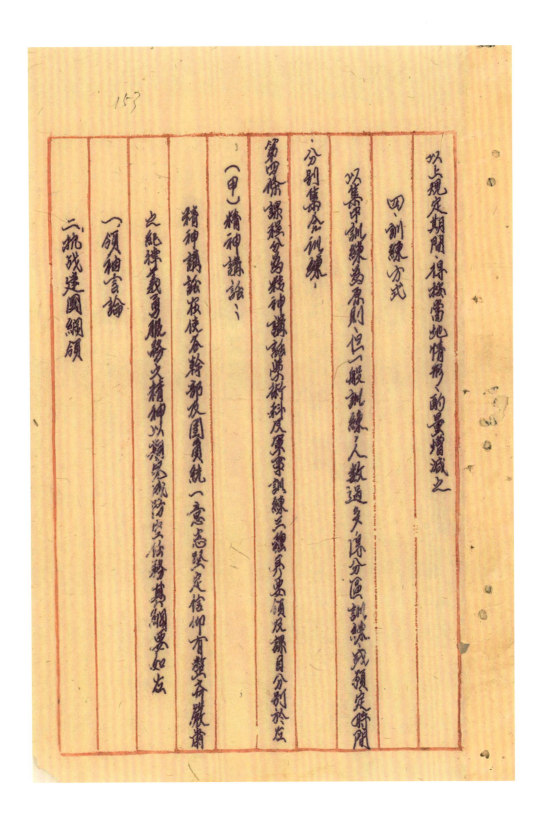

以上規定期間，得按當地情形，酌量增減之

四、訓練方式

以集中訓練為原則，但一般訓練人數過多，得分區訓練，或預定時間分別集合訓練。

第四條 課程分為精神講話、學術科及軍事訓練三類，其要領及課目分別於左

（甲）精神講話：

精神講話在使各幹部及團員統一意志，堅定信仰，有整齊嚴肅之紀律，義勇服務之精神，以期完成防空任務，其綱要如左

一、領袖言論

二、抗戰建國綱領

154

三、防空與國防

(乙)學術科：

學術科在使各隊瞭明防空之普通方法用收協同一致之效其課目如左

一、防空法

二、積極防空概要

三、防空情報概要

四、消極防空課目

救護：

救護之訓練在使擔任救護之團員能確實明瞭災害時際之行動與救護之要領以及防空救護一般之手段俾能達成救護任務其課目如左：

155

1、急救須知　2、担架使用法　3、繃帶使用法

4、人工呼吸法　5、簡易防毒法　6、毒氣攻擊下之行動訓練

7、救護器材之防毒消毒與保管　8、其他

(丙) 軍事訓練：

軍事訓練在使團員明瞭軍紀之重要協同一致之效率以及臨機應變愛護公物等習慣俾能達到一切防護任務其訓練課目如左：

1、各個教練

2、班教練

3、排教練

重庆防空司令部关于严密警备村镇防空免遭无谓牺牲致璧山县防护团的训令（一九四〇年六月）

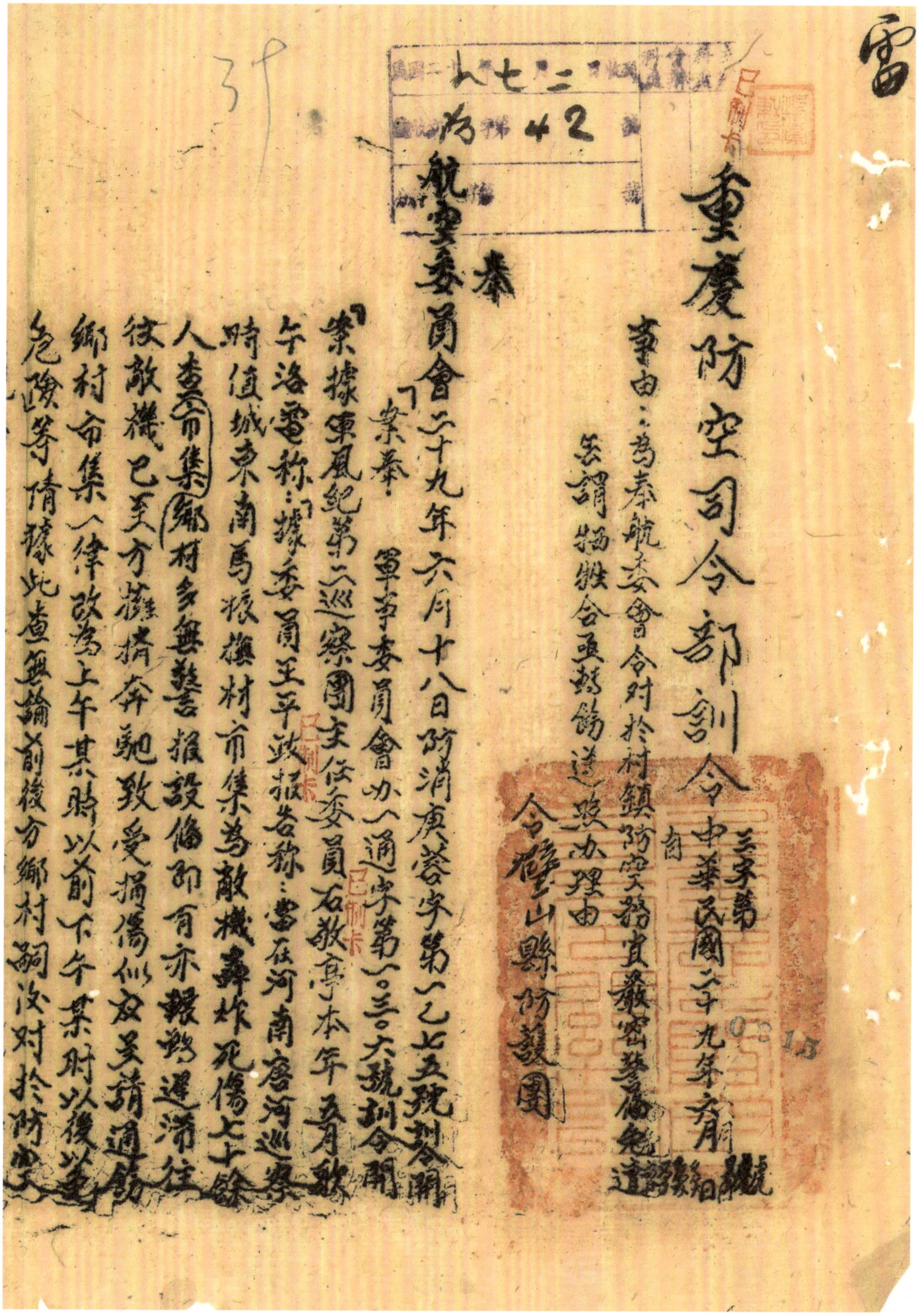

雷

重慶防空司令部訓令　三字第　號

中華民國二十九年六月　日

事由：為奉航委會令對於村鎮防空務宜嚴密警備免遭無謂犧牲合亟轉飭遵照辦理由

令璧山縣防護團

案奉

航空委員會二十九年六月十八日防消庚蓉字第一〇七五號訓令開：「案奉

軍事委員會辦公廳通字第一〇三〇六號訓令開：『案據東風紀第二巡察團主任委員石敬亭本年五月敬午洛電稱：「據委員王平政報告稱：當在河南唐河巡察時，值城東南馬振撫村市集，為敵機轟炸，死傷七十餘人。查市集鄉村多無警報設備，即有亦報警遲滯，往往敵機已至，方驚惶奔馳，致受損傷，似應呈請通飭鄉村市集一律改為上午某時以前，下午某時以後，以免危險等情。據此，查無論前後方鄉村，對於防空

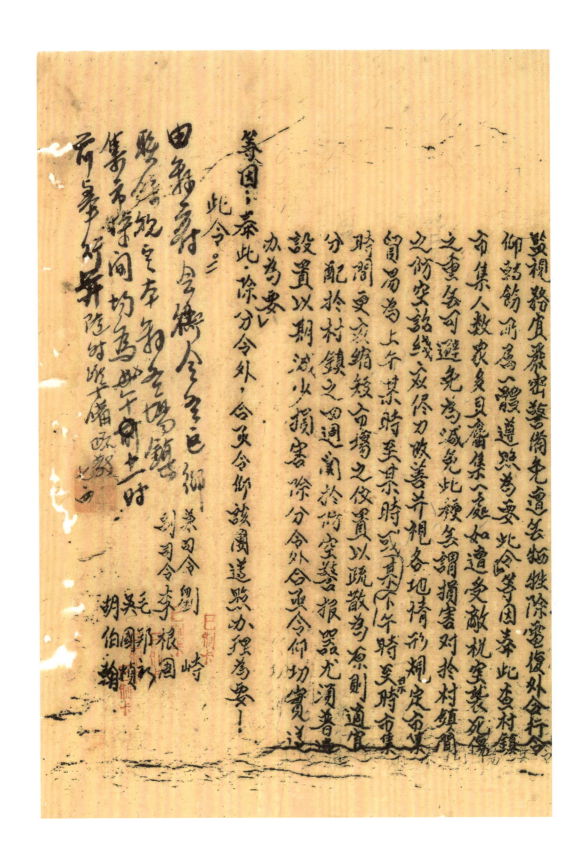

監視路貨嚴密警備免遭荼毒除毫復外合行令
仰該飭所屬一體遵照為要此令等因奉此查村鎮
市集人數衆多且屬集一處如遭受敵機突襲死傷
之重無可避免為減免此種無謂損害對於村鎮間
之防空路線應儘力改善并視各地情形規定市集
貿易為上午某時至某時（或自某時下午某時至某時）市集
時間更應縮短市場之位置以疏散為原則適宜
分配於村鎮之四週關於防空警報器尤須普遍
設置以期減少損害除分令外合亟令仰切實遵
辦為要

等因奉此除分令外合亟令仰該園遵照辦理為要！

此令

兼司令 劉峙
副司令 李根固
毛邦初
吳國楨
胡伯翰

已制卡

由各[illegible]會鄉公所已御
[illegible]統宣布各場鎮
集市時間均為上午十時至十二時
[illegible]行 [illegible]
[illegible]

璧山县县政府空袭时间警备勤务报告表（一九四〇年八月二日）

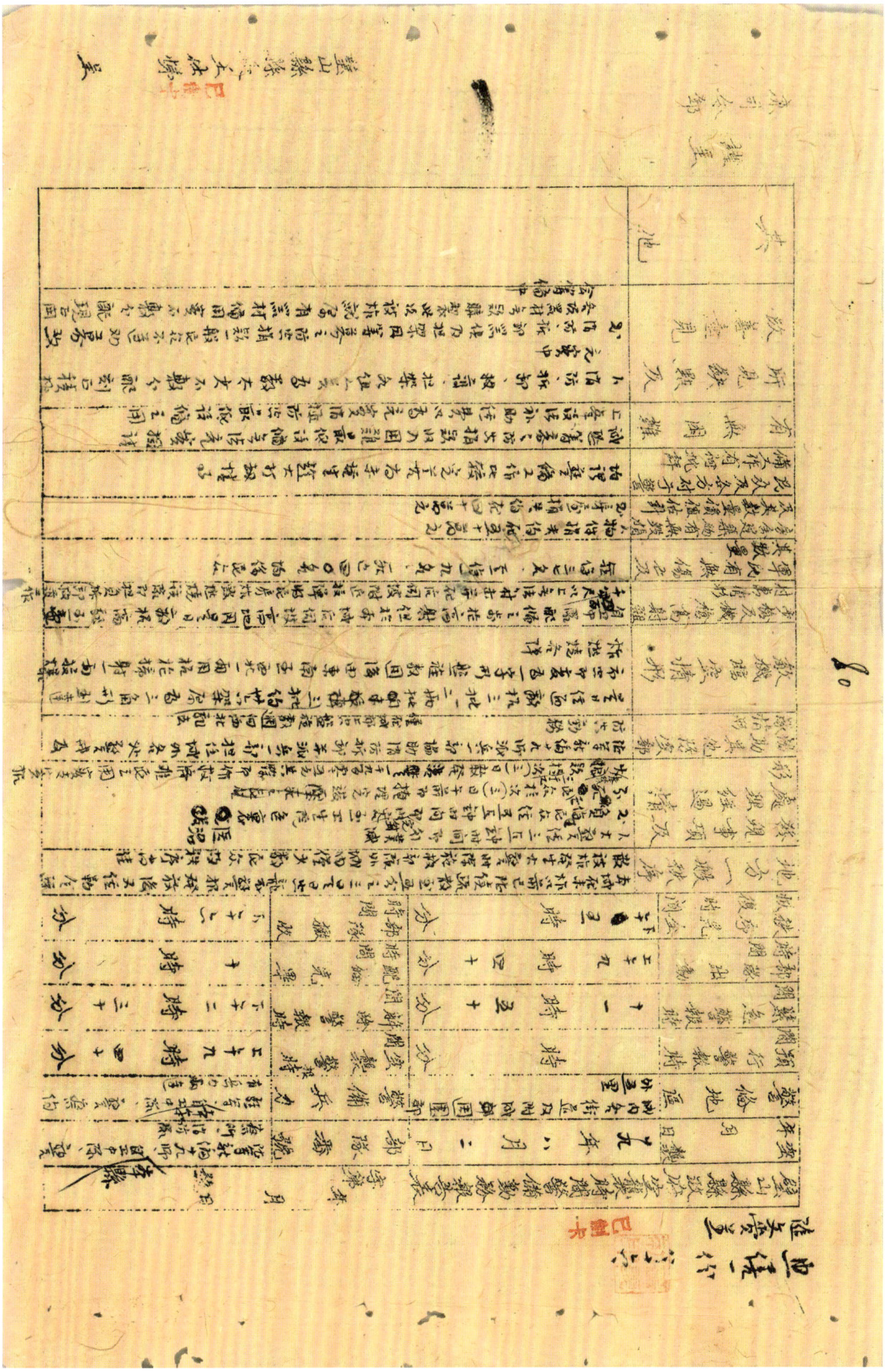
璧山縣政府空襲時間警備勤務報告表

璧山县防空救济会议记录（一九四〇年八月六日）

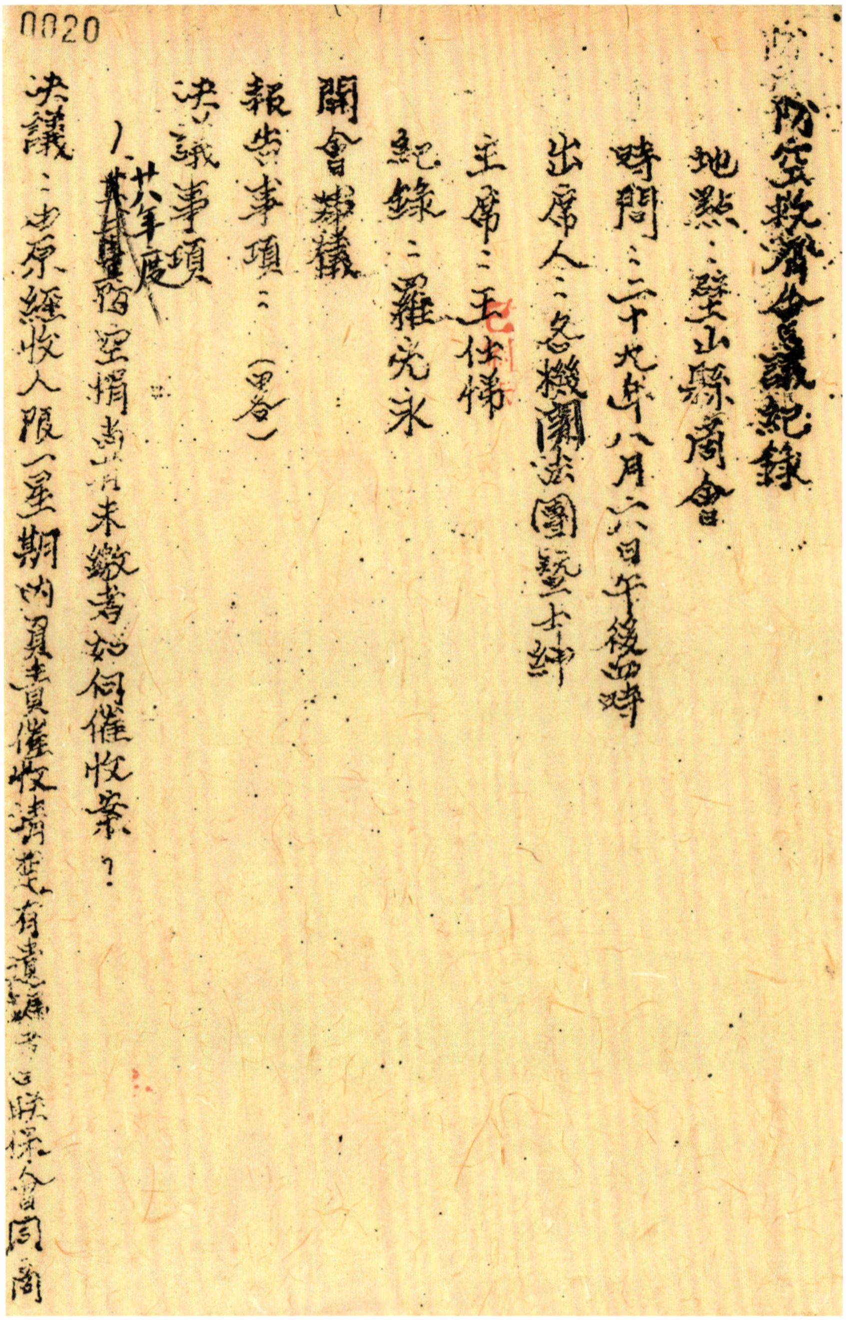

0020

防空救濟會會議紀錄

地點：璧山縣商會

時間：二十九年八月六日午後四時

出席人：各機關法團暨士紳

主席：王仕悌

紀錄：羅先永

開會如儀

報告事項：（略）

決議事項

1. 廿八年度防空捐尚有未繳者如何催收案？

決議：由原經收人限一星期內負責催收清楚，有遺漏者，由聯保會同商會開列名單飭即補繳。

乙、防空捐有抗不繳者如何處分案？

決議：由防護團請縣府按名追繳。

丙、勸募空襲救濟捐款人員如何推定案？

決議：推定馬師長維驥、周參謀長　朱主任殿參謀　王縣長仕倫、縣黨部孫書記長燦嶸、動委會鍾書記長芳銘、各機關法團長官人並士紳陳雲樵、朱奎、國　宋劉竟成、蔣逢源、李靖也等為發起人，郭德宣、戴崇齡、何戡、徐卯、陳陸、張南田、羅壽清、朱海林、鍾澤之、王崇德、傅支仁、鍾鼎勳、張瑞伯、王良貢、蕭鼎三、邓喜之、謝雲谷等為勸募委員，并推郭德宣、戴崇齡為空襲救濟捐捐委員會常務委員。

（存查）

4、本會急需防空救濟經費如何籌支案？

決議：由籌募員負責，由財委會先行借洋四千元，用作防空救濟急需之用，俟募得捐款後即行歸還。（存查）

5、募捐簿及收據如何訂製案？

決議：募捐簿定每冊六頁，每面八行，均過縣印，以昭鄭重；募捐收據用六聯單編號，過縣印，由勸募員盖章發出，存根繳呈縣府備查，由商會訂製之。（照辦）

6、募捐日期如何規定案？

決議：限十日內募齊繳會。（照辦）

7、有大量捐助及熱心勸募人員應如何奬勵案？

決議：捐款至二百元以上者，由縣府發紙質奬狀；在五百元以上者製發銀質奬章；在千元以上者呈請上峰褒奬；勸募人如勸募至五百至千元以上者，傳令嘉奬。（照辦）

8、空襲及時有乘機行竊及趁火打劫者如何處分案？

決議：由縣政府會同動委会會銜呈請渝北警備司令部佈告處以死刑。

（由動委会擬辦）

四川省赈济会关于准予拨发赈款并派唐载藩到县会同监放致璧山县政府的快邮代电（一九四〇年八月二十九日）

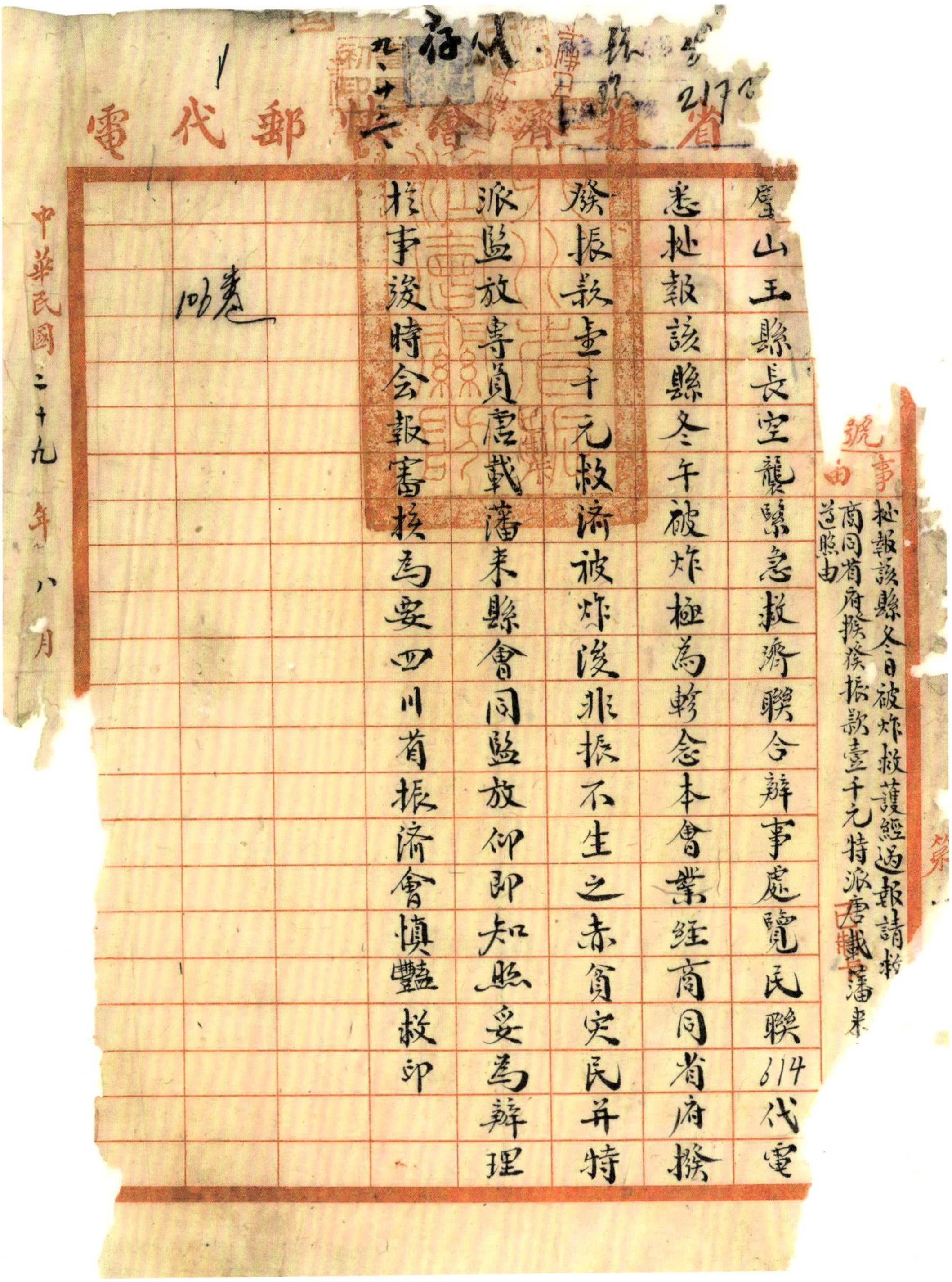

省振济会快邮代电

璧山王县長空襲緊急救濟聯合辦事處覽：民聯614代電悉。据報該縣冬午被炸，極為軫念。本會業經商同省府撥發振款壹千元，救濟被炸後非振不生之赤貧災民，并特派監放專員唐載藩來縣會同監放。仰即知照，妥為辦理，於事後將分報審核為要。四川省振濟會慎豔救印

事由：据報該縣冬日被炸救護經過，報請救濟，商同省府撥發振款壹千元，特派唐載藩來送照由

中華民國二十九年八月

璧山县第一区城中镇公所关于查报被炸赤贫无被御寒之难民清册致璧山县政府的呈（一九四〇年八月）

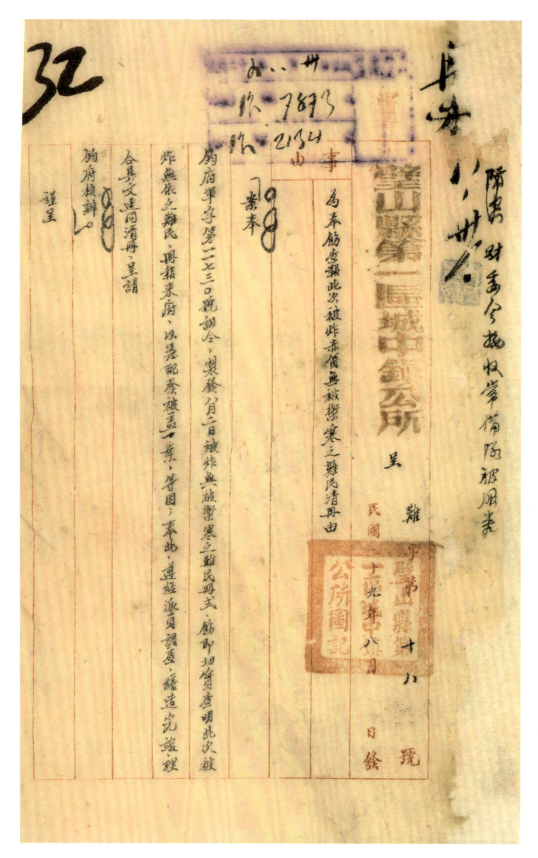

璧山縣第一區城中鎮公所　呈　難字第十八號

民國二十九年八月　日發

事由　為奉飭查報此次被炸赤貧無被禦寒之難民清冊由

案奉

鈞府軍字第一一七三〇號訓令，以「製發八月二日被炸無被禦寒之難民冊式，飭即切實查明此次被炸無依之難民，冊報來府，以憑配發被蓋」一案，等因；奉此，遵經派員調查，繕造完竣，理合具文連同清冊，呈請

鈞府核辦。

謹呈

32-1

縣長王

計呈難民清冊一份

璧山縣第一區城中鎮鎮長王良貴

附：璧山县第一区城中镇八月二号被炸无被御寒难民清册

109

璧山縣第一區城中鎮八月二号被炸無被禦寒難民清册

保甲别	户别	姓名	年齡	性别	籍貫	原有生活狀况	炸後生活狀况	不能生産者幾人	備考	
八保四甲	11	廖傅氏	四九	女	璧山	小販為生	生活無着	無		一床
四甲	同	李金槺	三五	男	順慶	收荒貨	同	一人	全家共計二口人	一床
同	12	尹金廷	五三	男	璧山	同	同	二人	全家共計六口人	三床
十六保十一甲	7	王蕭氏	四五	女	同	作女工	無	一人	全家人口共計二人 現因王蕭氏眼瞎不能作工	一床
同	附户	羅玉高	四〇	男	同	乞討	乞討	無	因殘廢眼瞎	一床
同	9	羅玉書	四九	同	同	任正則女校雜務生活	同	二人	全家共计四口人	二床
同	附户	張炳山	六三	同	同	收字紙 作工	同	一人	全家人口共計四人	二床
十保六甲	3	張羅氏	三九	女	同	洗衣	同	一人		一床

璧山縣第一區城中鎮鈐圖記

放

109-1

一家	十保七甲	11户	鄧述開	三九	男	壓山	泥工	同	一人
一家	同	12户	劉水清	四〇	同	同	下力	同	一人
一家	同	13户	程貴廷	同	同	同	小本營生	同	一人
一家	八甲	4户	徐銀洲	三八	同	同	縫工	同上	一人
一家	〃	户卅	吳樹廷	三七	同	同	下力	同上	一人
一家	〃	5户	曾海三	五三	同	同	小本營生	同上	一人
一家	〃	6户	柯榮氏	六一	女	同	洗衣	房屋炸後生活無着	無
一家	〃	7户	榮孔之	五一	男	同	下力	同上	一人
一家	〃	8户	榮廷汗	五一	同	同	織布幫人	同	同

共卅家

璧山县商会关于报送防空捐款收交情况并缴还未用收据致璧山县政府的呈（一九四〇年十月二十四日）

璧山縣商會呈

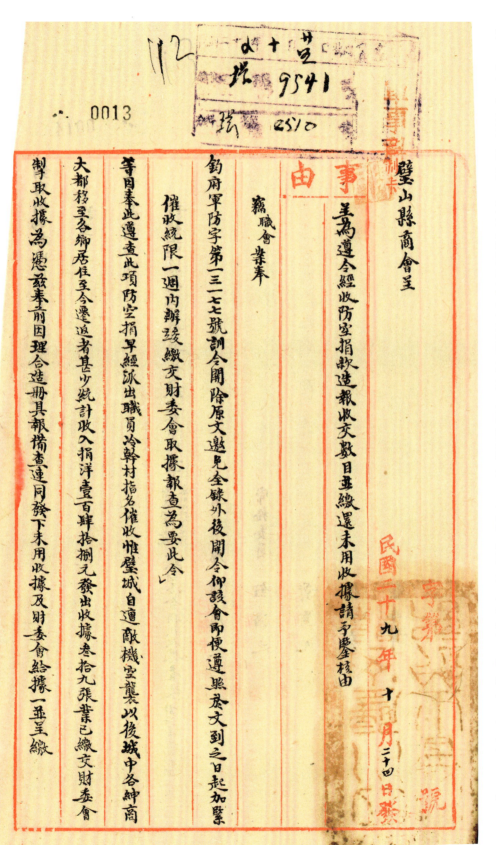

事由：呈為遵令經收防空捐款造報收交數目並繳還未用收據請予鑒核由

民國二十九年十月二十四日發

字第　號

竊職會案奉

鈞府軍防字第一三一七七號訓令開：除原文邀免全錄外，後開「令仰該會即便遵照，於文到之日起加緊催收，統限一週內辦竣，繳交財委會取據報查為要」。此令。等因奉此。遵查此項防空捐早經派出職員冷幹村指名催收，惟璧城自遭敵機空襲以後，城中各紳商大都移至各鄉居住，至今遷返者甚少，統計收入捐洋壹百肆拾捌元，發出收據叁拾九張，業已繳交財委會掣取收據為憑。茲奉前因，理合造冊具報備查，連同發下未用收據及財委會給據一並呈繳

0014

鈞府俯賜核收備案存查指令祇遵

謹呈

璧山縣縣政府

計粘呈收防空捐花名數目冊一份又繳還發下收據一本（已用存根三十九張 未用收據七十七張）又繳財委會捐款收據壹張（計洋壹百四拾捌元正）

主席 郭德宣

常務委員 鍾澤之

黃璽九

徐六合

榮平章

附：防空捐姓名数目册

0015

計開收商號防空捐姓名數目錄後

一收三元齋捐洋貳元正
一收侯興誠捐洋貳元正
一收汪榮光捐洋貳元正
一收劉炳林捐洋貳元正
一收侯銀山捐洋貳元正
一收張申之捐洋貳元正
一收益安堂捐洋壹拾五元正
一收符壽長捐洋伍元正
一收吉利服莊捐洋貳元正

一收徐開舟捐洋貳元正

一收丁炳之捐洋貳元正

一收太平春捐洋貳元正

一收義生利捐洋壹拾伍元正

一收蜀新捐洋貳元正

一收賀光賢捐洋貳元正

一收賀俊章捐洋貳元正

一收中山捐洋貳元正

一收德新服莊捐洋貳元正

一收潔雨精捐洋貳元正

0017

一收華康捐洋貳元正

一收永隆捐洋貳元正

一收傅鏡秋捐洋貳元正

一收黃姚氏捐洋貳元正

一收明 新捐洋貳元正

一收永 興捐洋伍元正

一收德勝捐洋壹拾伍元正

一收劉永康捐洋伍元正

一收時 中捐洋貳元正

一收韓 康捐洋貳元正

一收王子君捐洋伍元正
一收遠　大捐洋伍元正
一收鍾聲振捐洋貳元正
一收朱學甫捐洋伍元正
一收陳榮慶捐洋貳元正
一收任子才捐洋壹拾伍元正
一收楊松泉捐洋貳元正
一收劉新之捐洋貳元正
一收卯燮明捐洋貳元正
一收吳純清捐洋貳元正

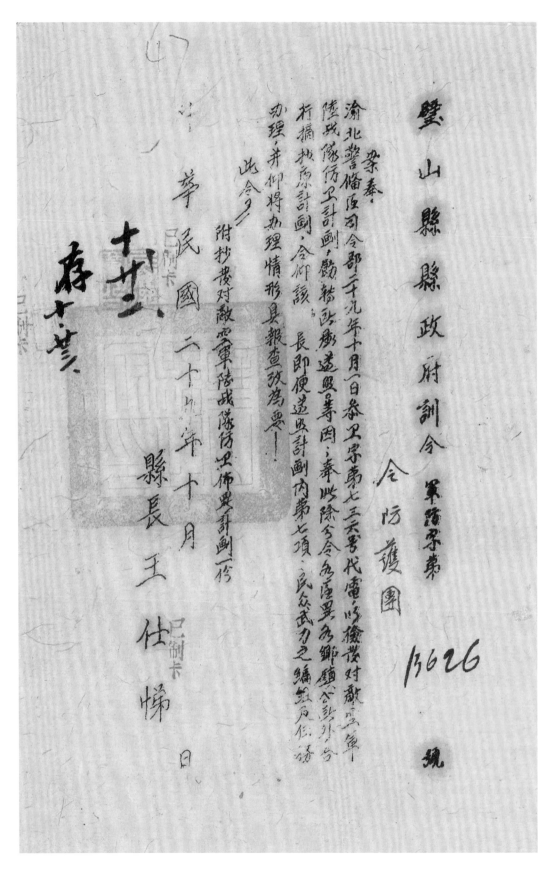

璧山县政府关于抄发渝北区警备司令部对敌空军陆战队防卫演习计划致璧山县防护团的训令（一九四〇年十月）

璧山縣縣政府訓令　軍防字第　號

13626

令防護團

案奉

渝北警備區司令部二十九年十月一日參卫字第七三六號代電，以檢發對敵空軍陸戰隊防卫計劃，飭轉所屬遵照等因。奉此，除分令各區署、各鄉鎮公所外，合行摘抄原計劃，令仰該團長即便遵照計劃內第七項「民衆武力之編組及任務」辦理，并仰將辦理情形具報查考為要！

此令！

附抄發對敵空軍陸戰隊防卫佈置計劃一份

中華民國二十九年十月　日

縣長　王仕悌

已制卡

十廿三

存　十.廿六

48

璧山防禦區

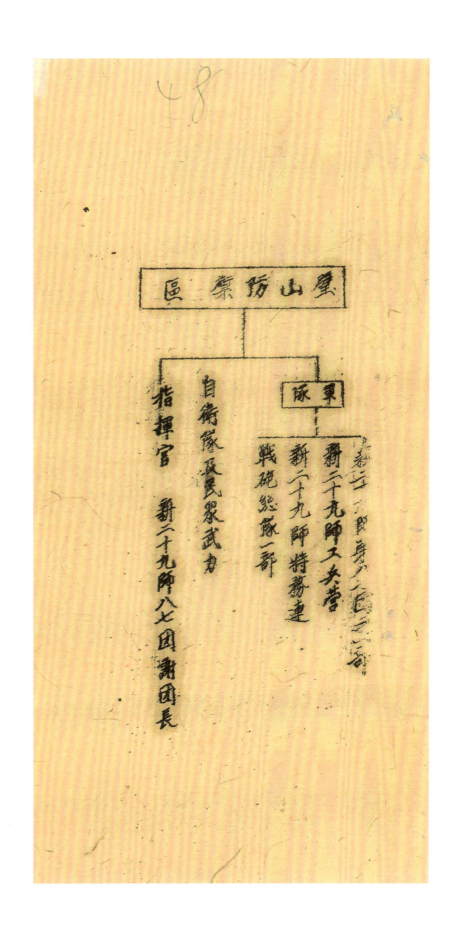

- 軍隊
  - 新二十[illegible]師[illegible]兵[illegible]營之一部
  - 新二十九師工兵營
  - 新二十九師特務連
  - 戰砲總隊一部
- 自衛隊及民衆武力
- 指揮官　新二十九師八七团謝团長

附：渝北区警备司令部对敌空军陆战队防御演习计划

渝北區警備司令部對敵空軍陸戰隊防禦演習計劃

第一　方針

一、為防敵空軍陸戰隊之襲擊及第五縱隊（漢奸）武力之乘機肆擾，特編組區內之軍隊及民衆武力嚴密防禦並捕捉殲滅之

第二　戰鬥要領

二、於空襲警報時，各部隊按其任務進入預定位置作戰鬥準備

三、遇敵空降落部隊降落時，待至我開始射擊之距離時開始射擊。開始射擊距離之規定：重機關槍六百公尺，輕機關槍四百公尺，步槍三百公尺以內

四、[illegible]降落部隊未集合前，應分別各個捕捉殲滅之

五、對漢奸之乘機活動，以平時實行連坐法，預防其混入為主；遇空襲時則於要點配置監視部隊，發現漢奸時即迅速撲滅之

六、璧山防衛區——以新二十九師之第八七團、工兵營、特務連及戰車防禦炮[illegible]、教導總隊之一部及其基幹配合地方團隊及民衆武力編成之，並以新二十九師八七團團長任指揮官

八、本防衛區之指揮系統及担任部隊番號

九、防衛部隊概可分為下列三種

（1）守備隊——主任對敵堵截射擊任務，以使用步兵重火器為主

（2）突擊隊——主任對敵攻擊殲滅任務，以使用步兵輕火器為主

（3）捕捉隊——主任偵察捕捉敵與漢奸任務，以使用各種輕便自衛武器為主

十、防衛區內之編組配備由該區指揮官計劃之

第五　通信連絡

十一、以本部為基點向各防禦區之通信聯絡以長途電話及無線電報為主有線電副之

十二、各防禦區內之連絡以電話為主傳騎腳踏車步傳及各種信號為附

十三、遇敵傘兵降落部隊降落時各防禦區即迅速分別報告衛戍總司令部及本部

十四、有線及無線電報須加用密碼

第六 交通

十五、空襲警報時於交通要隘派員監視部隊並作破壞準備

十六、遇敵強大部隊降落如不能撲滅即迅速破壞交通要道以遲滯其前進

十七、遇敵傘降部隊降落時防禦部隊可徵集該區內之一切交通工具輸送兵力及彈藥或供通信連絡之用（但事先須商交通機關協商）

第七 民眾武力之編組及任務

十八、民眾武力之編組如次：

(1) 每縣組織一個民眾防禦總隊（總隊長由縣長任之副總隊長由縣長遴選在鄉軍官充任）

(2) 每鄉組織一大隊（大隊長由鄉長任之）大隊附由鄉長遴選在鄉軍官充任）

(3) 每保組織一中隊（中隊長由保長任之）

(4) 每甲組織一分隊（分隊長由甲長任之）

(5) 每分隊以隊員五名至十名為標準集合全甲之分隊為一中隊集合全鄉之中隊為一大隊集合全縣之大隊為一總隊

十九、民眾武力以担任第九條第三項（捕捉傘兵）之任務為主

二十、各部隊應以有計劃之方式[illegible]之

四川省政府关于饬将空袭被炸一切善后事宜赶速认真办理并将办理情形据实呈复致璧山县政府的训令（一九四〇年十月）

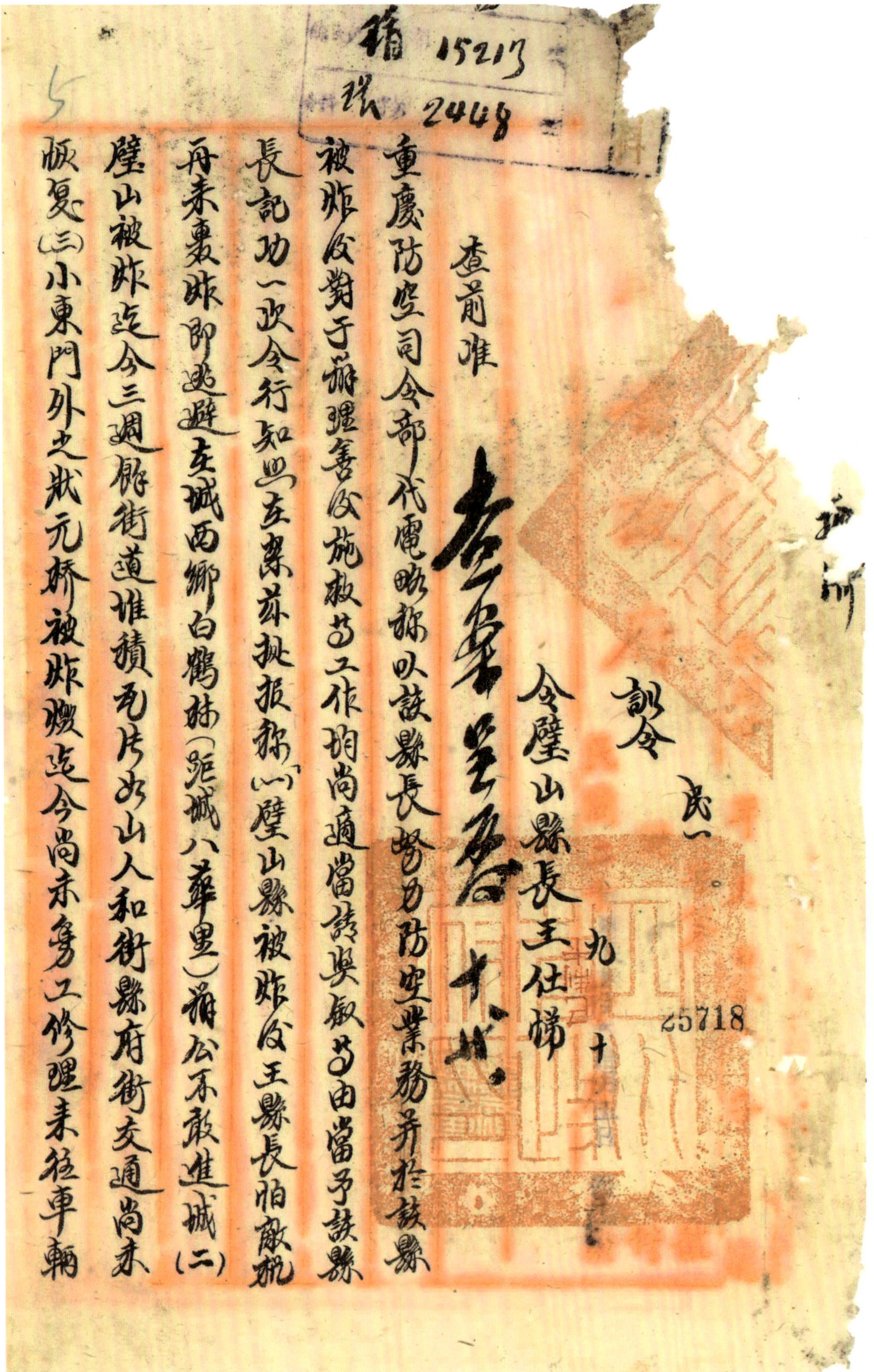
訓令 民一

令璧山縣長王仕梯

查前准

重慶防空司令部代電略稱以該縣長努力防空業務并於該縣被炸後對于辦理善後施救等工作均尚適當請予敘獎由當予該縣長記功一次令行知照在案茲據報稱（一）璧山縣被炸後王縣長怕敵機再來轟炸即逃避至城西鄉白鶴林（距城八華里）辦公不敢進城（二）璧山被炸迄今三週縣街道堆積瓦片如山人和街縣府街交通尚未恢復（三）小東門外之狀元橋被炸燬迄今尚未飭工修理來往車輛

況務費時約二十分鐘始能繞道通過如遇空襲時因此橋未修築疏散困難人民莫不怨聲載道（四）委座撥款一萬元振委會撥款五千元共計一萬五千元飭令璧山縣府負責振濟此款早已領到惟振濟手續尚未辦理完竣一般損失亦未統計領到之一萬五千元振濟費僅發放約二千元（亡者發洋三十元重傷者發洋二十元輕傷者發洋拾元）共僅約一萬三千元尚未發放等語合行令仰該縣長即便遵照將該縣一切善後事宜趕速認真辦理并將辦理情形據實呈復以憑察核爲要！

此令。

兼理主席 蔣中正

已制卡

民政厅长

胡次威

已制卡

已制卡

监印 谢锡侯

已制卡

校对 廖学政

胡裕良、徐庆云等关于遭受轰炸及请准予免税致璧山县政府的呈（一九四一年一月十六日）

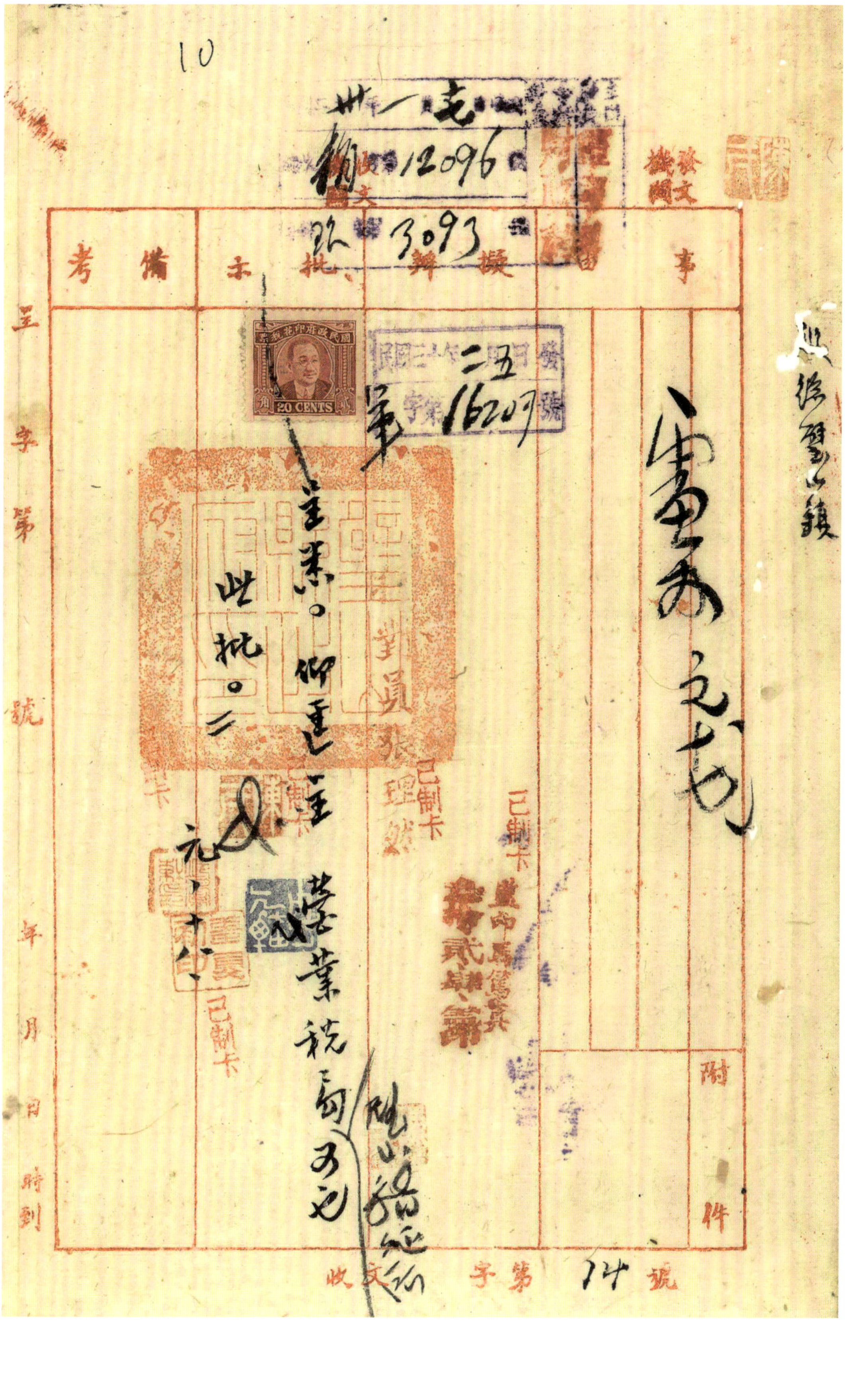
事由
擬辦
批示
備考
附件
呈　字第　號　年　月　日　時到
收文　字第 14 號

10-1

呈為被災負累元氣未復暫懇免稅以恤商艱而維生計事情民等原住政府街均以小貿為業情因去年八月二日敵機襲城將民等所有財產什物炸毀焚燒片瓦無存斷絕生活情勢慘悽近月來始向親友多方告貸勉復斯業賴以維持目前生計昨突奉營業稅稽征所通知飭民等迅即繳納各月營業稅率奉命之下曷敢違延不過民等分屬災民有業可稽經營小貿時甚短促當此殘冬臘盡之候更直米珠薪桂之時營業有限生活維艱民等捫心自思被災負累元氣未復情實無力繳稅為特將艱苦緣由理合具文呈請

鈞府懇祈轉知營業稅局准免收稅如蒙垂憐不勝感激謹呈

縣長王

11.

災民

胡裕良 实

徐慶雲 徐慶雲印

鄔觀臣 鄔觀成印

陳載云 押

陳季良 实

張樹榮 十

王漢清 十

蔣明周 押

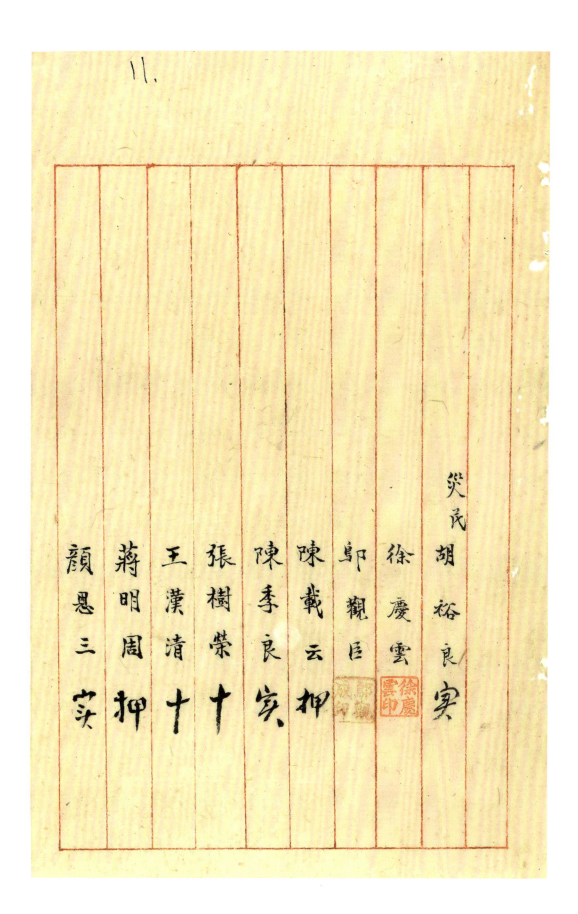

顔恩三 实

卅一

中華民國三十年一月十六日

106

璧山縣防空會議紀錄

時間：：三十年六月十九日上午八時

地点：：縣府（城内）會議廳

出席人：：

國民兵團　軍警團督察處　戰砲總隊　防護團　城中鎮公所　消防隊

警報股　衛生院　民教館　動委會　縣党部　城北鄉　縣府軍事科

電話管理處　軍訓部特務連　警察所

主席　王仕悌　紀錄　何順信

（甲）報告事項

1. 主席報告（畧）

（乙）討論事項：：

1. 担任城中之警备部隊應如何掩護案

已分令辦理

決議：：担任城中之警备部隊應以公共地帶之沙包壘成圍圈藉作掩護

（2）觧除警報如何普遍案

暫緩

決議：：（甲）警報股購製白旗一面懸掛于前戲校最高處使疏散四郊之民衆

已呈報
滿防部
核示後
再佈告周知 七、三

已計
劃中

已令修
道辦 七、三

已令知
南令 七、三

得見知解除而返但佈告週知

(3)偵察機距離本縣城中心三百公里時應如何表示案

決議：飭由警報股用黑色布旗懸掛于前戰校高處以示偵察機來臨并呈報上峯暨佈告民衆週知由

(4)城中各住戶沙包應如何改善案

決議：過去各住戶所置之沙包重量較大不便使用茲為求應用計由防護團僱請篾工從速編成發售住戶配備

(5)消防隊之工作執行案

決議：消防人員係專任消滅火災任務警备業務勿須担任應予掩護城郊待命出動惟必要時得飭民衆疏散

(6)警報期中警备任务如何劃分案

決議：

1.城中鎮仍由警察局自衛中隊負責

2.東門外由二十九師指派駐在就近部隊負責

3.南門外由軍訓部特务連負責

東西門外由城中鎮公所派警备班負責
南北門外由保安第四中隊負責
(7) 由防護團領發通行証案
決議：為便利各機關職員在緊急警報期中之必要通行起見由防護團發通行証予各機關登領應用
(8) 警報時各染織廠布疋應即收撿案
決議：兜佈告後如再不遵者由警备部隊將布收撿送交防空機訊明議处
(9) 担架隊隊員如何訓練案
決議：由鄒院長每晨前往訓練期使予各隊員於相當時期達成任务
(10) 如何防止空襲期中聚众成羣之情形案
決議：以小型之木牌註明空襲期中應注意事項訂立人羣聚集及交通要道之处俾之遵守
(11) 如何健全防護團組織案
決議：增設副团長一人由軍警团長督察長担任前任警备隊長因業务太多不能兼顧現推軍警团職員岳德寬接充警备隊長
(12) 關於警報服由何人負專責案

團決議：除由防護團派警兵二名駐監視哨擔任外，仍由防護團呈請上峯准城中四個監視哨供給情報，仍負本團警報股名義。

令飭鄉鎮保甲 [illegible] 擔任 [illegible] 一部不辦 七、三

(13) 修理及添置防空器材經費由何處開支案

決議：今後應添置及修理防空器材之經費由八二小本貸款收回後呈請上峯准予作購置及修消防器材之用。

呈請 [illegible] 七、三

(14) 檢閱璧山城區防空設備案

已办

決議：定七月一日舉行防空大檢閱。

(15) 如何防止敵人降落傘部隊案

已办

決議：由砲教總隊趁日赴各鄉鎮組訓之期派官長前往訓練防禦方法并定期演習以防未然。

(16) 商会墊支消防設備費如何归墊案

已拟一鄉作修橋之用，係今後 [illegible]

決議：將二十九年八二空襲後由商防募之捐款提一部作修橋之用，其餘交由財委会归墊，但商会保管廿八年劝募之防空捐至今經收若干，报查并張貼。

——完——

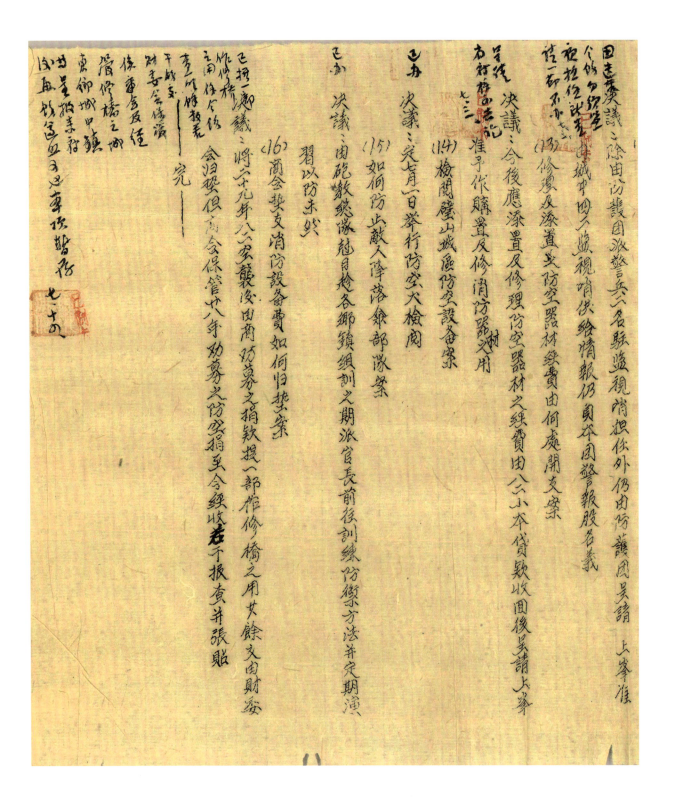

查作修橋 [illegible] 干路 [illegible] 財委会保管 係 [illegible] 從修橋之城東鄉城甲鎮 [illegible] 該處 [illegible] 暫存 七、十四

璧山县第二区来凤乡公所关于报送敌机在来凤乡境内投弹情形致璧山县政府的呈（一九四一年七月二十八日）

30

69

璧山縣第二區來鳳鄉公所呈　軍防字第　號

事由：為呈報敵機在本鄉境內投彈情形恳予備查由

民國三十年七月二八日發

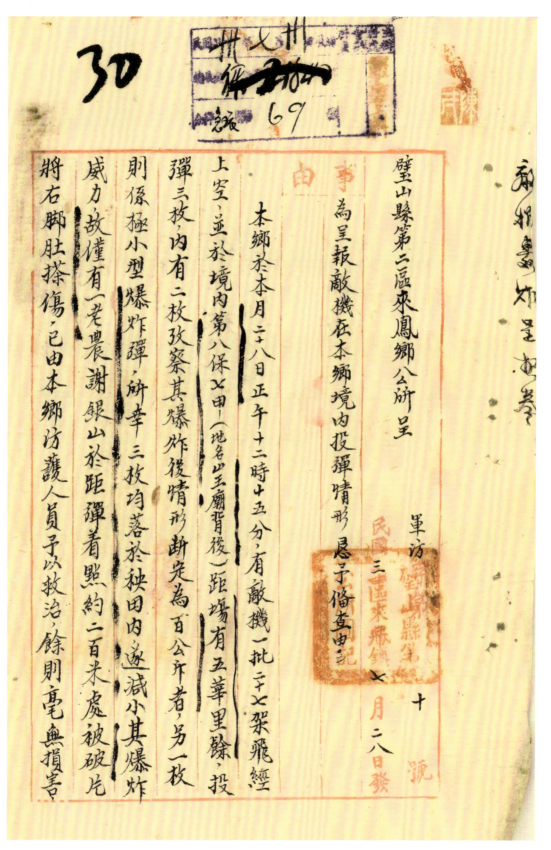

本鄉於本月二十八日正午十二時十五分，有敵機一批二十七架飛經上空，並於境內第八保七甲（地名山王廟背後）距場有五華里餘，投彈三枚，內有二枚攷察其爆炸後情形，斷定為百公斤者，另一枚則係極小型爆炸彈，所幸三枚均落於秧田內，遂減小其爆炸威力，故僅有一老農謝銀山於距彈着點約二百米處被破片將右脚肚搽傷，已由本鄉防護人員予以救治，餘則毫無損害，

30-1

所有情形，理合備文賚呈

鈞府，懇予備查！

謹呈

璧山縣縣政府

鄉長傅伯侯

一、即照規定式樣填報（備文）俯，省府兩次部令、省府專署，（從改報）

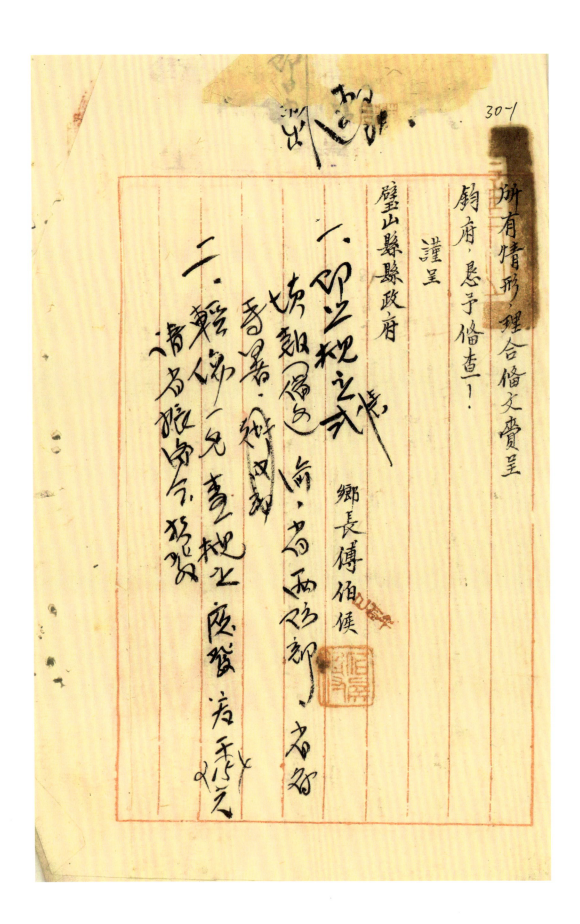

二、轉飭第一兒童規定應發若干張，請省振會核發

璧山县政府关于报送敌机空袭来凤乡损失调查表请核示致四川全省防空司令部、四川省政府、重庆防空司令部等的代电（一九四一年七月三十一日）

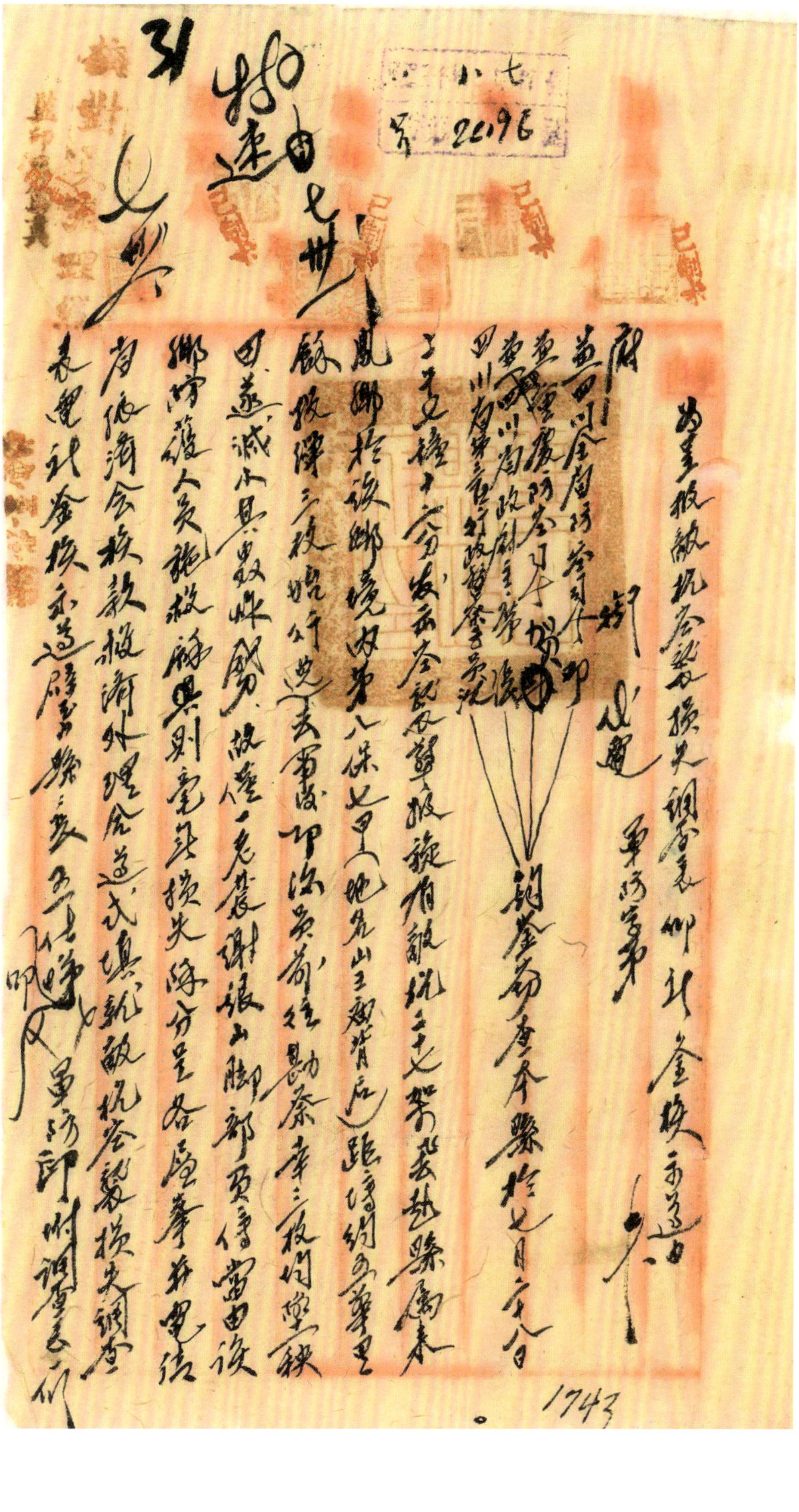

四川省政府关于查填遭受空袭人口伤亡调查表及抗战损失查报须知致璧山县政府的代电

（一九四一年八月二十六日）

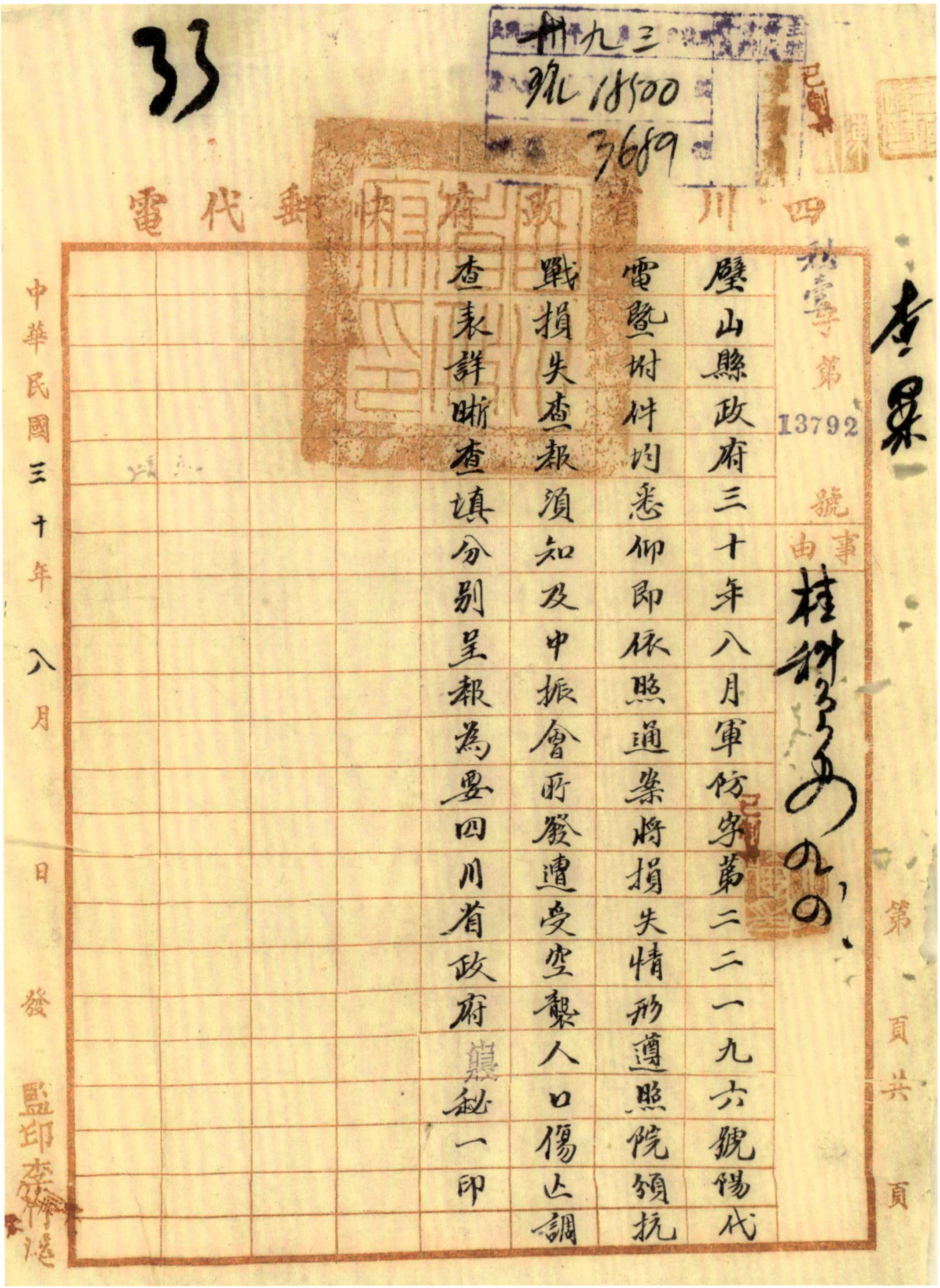

四川省政府快郵代電

秘字第13792號

璧山縣政府三十年八月軍防字第二二一九六號陽代電暨附件均悉仰即依照通案將損失情形遵照院頒抗戰損失查報須知及中振會所發遭受空襲人口傷亡調查表詳晰查填分別呈報為要四川省政府（寢）秘一印

中華民國三十年八月　日發

閱承辦人
字跡不明
稿

四川省璧山縣縣政府辦理防空業務工作月報表 三十年七月份

縣政府承辦防空業務文件數字統計	本月承辦防空業務文件計25件
計駐該縣之監視隊哨及駐在防空電台人員服務情形評語及意見	駐縣[illegible]各哨[illegible]頗能勤慎職守
機槍高射組之組訓情形及編制狀況	本縣[illegible]設置[illegible]高射組[illegible]訓練[illegible]編制狀況[illegible]
對敵空軍陸戰隊防禦訓練及演習經過情形	本縣係依照[illegible]於二九年十一月十二日舉行演習其經過情形業於同年12月[illegible]防空字第[illegible]號呈報在案
駐縣之高射武器陣地配備及通信情形	本縣無高射武器陣地之配備及通信情形
高射武器及彈藥數量	無
關於監視隊哨設備補充情形	據駐縣四二獨立哨[illegible]該哨設備向係遵照規定設置似無補充之必要。
本縣防空通信線路損壞及整修狀況	本縣防空線路係四二哨由[illegible]防空線供給[illegible]設有故障即由[illegible]負責整修
本縣警報器設備狀況	本縣警報器係以適合日夜間均可採用之音響器並以簡易[illegible]於適當地點[illegible]
本縣發佈「空襲」「緊急」警報次數	本縣本月發佈空襲13次 緊急12次
本縣防護團現行編制	本縣防護團現行編制係遵照規定設團長一人由縣長兼任[illegible]
本縣防護團人員名冊（技術人員及普通團員須註明）	查防護團人員名冊已由該團於本年五月[illegible]日以防字第107號呈報在案
消極防空設備情形	本縣防護[illegible]並有露天防空壕及防空洞[illegible]
辦理隊哨經理事項	駐縣各哨[illegible]並未經理一切。
本縣籌集防空經費收支數目及情形	奉重慶衛戍總部令飭籌集之防空捐四千元現收八百九十[illegible]
對本縣防空業務改進意見	除隨由本府防空科長及防護團總幹事加緊研究[illegible]隨時改進外[illegible]
其他	

附記：
1.本表須于次月五日以前呈出
2.遇有緊急或重要事項仍應即刻專文呈(電)報

中華民國 三十 年 八 月 二 日 縣長巫仕儒 呈

已制卡

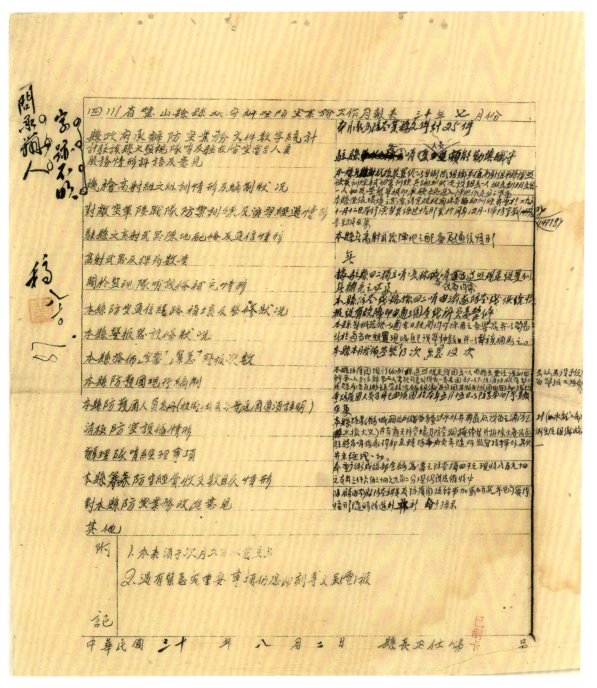

四川省璧山县县政府一九四一年至一九四四年办理防空业务工作月报表（一九四一年七月至一九四四年九月）

四川省璧山縣縣政府辦理防空業務工作月報表 30 年 8 月份

縣政府承辦防空業務文件數字統計	本月份承办防空業務文件2447件
計駐該縣之監視隊哨及駐在防空電台人員服務情形評語及意見	駐縣各哨人員[illegible]
機槍高射組之組訓情形及編制狀況	本縣無抗戰裝置[illegible]
對敵空軍陸戰隊防禦訓練及演習經過情形	本縣[illegible]於二九年十一月十二日舉行演習[illegible]於同年十二月[illegible]呈报在案
駐縣之高射武器陣地配備及通信情形	本縣無高射武器之陣地配備及通信情形
高射武器及彈藥數量	無
關於監視隊哨設備補充情形	[illegible]
本縣防空通信線路損壞及整修狀況	本縣防空線路係四二哨由[illegible]防空[illegible]
本縣警報器設備狀況	本縣警報器係以適合全日夜間內可採用之[illegible]
本縣發佈"空襲""緊急"警報次數	本縣本月發佈空襲（24）次 緊急[illegible]次
本縣防護團現行編制	本縣防護團現行編制係遵照規定設團長一人由縣長兼任 設副團長三人[illegible]
本縣防護團人員名冊（校閱以前[illegible]團須詳註明）	本防護團人員名冊已由該團於本年五月五日以防字第107號呈報在案
消極防空設備情形	本縣[illegible]
辦理隊哨經理事項	駐縣各哨[illegible]其他[illegible]經理
本縣籌募防空經費收支數目及情形	[illegible]
對本縣防空業務改進意見	除[illegible]防空[illegible]及防護團[illegible]實際情形隨時改進外並祈令予指示
其他	

附記：

1. 本表須于次月二日以前呈出
2. 遇有緊急或重要事項仍應即刻专文呈（電）報

中華民國　年　月　日　縣長　[illegible]　呈

四川省璧山縣縣政府辦理防空業務工作月報表 三十 年 九 月份

縣政府承辦防空業務文件數字統計	本月承辦防空業務文件20件
對駐該縣之監視隊哨及縣級防空管理人員服務情形評語及意見	駐縣[redacted]哨人員[redacted]能勤慎職守并與防空電台
機槍高射組之組訓情形及編制狀況 對敵空軍陸戰隊防禦訓練及演習經過情形	本縣無機槍設置係以自衛隊組織[illegible]組[illegible]長一人[illegible]長副各一人[illegible]士兵[illegible]入陣地作[illegible]之準備 本縣[illegible]十一月十二日[illegible]
駐縣之高射武器陣地之配備及通信情形	本縣無高射武器陣地之配備及通信情形
高射武器及彈藥數量	無
關於監視隊哨設備補充情形	[redacted]見空設置[redacted]無補充之必要
本縣防空通信線路構築及修繕狀況	本縣防空線路係[illegible]由縣通防空線[illegible]情報[illegible]即由通三團查線所負責整修
本縣警報器設備狀況	本縣警報器[illegible]設警鐘[illegible]以補助之
本縣發佈空襲緊急警報次數	三次空襲 三次警急
本縣防護團現行編制	本縣防護團現行編制係遵照規定設團長一人由縣長兼任設副團長三人[illegible]一人[illegible]二人[illegible]各一員[redacted]團部以下設消防[illegible]救護[illegible]工務各隊班[redacted]
本縣防護團人員名冊（救護、消防與普通團員須註明）	該護團人員名冊已由該團於本年五月[illegible]
消極防空設備情形	本縣[redacted][illegible]防空壕及防空洞[illegible][redacted][illegible]
辦理隊哨經理事項	駐縣各哨經費[illegible]均由[illegible]其他并未經理事項
本縣籌募防空經費收支款目及情形	本縣奉[illegible]令籌募防空捐四千元現收[illegible]十四元 支出三千六百三十四元九角二分現仍設法催收中
對本縣防空業務改進意見	除由本府防空科員及防護團[illegible]情形隨時改進外，并祈 上峰指示
其他	
附記	1.本表須于次月二日以前呈出 2.遇有緊急或重要事項仍應即刻專文呈（電）報

中華民國 年 月 日 縣長王仕傑 呈

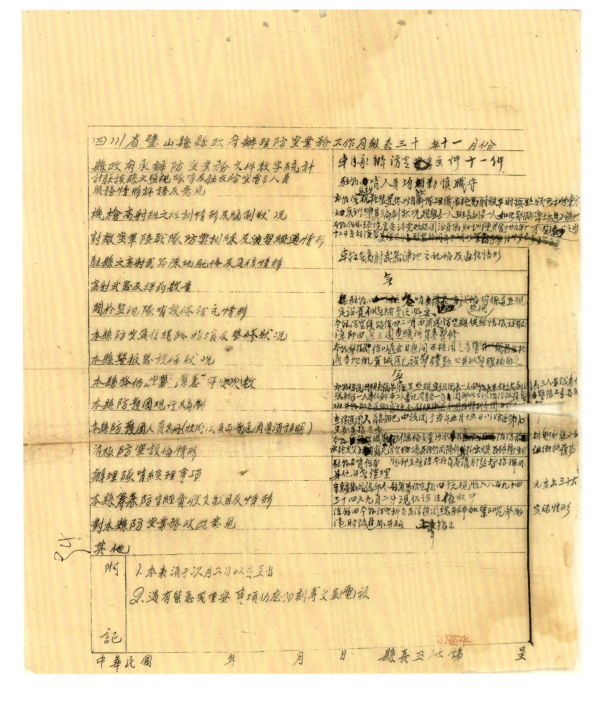

四川省璧山縣縣政府辦理防空業務工作月報表 三十 年十一月份

縣政府承辦防空業務文件数字統計	本月承辦防空[illegible]文件十一件
對駐該縣之監視隊哨及駐在防空電台人員服務情形評語及意見	駐縣監視哨人員均頗勤慎職守
機槍高射組之組訓情形及編制狀況	本府防空機槍設置係以自衛隊組織高射組平時[illegible]訓練[illegible]切實訓練其編制狀況設組長一人班長副各一人[illegible]
對敵空軍陸戰隊防禦訓練及演習經過情形	本府係依據[illegible]協助訓練并定于廿九年十月[illegible]十二日舉行演習[illegible]
駐縣之高射武器陣地配備及通信情形	本縣無高射武器陣地之配備及通信情形
高射武器及彈药数量	無
關於監視隊哨設備補充情形	縣駐防[illegible]哨[illegible]係遵照規定設置似無補充之必要
本縣防空通信線路損壞及整修狀况	本縣防空線路係[illegible]由[illegible]防空線供給情報設有[illegible]障即由[illegible]查線所負責整修
本縣警報器設備狀况	本縣警報器係以適合日夜間可採用之音響[illegible]於適當地點置城區已設警鐘數口并以警鑼補助之
本縣發佈空襲緊急警報次數	無
本縣防護团現行編制	本縣防護團規程編制係遵照規定設團長一人由[illegible]副團長三人[illegible]設總幹事一人專任幹事二人書記司書各一員團部以下設消防救護[illegible]警報工务各[illegible]班[illegible]
本縣防護团人員名册(技術人員与普通团員須註明)	查防護團人員總冊已由該團于本年五月十五日以防字第10[illegible]又[illegible]
消極防空設備情形	本縣[illegible]城區[illegible]儲備水[illegible]防空[illegible]材料水設二方[illegible]水枪[illegible]防空壕及防空洞[illegible]及防衛[illegible]但微稍簡易
辦理隊哨總理事項	駐縣各哨係屬[illegible]部直轄除本府負責隨時監督指揮外其他并無管理
本縣籌募防空經費收支数目及情形	本縣[illegible]防空捐四千元現收入八百九十四元支出三十六[illegible]三十四元九角二分現仍設法催收中
對本縣防空業務改進意見	[illegible]由本縣防空[illegible]及防護團總幹事加緊研究[illegible]實際情形隨時改進[illegible]并[illegible]上峰指示
其他	

附記

1. 本表須于次月二日以前呈出
2. 遇有緊急或重要事項仍應即刻專文呈(電)報

中華民國　　年　　月　　日　　縣長[illegible]　　呈

四川省璧山縣縣政府辦理防空業務工作月報表三十　年十二月份

縣政府承辦防空業務文件數字統計	本月承辦防空文件十三件
對該縣之監視隊哨及縣府防空電台人員服務情形評語及意見	駐縣監視哨人員尚能勤慎職守
機槍高射組之組訓情形及編制狀況	本縣原於抗戰當時以自衛隊組織機槍高射組，平時[illegible]訓練，其編制狀況[illegible]班長[illegible]
對敵空軍陸戰隊防禦訓練及演習經過情形	本縣依照[illegible]空襲[illegible]協助訓練，曾於卅九年十一月十二日舉行演習[illegible]
駐縣之高射武器陣地配備及通信情形	本縣無高射武器陣地之配備及通信情形
高射武器及彈藥數量	無
關於監視隊哨設備補充情形	駐縣各哨均係遵照規定設置，似無補充之必要
本縣防空通信線路損壞及整修狀況	本縣防空線路係四川省電[illegible]線供給，情形如有損壞即由通三團查線所負責整修
本縣警報器設備狀況	本縣警報器係可適合日夜間可採用之音響，均適當地配置城區，已設警鐘數口，并以信號旗補助之
本縣發佈"空襲""緊急"警報次數	無
本縣防護團現行編制	本縣防護團現行編制係遵照規定設團長一人由[illegible]，副團長三人，另設總幹事一人，專任幹事二人，書記司書各一[illegible]
本縣防護團人員名冊（技術人員與普通團員須註明）	查防護團人員名冊已由該團[illegible]防字第107號呈報在案
消極防空設備情形	本縣城廂儲備有水井[illegible]消防[illegible]防空壕及防空洞[illegible]衛生[illegible]
辦理隊哨經理事項	駐縣各哨經費[illegible]直接由本府負責[illegible]
本縣籌募防空經費收支數目及情形	本年度按照部令籌募防空捐四千元，收入八百九十四元，支出三十八[illegible]三十四元九角二分，現仍在催收中
對本縣防空業務改進意見	本縣由本府防空科長及防護團總幹事加緊研究[illegible]，隨時改進以求革新　上奉指示
其他	

附記：
1. 本表須于次月五日以前呈出
2. 遇有緊急或重要事項仍應即刻專文呈（電）報

中華民國　　年　　月　　日　縣長王仕倫　呈

稿

元公

八年八

四川省璧山縣縣政府辦理防空業務工作月報表 三十一年元月份

縣政府承辦防空業務文件數字統計	本月承辦防空文件十二件
駐該縣之監視隊哨及縣在防空電台人員服務情形評語及意見	駐縣監視哨人員均勤慎職守
機槍高射組之組訓情形及編制狀況	本縣自衛隊組織高射組，平時按照規定訓練，方式切實，訓練其編制狀況，設組長一人，班長副各一人，如遇警報即率士兵進入陣地，作充分之準備
對敵空軍陸戰隊防禦訓練及演習經過情形	本縣依照[illegible]派員協助訓練，曾於廿九年一月十二日舉行演習
駐縣之高射武器隊地配備及通信情形	本縣無高射武器陣地之配備及通信情形
高射武器及彈藥數量	無
關於監視隊哨設備補充情形	駐縣各監視哨均遵照規定設置，似無補充必要
本縣防空通信線路損壞及整修狀況	本縣防空線路係四二哨由渝蓉防空線路供給情報，設有故障即由查線所負責整修
本縣警報器設備狀況	本縣警報係以[illegible]採用[illegible]配置[illegible]設警鐘[illegible]警旗補助之
本縣發佈"空襲""緊急"警報次數	無
本縣防護團現行編制	本縣防護團現行編制係照規定，設團長一人，由縣長兼任，副團長二人[illegible]
本縣防護團人員名冊（如有變更應隨時註明）	查防護團人員名冊已由該團於[illegible]日十五日以防字第10又號呈報在案
消極防空設備情形	本縣城廂[illegible]
辦理隊哨經理事項	駐縣各哨經費[illegible]其他未予經理
本縣籌募防空經費收支數目及情形	[illegible]
對本縣防空業務改進意見	[illegible]上峰指示
其他	

附記：

1. 本表須于次月二日以前呈出
2. 遇有緊急或重要事項仍應即刻專文呈（電）報

中華民國三十一年二月二日　縣長王[illegible]　呈

二、六〇

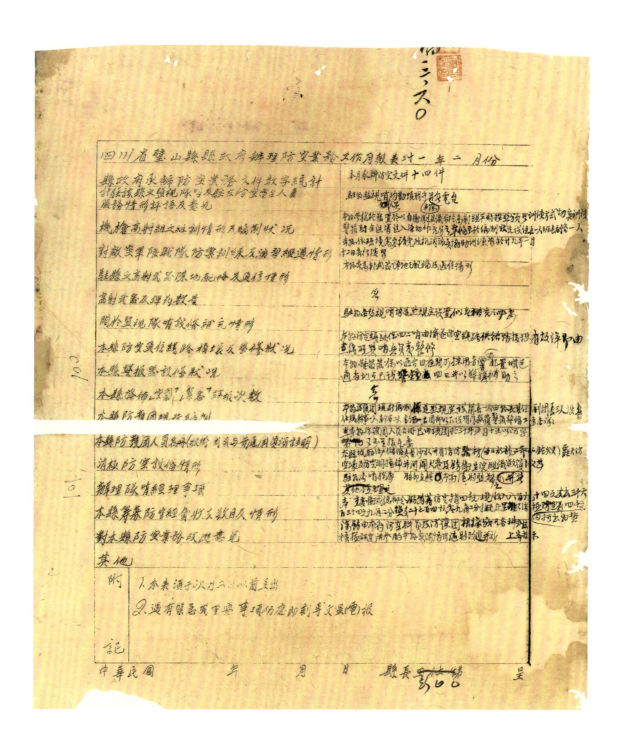

四川省璧山縣縣政府辦理防空業務工作月報表卅一年二月份

縣政府承辦防空業務文件數字統計	本月承辦防空文件十四件
對駐該縣之監視隊哨及縣政防空電台人員服務情形評語及意見	駐縣監視哨均勤慎將事電台（本縣無）
機槍高射組之組訓情形及編制狀況	本縣學校於裝置前以自衛隊組織步槍高射組平時按照規定方式切實訓練警報時各組須進入陣地作充分之準備至於編制狀況設組長一人班長副班長一人
對敵空軍陸戰隊防禦訓練及演習經過情形	本縣依照環境需要請憲政機關派員協助訓練曾於卅九年一月十二日舉行演習
駐縣之高射武器陣地配備及通信情形	本縣無高射武器陣地之配備及通信情形
高射武器及彈藥數量	無
關於監視隊哨設備補充情形	駐縣之監視哨均遵照規定設置似無補充之必要
本縣防空通信線路損壞及整修狀況	本縣防空線路係四二哨由渝通防空線路供給情報損壞時由該哨負責整修
本縣警報器設備狀況	本縣警報器係以適合日植縣可採用音響配置城區適當地點已設警鐘四口并以鑼鼓補助之
本縣發佈「空襲」「緊急」警報次數	無
本縣防護團組織編制	本縣防護團現行編制係遵照規定設團長一人由縣長兼任副團長二人設書記幹事一人幹事二人書記一名團部以下設消防救護警報等股各若干人
本縣防護團人員名冊（股長副股長與普通團員須註明）	查本縣防護團人員名冊已由該團於卅年五月十五以防字第　號呈報在案
消極防空設備情形	本縣城廂住戶儲備太平池水并有消防器材（如水桶　太平缸）露天防空壕及防空洞擴修并開闢火巷及防衛生救護組織救護隊等
辦理隊哨經費事項	駐縣各哨經費由部直接發給本府僅負監督之責
本縣籌募防空經費收支數目及情形	本縣籌募防空經費[illegible]
對本縣防空業務改進意見	防護由本府防空科員及防護團根據頒發各種法規積極研究并參酌本縣實際情形隨時改進并請上峰指示
其他	

附記

1. 本表須于次月六日以前呈出
2. 遇有緊急或重要事項仍應即刻專文呈（電）報

中華民國　年　月　日　縣長　呈

摘

录

四川省璧山县县政府办理防空业务工作月报表三十一年三月份

县政府承办防空业务文件数字统计	本月承办防空文件计有二十六件[illegible]
对于该县之监视队哨及驻在防空电台人员服务情形评语及意见	本县城中四二哨之监视人员对服务尚称努力，[illegible]由乡公所监视哨现由本府派指导员继续[illegible]。
机枪高射组之组训情形及编制状况	本县无机枪装置，仅全防护团队[illegible]组编步枪高射组以作低空射击之准备
对敌空军陆战队防御训练及演习经过情形	本县僻处境内尚无敌军陆战队防御训练，令各乡训练民众，曾于卅一年一月十二日演习一次，[illegible]法举办演习中。
驻县之高射武器队地配备及通信情形	本县无高射武器阵地配备~~及通信情形~~
高射武器及弹药数量	无
关于监视队哨设备补充情形	查本县监视队哨尚能[illegible]公物现无补充之处
本县防空通信线路损坏及整修状况	本县防空通信线路由四二哨之监视哨直通电话报所，遇重要消息先有接通由电话公司[illegible]山[illegible]时修复
本县警报器设备状况	本县警报器系以日夜间均可操用之方警钟[illegible]设城中最高处[illegible]并以旗帜~~[illegible]~~警球辅助之。
本县发布"空袭""紧急"警报次数	无
本县防护团现行编制	本县防护团系遵照规定设团长一人由县长兼，副团长三人由各军事及警察机关首长兼任，并设专任指导员一人[illegible]设三个区团[illegible]队
本县防护团人员名册（被裁调者应普通团员须注明）	本县防护团人员名册除已于卅一年五月造报外，[illegible]组健全[illegible]呈报备查、
消极防空设备情形	除铁制消防器材（[illegible]）[illegible]及[illegible]设备适用[illegible]
办理队哨经理事项	除由本团派员随时经理本团防空工作外，[illegible]随时由本府监督并饬该哨[illegible]机关之情形。
本县筹募防空经费收支数目及情形	本县本年筹募防空经费收支数目前已呈报，本月未有变更、[illegible]以便归垫、
对本县防空业务改进意见	本府除将防空业务推进外，[illegible]（[illegible]以便使民众早为准备）

县长[illegible]

其他

附记	1.本表须于次月二日以前呈出 2.遇有紧急或重要事项仍应即刻专文呈（电）报

中华民国三十一年四月三日　县长[illegible]　呈

906

稿

5.20

四川省璧山縣縣政府辦理防空業務工作月報表 三十一年 四 月份

縣政府承辦防空業務文件數字統計	本府本月承辦防空文件共計三十四件
對於該縣之監視隊哨及縣府防空電話人員服務情形評語及意見	本縣地區共計駐有三個哨所，有二二區二〇監視哨，駐離城區七十〇〇華里之遙，[illegible]由本府派員調查該哨等事業情形，城中四二號之哨可由[illegible]防空業務[illegible]聯繫。
機槍高射組之組訓情形及編制狀況	現正設計組織中。
對敵空軍陸戰隊防禦訓練及演習經過情形	呈請第四防衛司令部指派本地指揮官以便推進訓練演習
駐縣之高射武器隊地配備及通信情形	本縣無駐縣之高射武器陣地，本府亦無組成之步槍高射組
高射武器及彈藥數量	無高射武器彈藥數量無法填出
關於監視隊哨設備補充情形	關城中四二號之哨不日[illegible]防空部派領十六條機槍[illegible]各方聯絡
本縣防空通信線路損壞及修整狀況	本縣防空通信線路係由~~[illegible]~~防四二哨轉用局之情報傳遞消息，未有損壞，由專線匠即時修復
本縣警報器設備狀況	以日夜間均可採用之各警報器(鐵鐘)數口並置城中高地及交通要道，並以煙幟補助之，故本府呈請注意情報球(燈)
本縣發佈"空襲""緊急"警報次數	無
本縣防護團現行編制	本縣防護團係依照上峯規定編制健全
本縣防護團人員名冊（技術團員與普通團員須註明）	防護團人員名冊除以呈報在案，現已飭防護各部隊重行整編造報名冊矣。
消極防空設備情形	除依照上峯所頒消極防空各項設備標準辦理外，現仍大增設及修理中
辦理隊哨經理事項	由防護團臨時負責訓練隊部人員外，並由本府派員隨時督[illegible]本縣各監視哨業務
本縣籌募防空經費收支數目及情形	業經呈報在案
對本縣防空業務改進意見	呈請裝球(燈)以作注意情報
其他	關於本縣[illegible]各種判斷，均由駐縣（城中）四二號之哨負責辦理。

附記
1.本表須于次月二日以前呈出
2.遇有緊急或重要事項仍應即刻專文呈(電)報

中華民國三十一年 ~~四~~五月十二日　縣長 彭〇〇 呈

稿

四川省璧山县县政府办理防空业务工作月报表三十一年五月份

县政府承办防空业务文件数字统计	本月份承办防空文件共计捌拾五件
对驻该县之监视队哨及县政府防空电台人员服务情形评语及意见	驻在县境内之四二、二二、及二〇各监视哨各员兵服务情形除经由[illegible]
机枪高射组之组训情形及编制状况	本县地方团队无机枪高射组编制，仅有[illegible]
对敌空军陆战队防御训练及演习经过情形	[illegible]
驻县之高射武器队地配备及通信情形	本县无高射武器阵地配备及通信情形
高射武器及弹药数量	机枪高射武器之弹药数量无[illegible]高射炮弹药未有
关于监视队哨设备补充情形	本县监视队哨[illegible]
本县防空通信线路增设及整修状况	本县防空通信线路[illegible]
本县警报器设备状况	本县警报器设备[illegible]
本县发布"空袭""紧急"警报次数	本县本月份均未发出空袭及紧急警报
本县防护团现行编制	本县防护团[illegible]
本县防护团人员名册（[illegible]）	本县防护人员名册（[illegible]）[illegible]
消极防空设备情形	[illegible]
办理队哨经理事项	[illegible]
本县筹募防空经费收支数目及情形	本县筹募之防空经费[illegible]
对本县防空业务改进意见	防空业务为目前当务之急[illegible]

其他

附记	1.本表须于次月二日以前呈出 2.遇有紧急或重要事项仍应即刻专文呈(电)报

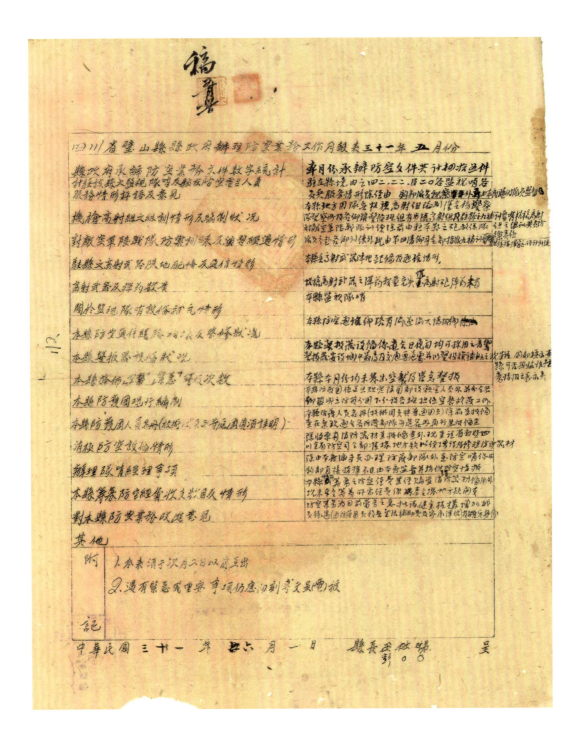

中华民国三十一年六月一日 县长彭○○ 呈

七六〇

四川省璧山县县政府办理防空业务工作月报表 三一年六月份

县政府承办防空业务文件数字统计	本月份承办防空文件共计四拾贰件
对驻该县之监视队哨及驻在防空电台人员服务情形评语及意见	驻在本县境内之四二、二二、及二〇各监视哨各员兵服务情形由本府随时派员监督据报各员兵尚能尽职
机枪高射组之组训情形及编制状况	本县境内驻有九补训处之机枪高射组其他乡镇有警备班步枪高射组
对敌空军陆战队防御训练及演习经过情形	本县对敌空军防御指挥官由九补训处第三团团长[illegible]担任于本月[illegible]举行对敌空演习情形尚佳
驻县之高射武器阵地配备及通信情形	本县之高射武器阵地已配备[illegible]仅有步枪之射击阵地
高射武器及弹药数量	该有之高射机枪弹药数量尚实
关于监视队哨设备补充情形	本县四二哨之监视哨在钧部承领五门总机一部设置
本县防空通信线路损坏及整修状况	本县防空通信线路未有损坏并未修整
本县警报器设备状况	本县添设预行警报第二处白昼挂红球一个夜间挂红色灯一盏
本县发布"空袭""紧急"警报次数	无
本县防护团现行编制	本县编制如前并未更改
本县防护团人员名册（干部人员与普通团员须注明）	本县防护团及各分团团员名册现正造缮中
消极防空设备情形	消极防空设备已遵照省府令制增设中
办理队哨经理事项	由本府随时派员监督供给防空情报
本县筹集防空经费收支数目及情形	本县呈准省府在地方预备金项下动支三七四五元分别购制及修理消防器材之用未有另筹
对本县防空业务改进意见	拟请钧部增加防护团服务之补给及规定各联保防空干部职务俾便推进防空业务
其他	

附记：
1.本表须于次月二日以前呈出
2.遇有紧急或重要事项仍应即刻专文呈(电)报

中华民国三十一年六月三十日 县长[illegible] 呈

存

四川省璧山縣縣政府辦理防空業務工作月報表 三一年七月份

縣政府承辦防空業務文件數字統計	本月份承办防空文件共计三拾弍件
對駐該縣之監視隊哨及駐在防空電台人員服務情形評語及意見	駐在县境内四二、二二、二〇、各监视哨各员兵服务情形由本府随时派员监督,报告[illegible]尚称尽职
機槍高射組之組訓情形及編制狀況	本县境内驻有九补训处之机枪高射组,其他乡镇有警备班步枪高射组
對敵空軍降落部隊防禦訓練及演習經過情形	由对敌空军降落部队防御指挥部(九补训处第三团二营副营长武怀远)负责训练,本月尚未演习
駐縣之高射武器陣地配備及通信情形	本县无高射阵地,仅有步枪高射阵地
高射武器及彈藥數量	所有之高射机枪弹药充实
關於監視隊哨設備補充情形	本县四二独立监视哨[illegible]领到[illegible]一部
本縣防空通信線路損壞及整修狀況	本月份通信线路中途(城近一带)损坏,已派员修复
本縣警報器設備狀況	本县对警报器[illegible]位置除原系装置外,本月重行修整
本縣發佈「空襲」「緊急」警報次數	本县发空袭一次,因[illegible]警报一次
本縣防護團組織編制	本县编制如前无有更改
本縣防護團人員名額(義務團員與普通團員須註明)	本县防护团各分团之员名册现正缮造中
消極防空設備情形	经由本府呈准省府在代管款项下拨款三千七百四十五元,责令派员修理消防器材,现正办理中
辦理隊哨經理事項	由本府随时派员监督供给防空情报
本縣籌募防空經費收支數目及情形	无
對本縣防空業務改進意見	由本府令饬防护团主任防空人员切实参照上峰指示办理,及实际需要努力改进
其他	

附記

1.本表須于次月五日以前呈出

2.遇有緊急或重要事項仍應即刻專文呈(電)報

中華民國 三十一 年 七 月 三十日 縣長 吳

四川省璧山縣縣政府辦理防空業務工作月報表 卅一年八月份

縣政府承辦防空業務文件數字統計	本月份承办防空文件共计二九件
對縣該縣之監視隊哨及駐在防空電台人員服務情形評語及意見	本县四二哨主哨长向二哨长萧玉培等服务尚好 哨部电台调查派孙康宁接充该员服务情形已派员随时调查中
機槍高射組之組訓情形及編制狀況	本县境内驻有九补训处之机枪高射组其他乡镇有警备班步枪高射小组
對敵空軍陸戰隊防禦訓練及演習經過情形	由对敌空军陆战队防禦指挥官（九补训处第三团团长刘德章）负责训练本月并未演习
駐縣之高射武器陣地配備及通信情形	本县无高射武器阵地仅有步枪高射阵地
高射武器及彈藥數量	计有之高射机枪弹药系空
關於監視隊哨設備補充情形	由新任哨长接收所有原有设备均无补充
本縣防空通信線路損壞及整修狀況	本县防空通信线并未损坏亦未修整
本縣警報器設備狀況	本县有警报器本月并设置并修复完善
本縣發佈「空襲」「緊急」警報次數	無
本縣防護團現行編制	本县防护团编制工作无有更改该兼团长由团指挥
本縣防護團人員名冊（技術人員與普通團員須註明）	本县防团各分团之员名册正编造中
消極防空設備情形	除仍原有消防器材呈报在案现正呈请地方款三千七百四十五元零行添制补充修理
辦理隊哨經理事項	由本府随时派员监督供给防空情报
本縣籌募防空經費收支數目及情形	無
對本縣防空業務改進意見	除依照法令规定改进外其他并无改进意见
其他	
附記	1.本表須于次月二日以前呈出 2.遇有緊急或重要事項仍應即刻專文呈（電）報

中華民國三十一年八月三十日 縣長 吳 郭○○

124

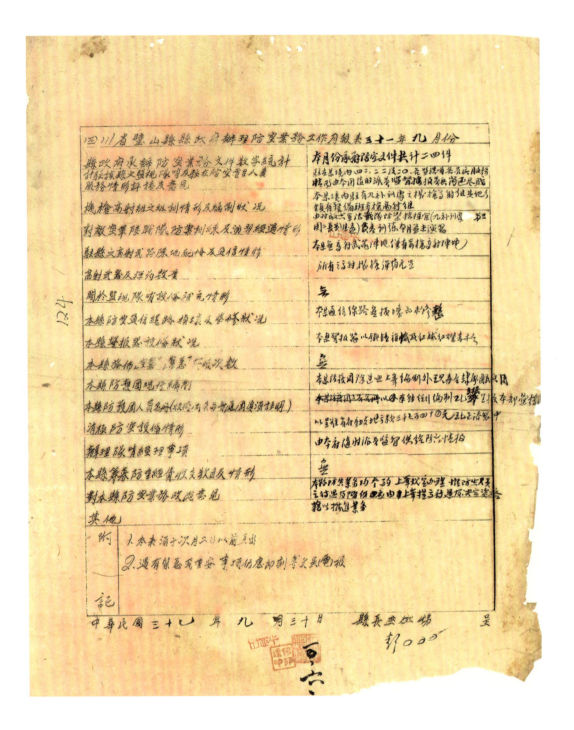

四川省璧山縣縣政府辦理防空業務工作月報表三十一年九月份

縣政府承辦防空業務文件數字統計	本月份承辦防空文件共計二四件
計縣境縣文監視隊哨及駐在防空電台人員服務情形評語及意見	駐在縣境內四二、二二及二〇、各監視哨各員兵服務情形由本團隨時派員監督據報各員兵尚能盡職
機槍高射組之組訓情形及編制狀況	本縣境內駐有九補訓處之機槍高射組其他各鎮有預備班並機槍高射組
對敵空軍陸戰隊防禦訓練及演習經過情形	由對敵空軍陸戰隊防禦指揮官（九補訓處第三團之長劉繼泰）負責訓練本月尚未演習
駐縣之高射武器陣地配備及通信情形	本縣無高射武器陣地（僅有高射機槍陣地）
高射武器及彈藥數量	所有之高射機槍彈藥充足
關於監視隊哨設備補充情形	無
本縣防空通信線路損壞及整修狀況	本縣通信線路無損壞亦未修整
本縣警報器設備狀況	本縣警報器以鐵鐘鑼梆及紅旗紅燈表示之
本縣發佈空襲、緊急警報次數	無
本縣防護團現行編制	本縣防護團除遵照上峰編制外並奉令隸屬國民兵團
本縣防護團人員名冊（如總隊未奉命者應須說明）	~~本縣防護團之名冊~~以奉本縣政府編制[illegible]呈報本部備案
消極防空設備情形	以堂[illegible]自有儲蓄地方款三千七百四十四元五角正添制中
辦理隊哨經理事項	由本府隨時派員監督供給防空情報
本縣籌募防空經費收支數目及情形	無
對本縣防空業務改進意見	本縣防空業務均奉到上峰規定辦理，惟防空人員之待遇及階級由上峰提高待遇及決定資格以利業務
其他	

附記
1. 本表須於次月二日以前呈出
2. 遇有緊急或重要事項仍應即刻專文呈（電）報

中華民國三十一年九月三十日 縣長○○○ 呈

存查。

126

四川省璧山縣縣政府辦理防空業務工作月報表三十一年十月份	
縣政府承辦防空業務文件數字統計	本月份承辦防空文件共計四四件
對於該縣之監視隊哨及該縣防空電台人員服務情形評語及意見	縣境內四二、二二及二〇各監視哨[illegible]服務情形隨時由本團派員督導據報[illegible]服務尚好
機槍高射組之組訓情形及編制狀況	本縣警察[illegible]訓練有高射機槍組訓練[illegible]防護分團[illegible]高射組
對敵空軍陸戰隊防禦訓練及演習經過情形	對敵空軍陸戰隊有[illegible]訓練，第三團[illegible]負責訓練~~本月演習一次~~
駐縣之高射武器隊地點位置及通信情形	本縣周圍皆山，高射陣地均[illegible]高射陣地[illegible]
高射武器及彈藥數量	本縣所有之高射武器彈藥充足
關於監視隊哨設備補充情形	無
本縣防空通信線路損壞及整修狀況	本月份僅有經過本縣境內之[illegible]防空專線[illegible]已[illegible]整修完妥。
本縣警報器設備狀況	本縣警報[illegible]以[illegible]鐘[illegible]紅球紅燈表示之
本縣發佈「空襲」「緊急」警報次數	本縣本月空襲警報一次，緊急警報未發出
本縣防護團現行編制	本縣防護團除遵照上峰命令編制外，[illegible]工作人員[illegible]
本縣防護團人員名冊（技術人員與普通團員須註明）	現正重編正繕造中
消極防空設備情形	已呈准動支[illegible]款修理[illegible]防[illegible]下月即可完竣
辦理隊哨經理事項	由本府隨時派員監督防空情報
本縣籌募防空經費收支數目及情形	現未籌募防空經費
對本縣防空業務改進意見	[illegible]
其他	
附記	1.本表須于次月二日以前呈出 2.遇有緊急或重要事項仍應即刻專文呈（電）報

中華民國三十一年十一月二日　縣長費[illegible]　呈

稿寄

四川省璧山县县政府办理防空业务工作月报表 二十七年十一月份

县政府承办防空业务文件数字统计	本月份共计承办防空文件二四件
对驻该县之监视队哨及驻在防空电台人员服务情形评语及意见	驻在县境内四〇二、二〇三、及二〇一各监视哨及分哨服务情形由本团随时派员监督考核报请[illegible]
机枪高射组之组训情形及编制状况	本县境内驻有九补训处之机枪高射组其他各镇有警备班步枪高射组
对敌空军陆战队防御训练及演习经过情形	由对敌空军陆战队防御指挥官(九补训处第三团团长刘[illegible])负责训练本月尚未演习
驻县之高射武器阵地配备及通信情形	本县无高射阵地仅有步枪高射阵地
高射武器及弹药数量	所有高射机枪弹药充足。
关于监视队哨设备补充情形	无
本县防空通信线路损坏及整修状况	本县通信线路无损坏~~[illegible]~~情形
本县警报器设备状况	本县警报器系铁钟旗帜及红灯红球表示
本县发布"空袭""紧急"警报次数	无
本县防护团现行编制	本县防护团编制仍如前状现奉令改隶国民兵团
本县防护团人员名册(技术人员与普通团员须注明)	候整编后再行呈报备查
消极防空设备情形	本县防空本月无设备仍如前状
办理队哨经理事项	由本府派员随时监督统防空情报
本县筹募防空经费收支数目及情形	本县业经呈准动支地方款项添置及修理防空器材并未筹募
对本县防空业务改进意见	本县拟以后全由县办理防空业务并无改进意见了防空经费[illegible]
其他	

附记：
1.本表须于次月二日以前呈出
2.遇有紧急或重要事项仍应即刻专文呈(电)报

中华民国二十七年十一月卅日 县长 ~~[illegible]~~ 吴

彭世昭

稿 卅二、一、五。

132

四川省璧山縣縣政府辦理防空業務工作月報表 三十一年十二月份

縣政府承辦防空業務文件數字統計	本月份計承辦防空文件二一件
計縣該縣之監視隊哨及該省防空電台人員服務情形評語及意見	駐縣四二、二二、二〇、各哨負由本團隨時派員監督[illegible]報尚能負責任。
機槍高射組之組訓情形及編制狀況	本縣有組訓之九補訓處機槍高射組及各鎮鄉奉令組訓之步槍高射組
對敵空軍陸戰隊防禦訓練及演習經過情形	對敵空軍陸戰防禦訓練由九補三團張劉團長負責訓練本月未演習
駐縣之高射武器陣地配備及通信情形	高射武器陣地由劉團長隨時選擇便宜通信網
高射武器及彈藥數量	由九補訓處負責尚稱充足
關於監視隊哨設備補充情形	無
本縣防空通信線路損壞及整修狀況	無
本縣警報器設備狀況	本縣警報器有銅鐘旗幟紅燈紅球表示
本縣發佈空襲緊急警報次數	本縣本月發佈空襲一次警急無
本縣防護團現行編制	編制如前
本縣防護團人員名單(如係新成立或普通團員須註明)	尚未編竣俟竣後再行呈報
消極防空設備情形	如前
辦理隊哨經理事項	隨時派員督飭供給防空情報
本縣籌募防空經費收支數目及情形	無
對本縣防空業務改進意見	無
其他	

附記
1.本表須于次月八日以前呈出
2.遇有緊急或重要事項仍應即刻專文呈(電)報

中華民國三十二年一月五日 縣長安仕悌 呈

彭心川

擬（印）

四川省璧山縣縣政府辦理防空業務工作月報表 三十二年 一月份	
縣政府承辦防空業務文件數字統計	本月份共計承辦防空文件五〇件
計駐該縣之監視隊哨及駐在防空電台人員服務情形評語及意見	駐縣之四二·二二·二〇·各監視哨及員兵據調查人員報告尚負責。
機槍高射組之組訓情形及編制狀況	本縣有九補訓处之機槍連其他鄉鎮有警備班步槍高射組。
對敵空軍陸戰隊防禦訓練及演習經過情形	對敵空軍陸戰隊之防禦有九補訓处第三團張團座負責本月未演習。
駐縣之高射武器陣地配備及通信情形	本縣無高射陣地僅有步槍高射陣地。
高射武器及彈藥數量	所有之高射机槍彈藥充足。
關於監視隊哨設備補充情形	無
本縣防空通信線路損壞及整修狀況	無
本縣警報器設備狀況	本縣警報器鐵鐘~~附圖~~旗幟及紅球紅燈
本縣發佈"空襲""緊急"警報次數	無
本縣防護團現行編制	編制無變更又本年令改隸屬民兵團至於團部警佐兼任。
本縣防護團人員名冊（校核人員與普通團員須註明）	俟編製完竣另案呈報。
消極防空設備情形	如前報
辦理防空哨經理事項	由府派員督飭供給往報。
本縣籌募防空經費狀況支數目及情形	本縣另支地方款除購有防器材外未籌募防空經費。
對本縣防空業務改進意見	無
其他	
附記	1.本表須於次月二日以前呈出 2.遇有緊急或重要事項仍應即刻專文呈（電）報

中華民國 三十二年 [illegible] 月卅一日 縣長 ~~[illegible]~~ 吳

彭心明（已制卡）

二月十六日 吳（印）卿周 擬

（已制卡）

稿 三十七

四川省璧山縣縣政府辦理防空業務工作月報表 三十二年二月份

縣政府承辦防空業務文件數字統計	本府本月份承辦防空文件共計二〇件
對駐該縣之監視隊哨及駐在防空電台人員服務情形評語及意見	查駐在本縣之四二、二二、二〇各監視哨負責由本府訓令有關機關隨時監督協報為原[illegible]
機槍高射組之組訓情形及編制狀況	本縣駐有九補訓處之機槍高射組及民衆之步槍高射組其編制及組訓均按照規定施行之
對敵空軍陸戰隊防禦訓練及演習經過情形	射仍由駐縣之九補訓處第三團[illegible]本月未演習
駐縣之高射武器陣地配備及通信情形	高射武器陣地正選擇中至通信尚未架設
高射武器及彈藥數量	由九補及地方團隊負責尚稱充足
關於監視隊哨設備補充情形	本縣之監視隊哨除原有之設備外現擬將[illegible]已在呈請鈞部補充中
本縣防空通信綫路損壞及整修狀況	並無損壞及整修情形不過隨時由負責者予以檢察
本縣警報器設備狀況	本縣警報設施除原有之警鐘警報球警報旗外現已添裝[illegible]信號
本縣發佈「空襲」「緊急」警報次數	本縣本月份發出注意情報一次空襲一次緊急[illegible]
本縣防護團現行編制	本縣防護團仍照[illegible]編制現該團已奉令改隸[illegible]
本縣防護團人員名冊(校級人員與普通團員須註明)	已由本府令仰[illegible]
消極防空設備情形	除有應付大火之消防器材[illegible]防空壕洞[illegible]
辦理隊哨經理事項	隨時收發督飭[illegible]有關機關防空情報
本縣籌募防空經費收支款目及情形	現未舉辦籌募事宜
對本縣防空業務改進意見	本縣防空業務除從前鈞部撥下防空器材外並擬於天氣晴朗時(三四五六七八九十各日)[illegible]
其他	

附記

1. 本表須于次月二日以前呈出
2. 遇有緊急或重要事項仍應即刻專文呈(電)報

142

中華民國三十二年三月四日　　縣長 [illegible] 彭□□ 呈

稿 ○○

四川省璧山縣縣政府辦理防空業務工作月報表 三十二年 三月份

縣政府承辦防空業務文件數字統計	本月份共計承辦防空文件五六件
計駐該縣之監視隊哨及駐在防空電台人員服務情形評語及意見	駐本縣之四二、二二、二〇各監視哨員兵服務情形據報尚能負責惟[illegible]提高使精神貫注意志專一
機槍高射組之組訓情形及編制狀況	僅有駐在本縣之九補訓處机槍高射組其組訓[illegible]
對敵突軍陸戰隊防禦訓練及演習經過情形	由九補訓處之一部担任隨時予野外演習
駐縣之高射武器陣地配備及通信情形	本縣無高射武器陣地僅有步槍高射陣地以[illegible]
高射武器及彈藥數量	高射武器及彈藥較為充足(數字不詳)
關於監視隊哨設備補充情形	本縣四二獨立哨于本月份向[illegible]部領取電池四[illegible]
本縣防空通信線路損壞及整修狀況	無
本縣警報[illegible]狀況	本縣已造具預算呈請增設中
本縣發佈「空襲」「緊急」警報次數	本縣于三月十一日發佈空襲一次又於十七日發佈空襲一次緊急[illegible]
本縣防護團現行編制	[illegible]城中鎮公所成立防護分團
本縣防護團人員名冊(技術人員與普通團員須註明)	本縣防護團除團部額設之職員兵工友外其他團員均未有經常人員[illegible]
消極防空設備情形	現又[illegible]製中俟完竣後即[illegible]
辦理隊哨經理事項	由府派員隨時督助業務并[illegible]
本縣籌募防空經費收支數目及情形	現未籌募防空經費故收支數目情形均無
對本縣防空業務改進意見	查本縣[illegible]
其他	

附記

1. 本表須于次月二日以前呈出
2. 遇有緊急或重要事項仍應即刻專文呈(電)報

中華民國 三十二 年 四 月 二 日 縣長 [illegible] 呈

彭○○

四川省璧山縣縣政府辦理防空業務工作月報表 三十二年四月份

縣政府承辦防空業務文件數字統計	本府本月份承[illegible]防空文件共計[illegible]件。
對駐該縣之監視隊哨及該縣防空電台人員服務情形評語及意見	駐縣之各監視哨員兵對于情報傳遞事務尚能負責。
機槍高射組之組訓情形及編制狀況	本縣有九補訓處之機槍連 其他鄉鎮有警備班步槍高射組。
對敵空軍陸戰隊防禦訓練及演習經過情形	對敵空軍陸戰隊之防禦由九補訓處第三團負責 本月尚未演習。
駐縣之高射武器陣地配備及通信情形	本縣無高射陣地 僅有步槍高射陣地。
高射武器及彈藥數量	所有之高射槍彈藥充足。
關於監視隊哨之修補充情形	無
本縣防空通信線路損壞及整修狀況	本縣之線路無損亦未修理。
本縣警報器設備狀況	本縣警報系以鐘聲[illegible]之紅燈為表示。
本縣發佈空襲、緊急、解除警報次數	無
本縣防護團現行編制	[illegible] 本縣防護團之編制自改隸國民兵團後無異動。
本縣防護團人員名冊（技術人員與普通團員須註明）	已由本府令知該技術團員普通團員造冊呈報备查。
消極防空設備情形	除有之對火災之消防器材[illegible]外其他並無設備。
辦理隊哨經理事項	隊哨經費[illegible]供給[illegible]。
本縣籌募防空經費收支數目及情形	本府未舉辦募集事宜。
對本縣防空業務改進意見	除依照法令改進外其他並無改進意見

其他

附記

1.本表須于次月二日以前呈出

2.遇有緊急或重要事項仍應即刻專文呈(電)報

中華民國三十二年四月 日 縣長[illegible] 呈

四川省璧山縣縣政府辦理防空業務工作月報表三十二年四月份

縣政府承辦防空業務文件數字統計	本月份共計承辦防空文件三四件
評駐該縣之監視隊哨及駐在防空電台人員服務情形評語及意見	駐縣之四二、二二、二〇、監視哨及員兵服務尚能負責。
機槍高射組之組訓情形及編制狀況	本縣有九補訓處之機槍連其他鄉鎮有警備班步槍高射組。
對敵空軍陸戰隊防禦訓練及演習經過情形	對敵空軍陸戰隊之防禦有九補訓處第三團負責本月並未演習。
駐縣之高射武器陣地配備及通信情形	本縣無高射陣地僅有步槍高射陣地。
高射武器及彈藥數量	所有之高射機槍彈藥充足。
關於監視隊哨設備補充情形	無
本縣防空通信線路損壞及整修狀況	無
本縣警報器材狀況	本縣警報鐘聲不能普及全縣現正籌[illegible]警報器以備應用。
本縣發佈"空襲""緊急"警報次數	本年四月份發佈空襲三次緊急一次
本縣防護團組織編制	本縣防護團改隸後編[illegible]完善
本縣防護團人員名冊(幹部人員與普通團員須註明)	本縣防護團現以正[illegible]積極加以訓練。
消極防空設備情形	本府以[illegible]
辦理防情經理事項	隨時將[illegible]供給有關機關防空情報
本縣籌募防空經費收支數目及情形	無
對本縣防空業務改進意見	無
其他	
附記	1. 本表須於次月六日以前呈出 2. 遇有緊急或重要事項仍應即刻專文呈(電)報

中華民國三十二年四月七日　縣長[illegible]　曾○○　呈

呈[illegible]核

已制卡

已制卡

659　　　　　　　　　　　　　　　　　杨啟[illegible]

四川省璧山县县政府办理防空业务工作月报表三十二年六月份	
县政府承办防空业务文件数字统计	本府本月份承办防空文件共计三十八件
计驻该县之监视哨及驻在防空部队人员服务情形评语及意见	驻县之监视哨官兵对于情报供给尚能负责
机枪高射组之组训情形及编制状况	本县有九请训外之机枪连其他乡镇有警备班步枪高射组
对敌空军陆战队之防御训练及演习经过情形	对敌空军陆战队之防御由九训训处第三周之[illegible]负责~~本月份尚未演习~~（由本府呈请第四分区司令部委派新[illegible]团[illegible]）本月尚未演习
驻县之高射武器阵地配备及通信情形	本县无高射阵地仅有步枪高射车地
高射武器及弹药数量	所有之高射步枪弹药充足
关于监视哨设备补充情形	无
本县防空通信线路损坏及整修状况	本县之线路稍有损坏现已修理完善
本县警报器设备状况	除本有设备之旁警钟报器警报旗外，现正在设立筹备购制手摇警报器
本县发布"空袭""紧急"警报次数	无
本县防护团现行编制	仍同改隶后之编制
本县防护团人员名册（技术团员或普通团员须注明）	由本府令饬本县防护团~~现正在[illegible]~~将消防队划由城中镇队附管理统计除当有[illegible]之部及各消防器具外改变
消极防空设备情形	本县防护团[illegible]本指令消水池[illegible]
办理防哨经理事项	本府随时派员督查并令随时供给有关机关情报
本县筹募防空经费收支数目及情形	无
对本县防空业务改进意见	无
其他	
附记	1.本表须于次月二日以前呈出 2.遇有紧急或重要事项仍应即刻[illegible]电报

中华民国三十二年六月　日　县长曾[illegible]　呈

照式用封方纸油印分发以备每月查报（左边各字样就右边留空临时填）

203

七、六

已制卡

八

四川省[illegible]縣政府辦理防空業務工作月報表 三十六年 七 月份

縣政府承辦防空文件數字統計	本府本月份承办防空文件计四十二件
對駐縣[illegible]防空電台人員服務情[illegible]	駐縣之各監視哨員兵对於情報傳給尚能負責
機關[illegible]組織情形及編制狀況	本縣九补训處之机槍連其他鄉鎮有警備班步槍高設组
對敵空軍降[illegible]組訓練及演習經過情形	对敵空軍陸战隊本縣成第四分区常正補训分隊員加强組訓本月尚演習
本縣之高射[illegible]陣地配備及通信情形	本縣無高射陣地僅有步槍高射陣地
高射武器及[illegible]	所有高射步槍彈藥充足
關於監視隊哨[illegible]情形	無
本縣防空通信[illegible]損壞及整修狀況	本縣之线路现已修理完善尚無損壞
本縣警報[illegible]狀況	本縣手摇警报器现正订購中
本縣發佈空襲[illegible]警報次數	無
本縣[illegible]現行編制	仍照原有之编制现未变更
本縣防護團[illegible]須說明)	本縣消防隊係由城中鎮隊附管理施训
消極防空[illegible]情形	本縣防護团除原有消防器具外现正筹添水槍及大小太斧以防发生火災之用
辦理[illegible]事項	本府隨時派员督饬并分随时傳給有关机关之情报
本縣[illegible]數目及情形	無
對本縣[illegible]改進意見	無
其他	
附記	遇有緊急或重要事項仍应立刻專文呈電報

中華民國三十六年 八 月 日 縣長 曾錦柏 呈

二

八十七、

四川省璧山县县政府办理防空业务工作月报表 三十六年 八 月份

县政府承办防空业务文件数字统计	本府本月份承办防空文件计卅六件
对驻本县之防空监视队哨及县防空电话人员服务情形考核及意见	驻县之各监视哨员兵对于情报供给尚能负责
机枪高射组之组训情形及编制状况	本县九补训处之机枪连其他乡镇有警防班步枪高设组
对敌空军陆战队防范训练及演习经过情形	对敌空军陆战队现奉衛戍第四分区电暂缓调训由本府饬各乡自行加强训练
本县之高射武器阵地配备及通信情形	本县无高射阵地仅有步枪高设阵地
高射武器及弹药数量	所有高设步枪弹药充足
关于监视队哨经费补充情形	无
本县防空通信线路损坏及整修状况	本县线路尚无损坏
本县警报设备状况	本县手摇警报器现正订购中
本县发布空袭紧急警报次数	无
本县防护团现行编制	仍照原有之编制现未变更
本县防护团人员技术训练情形(团员须说明)	本县消防队仍划由城中镇队办理施训
消极防空设备情形	本县防护团除原有消防器具外现正筹设添购木枪大斧以防火灾之用
办理防谍工作事项	本府随时派员督饬并饬随时付给有关敌情之情报
本县防空经费收支数目情形	无
对本县防空业务改进意见	无

其他

附记 遇有紧急或重要事务仍应立刻专文呈电报

中华民国三十六年 九 月 三 日 县长曹锦涵

九三

已制卡

四川省璧山縣政府辦理防空業務工作月報表 三十三年 五 月份

縣政府承辦防空業務文件數字統計	本府本月份承办防空文件计卅二件
本縣[illegible]防空監視哨及縣政府防空電話人員聯絡[illegible]及意見	驻本县之各监视哨员兵对于情报供给尚称负责
機槍高射組之組訓情形及編制狀況	本縣九補訓處之機槍連其他鄉鎮有警備班步槍高射組
對敵空軍陸戰隊防禦訓練及演習經過情形	本縣對敵空軍陸戰隊由九補訓處及縣保安隊鄉警隊兵負責
縣城之高射武器陣地配備與通信情形	本縣無高射陣地僅有步槍高射陣地
高射武器及彈藥數量	所有高射步槍彈藥充足
關於監視哨設置補充情形	無
本縣防空通信綫路損壞及整修狀況	本縣之綫路現已修理完善尚無損壞
本縣警報器設備狀況	本縣已購製手搖警報器一架
本縣發佈空襲緊急警報次數	本縣本月份發佈空襲警報三次緊急警報一次
本縣防護團組織情形	本縣防護團設總幹事總務股主任消防主任警報主任幹事及書記各一人警報[illegible]
本縣防護團人員受訓情形（請將受訓人員與普通團員分別註明）	本縣[illegible]鄉技術團員[illegible]
消極防空設備情形	本縣防護團除原有消防器具外，現係製紅紙網警報球六個綠紙網警報球三個及防空標示牌廿[illegible]
辦理疏散各種事項	本府隨時派員督飭并飭隨時待機有關疏散之諸事
本縣防空捐款數目及情形	本縣在娛樂捐項下籌募防空基金38584元除購置警報球及球桿防空標示牌計支去13035元，餘存作購置消防器具之用
對本縣防空業務改進意見	無
其他	
附記	以後遇有緊急或重要事項應立刻專文呈（電）報

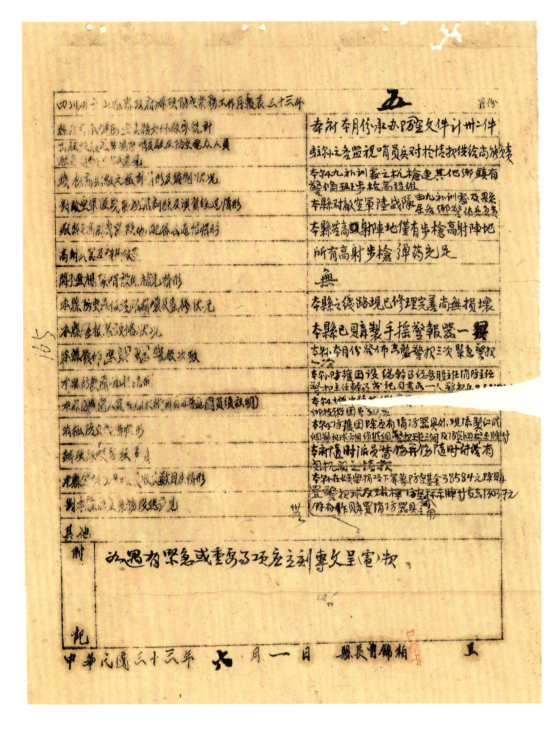

中華民國三十三年 六 月 一 日 縣長曹錦柏 呈

四川省璧山县政府办理防空业务工作月报表 三十六年 六 月份

县政府承办防空业务文件数字统计	本府本月份承办防空文件二十六件
对该县之监视队哨及县府防空电话人员服务情形评语及意见	驻县之各监视哨员兵对于情报供给尚能负责
枪炮高射组之组训情形及编制状况	本县九补训处之机枪连其他乡镇有警卫丁步枪高设组
对防空军队及县政府训练及演习经过情形	本县对防空军事战队仍由九补训处及各乡镇警卫丁负责
该县之高射武器阵地配备及通信情形	本县无高射炮阵地仅有步枪高射阵地
高射武器及弹药数量	所有高射步枪弹药充足
关于监视队哨之设备有无情形	无
本县防空[illegible]损坏及整理状况	本县之线路现已修理完善尚无损坏
本县警报器设备状况	本县已购置手摇警报器壹具
本县发布空袭及紧急警报次数	本县本月份发布空袭警报一次紧急警报无
本县防护团编制状况	本县防护团编制情形与上月同
本县防护团人员技术(技术团员有无变迁应详细说明)	本县技术团员名额本月与上月所报相同
消极防空设备情形	本县消极防空设备情形与上月所报相同
办理队哨情报[illegible]	本府随时派员督饬队哨付给有关机关之情报
本县筹募防空经费收支数目及情形	本县上月筹募基金除上月购清器具支付外余未动支
对本县防空业务改进意见	无
其他	
附记	如遇有紧急或重要事项应立刻专文呈(电)报

中华民国三十六年 七 月十七日 县长[illegible] 具

162

九八

四川省第三区璧山县县政府办理防空业务工作月报表　三十三年　八　月份	
县政府承办防空业务文件数字统计	本府本月份承办防空文件计卅三件
对于该县之监视哨及县民防空通讯人员服务情形之意见	驻本县之各监视哨对于情报供给尚能负责
机枪高射组之组训情形及编制状况	本县九补训处之机枪与其他乡镇有警察自卫队步枪高射组
对敌空军降落伞部队之训练及演习经过情形	本县对敌空军降落伞部队由九补训处及本县各乡警卫队负责
该县之高射武器阵地配备及通信情形	本县无高射阵地仅有步枪高射阵地
高射武器弹药数量	所有高射步枪弹药充足
关于监视队情报传递之情形	无
本县防空通信线路损坏及整修状况	本县之线路现已修理完善尚无损坏
本县警报器设备状况	本县前购之手摇警报器已坏　现在白日用挂红球为标帜　夜间以打锣代表
本县发布空袭紧急警报次数	本县八月份发布紧急警报二次
本县防护团之组织编制	本县防护团团长由县长兼任总干事由副团长兼任其组织系与上月表报同
本县防护团人数（技术团员与普通团员须注明）	本县防护团技术团员人数本月与上月呈报相同
消极防空设施情形	本县消极防空设备本月与上月表报相同
办理县内有关防空事项	本府随时派员督饬并饬随时与有关机关之联报
本县筹募防空经费收支数及情形	本县防空基金除六月份购置物品外尚存2254元现未动支
对本县防空业务改进意见	无
其他	
附记	如遇有紧急或重要事项应立刻专文呈（电）报

中华民国三十三年　九月四日　县长[illegible]　呈

方OO

212

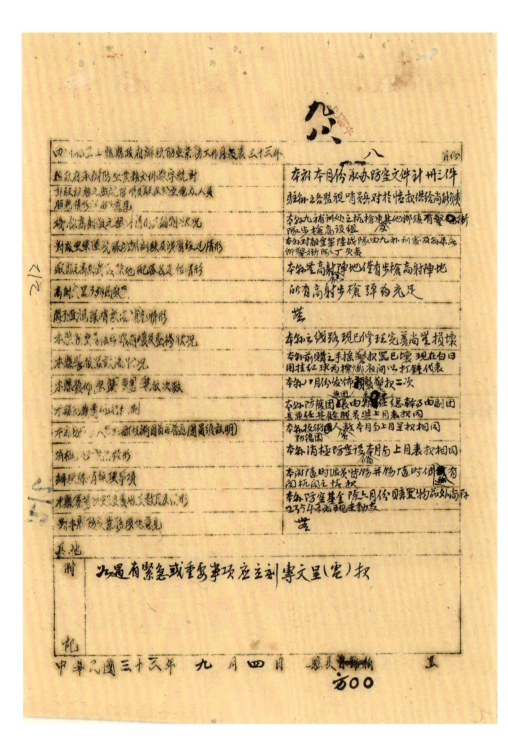

四川省政府关于颁发防止敌机散布鼠疫杆菌实施办法及处理敌机掷下物品须知致璧山县政府的代电（一九四二年一月）

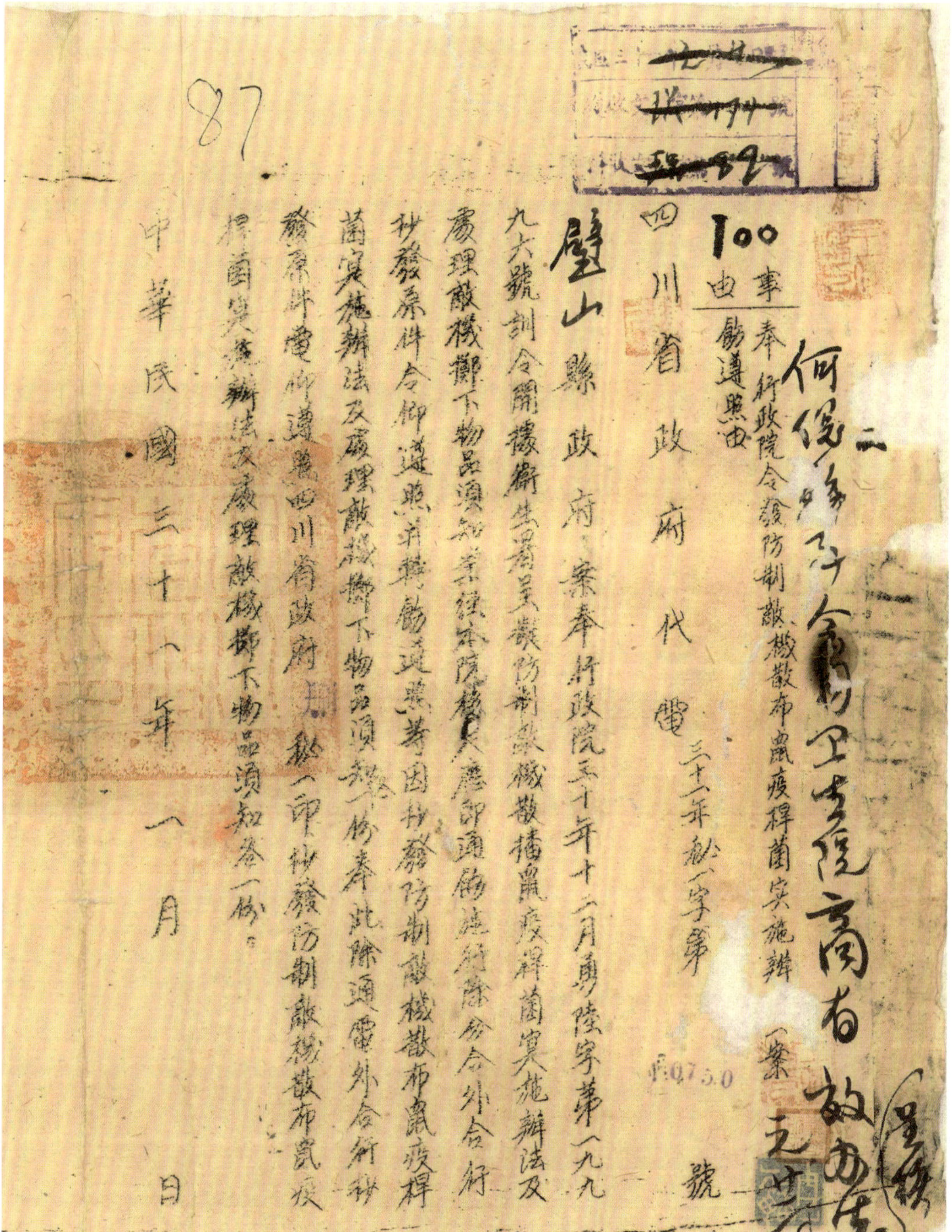

100

事由：奉行政院令發防制敵機散布鼠疫桿菌實施辦（案）飭遵照由

四川省政府代電　三十一年秘一字第　號

璧山縣政府：案奉行政院三十年十二月勇陸字第一九九九六號訓令開：據衛生署呈擬防制敵機散播鼠疫桿菌實施辦法及處理敵機擲下物品須知，業經本院核定，應即通飭遵行，除分令外，合行抄發原件，令仰遵照，並轉飭遵照。等因；抄發防制敵機散布鼠疫桿菌實施辦法及處理敵機擲下物品須知各一份，奉此，除通電外，合行抄發原件，電仰遵照。四川省政府。秘一印。附抄發防制敵機散布鼠疫桿菌實施辦法及處理敵機擲下物品須知各一份。

中華民國三十一年一月　日

87

此類辦法須與警佐會閱 三、二八

一、社訓隊[illegible]保甲長協助擔任警戒救護
防毒及[illegible]衛生工作請速即訓令城中鎮各[illegible]
協办
二、衛生院[illegible]準備[illegible]藥品以供消毒之用
三、印發[illegible]警報[illegible]標誌[illegible]傳單

郁桃 三、二八

校對趙[illegible]賢 監印李竹遙 已印發

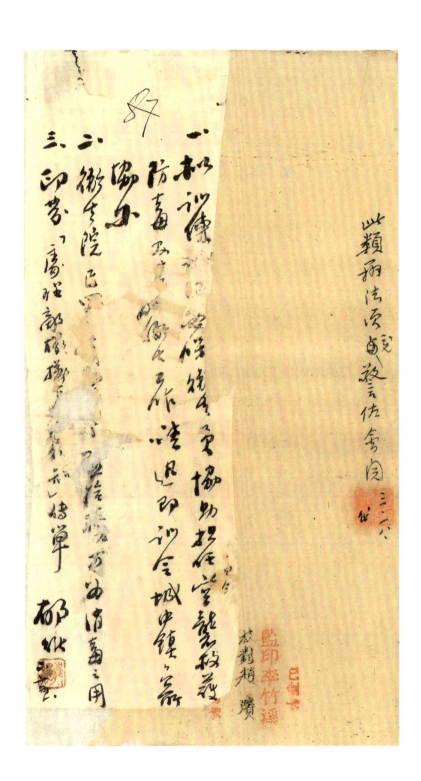

88

防制敵機散播鼠疫桿菌實施辦法

一、請軍事委員會、行政院通令全國各軍政機關飭知敵人有利用細菌兵器之企圖，須嚴密防範。

二、請軍事委員會通令全國防空機關轉飭擔任防空監視哨之軍民人等一致嚴密注意敵機擲下物品，并切實按照「處理敵機擲下物品須知」辦理。

三、由軍政部通令全國各地軍旅防疫機關一致注意防範，并充實防疫及檢驗器材。

四、由衛生署通飭全國各地省市衛生主管機關轉飭所屬一体注意防範，并準備防疫及檢驗器材。

五、由軍醫署、衛生署及中國紅十字会總会救護總隊部積極準備預防及治療鼠疫藥品，并会同向國外〔外〕請捐助各種治療及預防鼠疫器材，如精酸氣噴霧氣及 [illegible] 等。

六、由衛生署令飭中央及西北兩防疫處充分準備鼠疫疫苗發售

七、由衛生署印發預防鼠疫宣傳品

八、由軍政部衛生署分別令飭各軍旅省市衛生機關設法訓練各該地之擔任防疫人員灌輸防疫及消毒常識俾能于必要時措置裕如

九、在某地有鼠疫發生時該省衛生主管人員應立即馳往該地聯合當地有關各方組織臨時防疫聯合辦事處務于最短期間予以撲滅

十、請軍事委員會通令全國對于防疫工作應軍民合作戮力同心以赴事功

十一、如某地發生鼠疫應由地方負責自籌經費極力防制必要時得呈請中央撥款或派員協助防治

十二、如有鼠疫或疑似鼠疫發生時應即按照戰時防疫聯合辦事處所訂之疫情報告辦法切實辦理之

89

處理敵機擲下物品須知

各地担任防空之軍民人等於發現敵機擲下物品後應注意下列各項

(一)所有擲下物品均應認為有沾染毒菌或毒物之可能務須避免用手直接接觸該項物品即用以掃除或集合該項物品之器具用後亦應消毒

(二)嚴防擲下物品内藏有能傳染鼠疫之跳蚤

(三)对擲下物品以立刻就地消滅為原則

(四)除當地有檢驗設備之衛生機關可通知其派員来取一部份外餘一概應予消滅負責檢集該項物品之人員尤須特别注意避免跳蚤之叮咬

(五)对擲下物品之地區如面積不廣應先用消毒藥水充分噴洒然後將該項藥品集合一處加入燃火物徹底焚燒之消毒藥品可用百分之二来沙兒或千分之一石炭酸或煤焦油酸或百分之五漂白粉混液或石灰水(五石灰一份水四份)

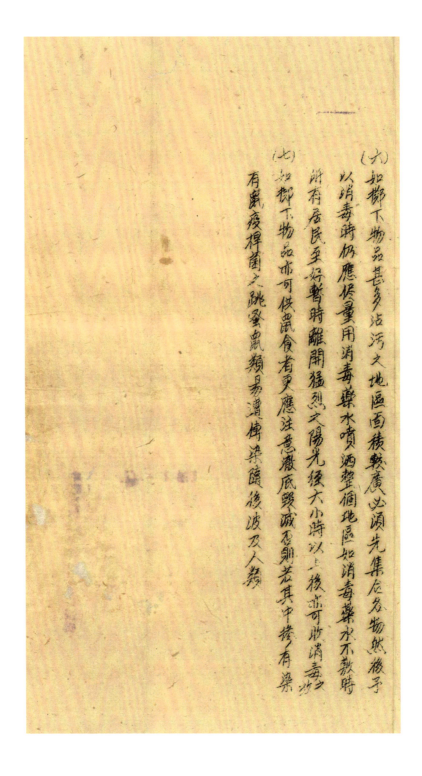

（六）如鄰下物品甚多沾污之地區面積較廣必須先集合各物然後予以消毒時仍應儘量用消毒藥水噴灑整個地區如消毒藥水不敷時所有居民至好暫時離開猛烈之陽光經大小時以上後亦可收消毒之效

（七）如鄰下物品亦可供鼠食者更應注意徹底毀滅否則若其中稍有染有鼠疫桿菌之跳蚤鼠類易遺傳染隨後波及人類

71

三十一年第一次防空會議

地點：縣政府會議廳

時間：四月二日

出席人：城中鎮吳瀞深 縣黨部張[illegible] 衛生院鄒維 縣民教館何戡黎 警察所朱策舜 警察隊宗紹前 軍事科長劉宗濂 軍訓部總務廳廖彩治 動委會幹事張杰 四十一獨立營長龔有恒 電話管理處主任周國棟 防護團何順信 導報社 消防隊 三青團 稽查所 教導總隊 督查處俞愚 九訓處黃治藩 防空科員趙光烈

主席 縣長彭心明 紀錄 何順信

（一）主席報告：（略）

（二）討論事項：

一、關於非軍事機關防空機關及民眾應如何疏散案

決議：（一）非軍事及防空機關應先實行物資疏散，至民眾中無職業及老弱等實行強迫疏散，定四月十日開始，十五日完成，至旅館飯舖日次責由督查處負責考查督促疏散。

（二）臨時疏散（即發出空襲警報時）規定離城三華里以外，由防護團、警察所、督查處、警察隊負責認真執行。

又、城中區域之疏散警戒治安空襲救護等業務應如何規定案

決議：由警察所防護團城中鎮警備班負責（每保甲自）由防護團部副團長負責指揮，其他部隊由俞副團長指揮

三、城外區域空襲疏散秩序維持案

決議：由城東南西北四鄉公所及警察所負維持秩序及治安之責

四、警報信號如何規定案

決議：預行警報時以掛球為信號，掛球地點一處在縣府門前，由防護團派專人負責，實施空襲警報及緊急警報以敲鐘為信號，至城東南西北四鄉公所應依照城中關於警察信號規定辦理

五、降落傘部隊及防毒信號案

決議：依規定由城中四個獨立警視哨鳴鑼示警，至防毒警報依照規定辦理

六、對敵空中陸戰隊之防衛佈署及各種部隊組織訓練應如何策劃案

決議：簽請衛戍第四清鄉區司令部關于應付敵空降部隊之對空射擊及掃蕩捕捉由司令部負責計劃統籌辦理

七、消防隊器材之檢查及充實案

決議：遵照大本營規定并適應本地需要切實設備，如有損壞即時修理，由警佐室禾警佐、督察處俞督察長、民眾團體劉團長、兵團總副團長及軍事科劉科長於四月三日午后三時檢查，十日舉行大檢閱（召集救護隊、消防隊、城中東南西北四鄉運水隊及捕獲隊等）

8、城廂民眾之防毒及防空常識如何訓練案

決議：（一）由衛生院、民教館、軍事科、防護團担任，并由警察所負召集之責

訓練計劃由鄒維院長負責擬訂

(八)城廂各住户每户以一人受訓每次集中一保訓練訓練時間每日午前六時訓練地點在民衆教館(本月五號開始訓練)以將城廂各保訓練完畢爲止

9、防護工作人員於空襲時避難處所如何決定案

決議:由王警佐以新民小學后面之原有防空洞則計從新修整完善以作防護工作人員在敵機臨空時之避難處所

10、城中沙包如何設備案

決議:仍由城中鎮公所指定鎮、保、警察所、衛生院沙包形式編製發給各住户堆集在每甲辦公處(每甲至少三十至四十包)

11、救護工具如何製備案

決議:除原有担架應用外并每保製備梯子五乘繩子拉鈎(每根五丈)備作担架及搶救之用

12、警察人員崗位如何分佈案

決議:由警佐室王佐警負責計劃(以本板記名訂于崗位地點)

13、通行證如何辦理案

決議:由縣府重新設計製就分送各有關機關備用

14、防空洞檢查案

決議:由兪督察長刘科長何館長暨警佐沈主任何總幹事會同檢查(定四月二日上午八時在督察處集合殊出發檢查)

十一時半散會

璧山县政府、璧山县防空支会关于检发挖掘防空壕注意事项的训令（一九四二年十月十二日）

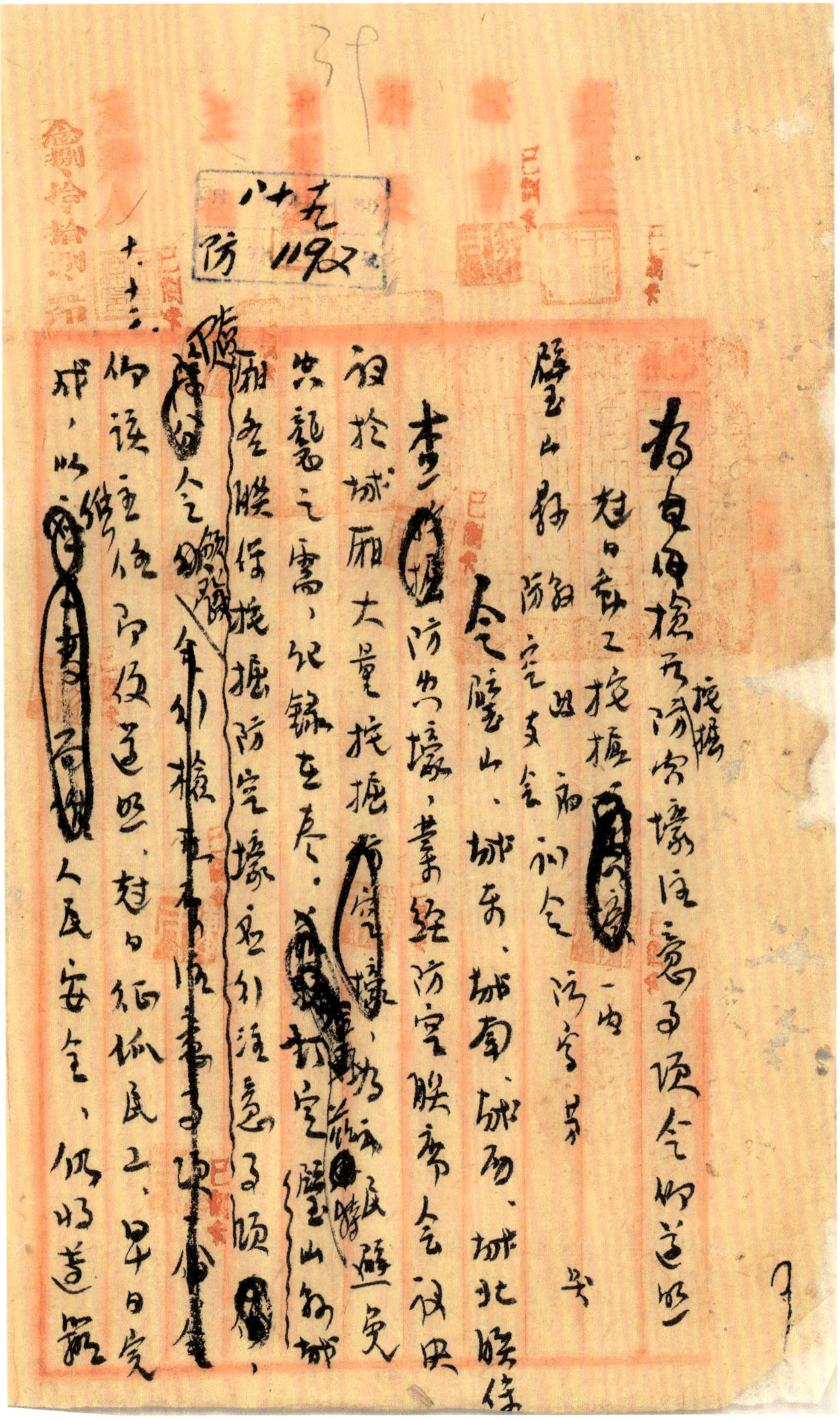

情形報查為要！

此令

附抄原核撥浙江土壤經費子項一份。

鄞縣議會長　王○○

附：璧山县城厢各联保挖掘放防空壕注意事项

璧山县城厢各联保挖掘防空壕应行注意事项

一、县佐兼副团长、县府技士兼工务股主任、警察团总干事均有直接指挥监督各联保挖掘防空壕之权。

二、各联保主任、保甲长均有直接指挥监督各该地段挖掘防空壕之责任。

三、各该联保自行负责各该地段，斟酌地方情形，尽量挖掘防空壕。

四、未动工前须先用石灰画线，使动工时照线挖掘，其所需石灰，由各该联保主任購買磚塹，取具粘據，仍須委會在捐欵項下動支。

五、包工時由各聯保輪派民工，自帶伙食，各聯保每不得向住戶攤派一分費用。

六、所需用具由各聯保向住戶借用，如有損壞，可於工畢時，將損壞農具一併向報銷，在捐欵內補助。

七、防空壕以寬三市尺五寸，深五市尺為宜，各聯保可依此尺碼，自製木棍二根，隨挖隨量地之使用。

八、各聯保工畢後，將所挖防空壕長度報

43

重量，一併呈报县会，以便派员检查。

查验

已阅

四川全省防空司令部关于制发防毒设备调查表表式致璧山县防护团的训令（一九四三年四月）

80

查案并依規定呈報

四川全省防空司令部訓令　三十二年防四字第180號

令璧山縣防護團

查防毒設備至關重要，本部爲明瞭各地防毒設備情形及變動狀況起見，特製發防毒設備調查表式，仰於文到五日內將現有防毒器材藥品書籍及有關防毒之設備逐項填報來部，并規定以後於三、六、九及十二月底以前照式報查，除分令外，合行令仰遵照辦理爲要——！

此令。

附防毒設備調查表式一份

中華民國三十二年四月　日

兼司令　鄧錫侯

附：璧山县防护团防毒设备调查表

璧山县防護團

各（區防空指揮部/縣市防護團）防毒設備調查表

名稱	數量	購置（領用）年月	有無損壞情形	備考
急救包	一〇個	二九年八月	無	由防毒隊（由衛生隊兼任）保管[illegible]
防毒常識衛生讀本	一本	三十一年一月	無	由軍事防空分發下市民教館陳列
防毒掛圖	一〇份	三十一年三月	無	（同前）由各有關機關張貼閱覽
設有防毒器材防毒法	一〇〇冊	三十一年六月	無	（同前）由各有關機關領閱 [illegible]
防毒口罩	一〇〇冊	三十一年二月	無	（同前）同前
物品防護與消毒	一〇〇冊	三十一年三月	無	（同前）（同前）
都市防毒概要	二〇〇冊	三十一年四月	無	（同前）（同前）
防空冊防毒設備	二〇冊	三十一年四月	無	（同前）（同前）
軍委會防毒通訊半月刊	每期一回	三十一年十月份起	無	存防護團部
市民防毒須知	二冊	三十一年十月	無	由[illegible]

中華民國　年　月　日　（區防空指揮部/縣市防護團）主官簽名（蓋章）　填報

說明：（一）表內格數不定，依器材藥品書籍項目之多少而增減之
（二）如有損壞情形，應具体填明，不得用統括辭句
（三）各項設備係購置或領用，須在備考欄內註明

重庆卫戍区第四分区司令部关于饬申送学员于重庆卫戍区第四分区对敌空军陆战队防御干部训练班受训并检发召集办法及调训人员统计表致璧山县政府的训令（一九四三年八月七日）

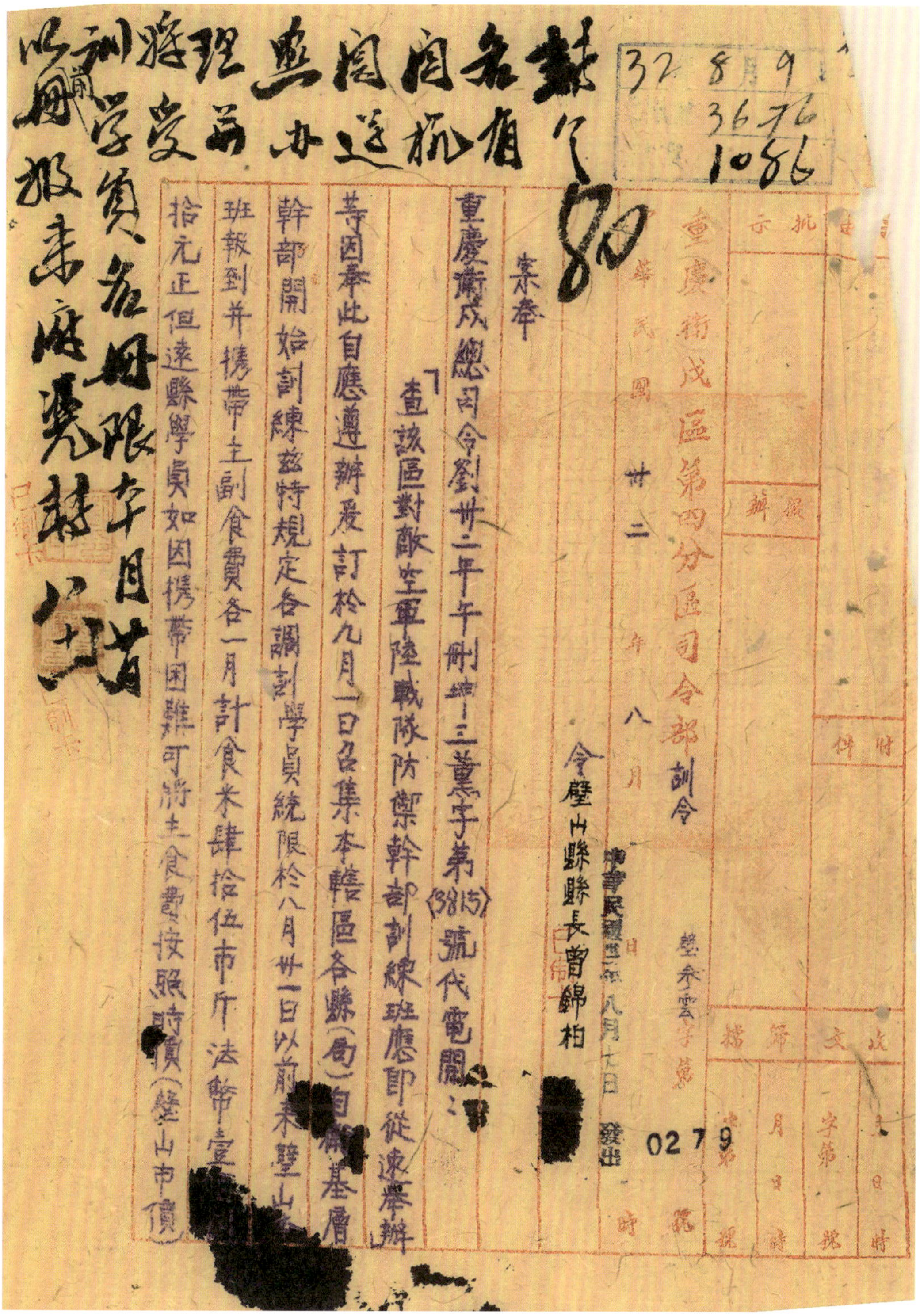
重慶衛戍區第四分區司令部訓令

壁參字第　號

中華民國卅二年八月　日

令璧山縣縣長曾錦柏

案奉

重慶衛戍總司令劉卅二年午刪坤三惠字第(3815)號代電開：

「查該區對敵空軍陸戰隊防禦幹部訓練班應即從速舉辦」

等因奉此自應遵辦爰訂於九月一日召集本轄區各縣(局)自衛基層

幹部開始訓練茲特規定各調訓學員統限於八月廿一日以前來璧山

班報到并携帶主副食費各一月計食米肆拾伍市斤法幣壹

拾元正但遠縣學員如因携帶困難可將主食費按照時價(璧山市價)

中華民國三十二年八月七日　發出　0279

32 8 9
3676
1086

81

折備現款由班統籌採購除呈報并分令外合行檢發召集辦法一份令仰遵照從速辦理并將應調副官員先行冊報以憑審查為要

此令

附召集辦法一份及冊表各一份

兼司令甘登俊

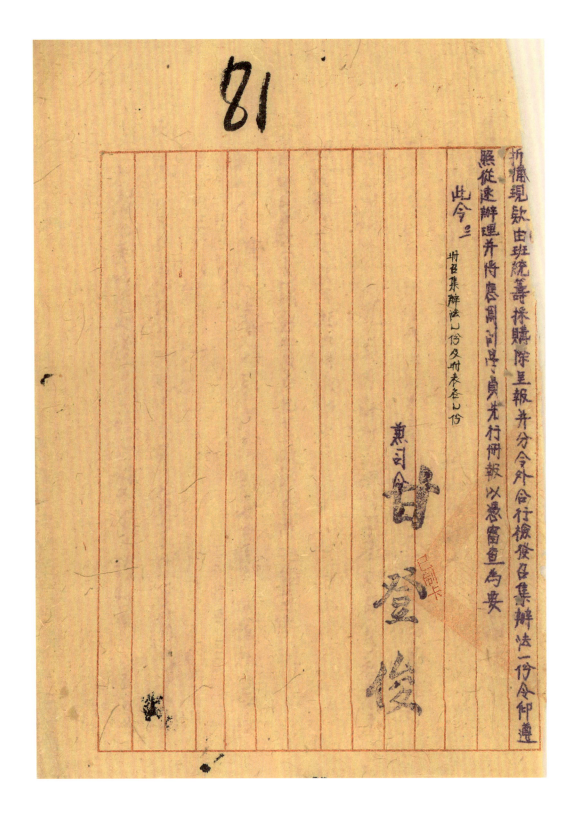

已制卡

附（一）重庆卫戍区第四分区对敌空军陆战队防御干部训练班召集办法

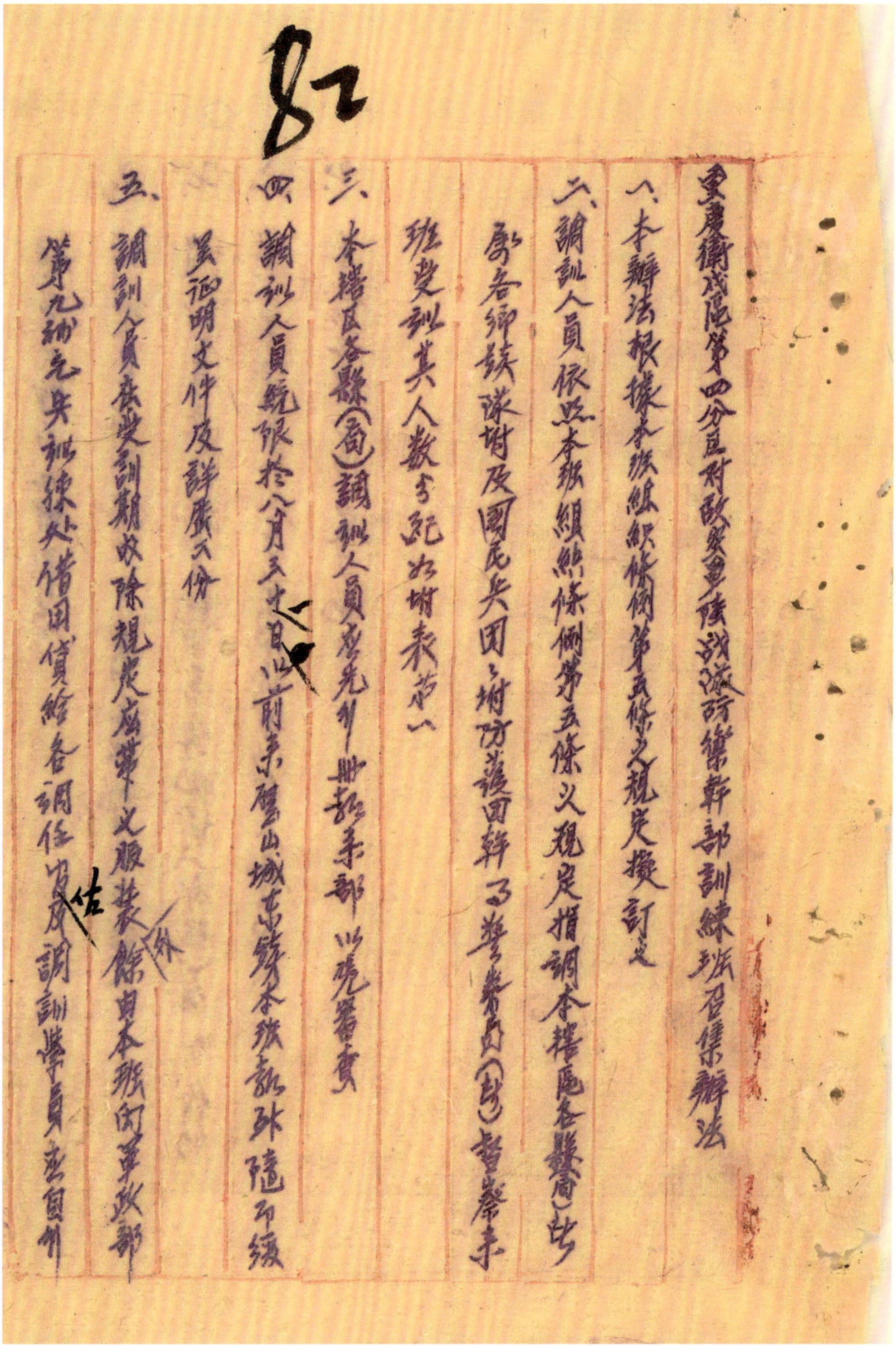

重慶衛戍區第四分區對敵空軍陸戰隊防禦幹部訓練班召集辦法

一、本辦法根據本班組織條例第五條之規定擬訂之

二、調訓人員依照本班組織條例第五條之規定指調本轄區各縣（局）所屬各鄉鎮隊附及國民兵團之附防護團幹部警察局（所）督察來班受訓其人數另配如附表第一

三、本轄區各縣（局）調訓人員應先行冊報來部以憑審查

四、調訓人員統限於八月二十七日以前來璧山城東鎮本班報到隨即編級

另函明文件及詳表各一份

五、調訓人員在受訓期內除規定之服裝外餘由本班商承軍政部第九補充兵訓練處借用供給各調訓人員及調訓學員應負責

82—1

携带之物品如附表第二

六、调训人员路费膳食文具由本班筹发给之

七、调训人员俸给旅费概由原属机关（部队）负担发给

八、本办法如有未尽事宜得随时以命令修正之、

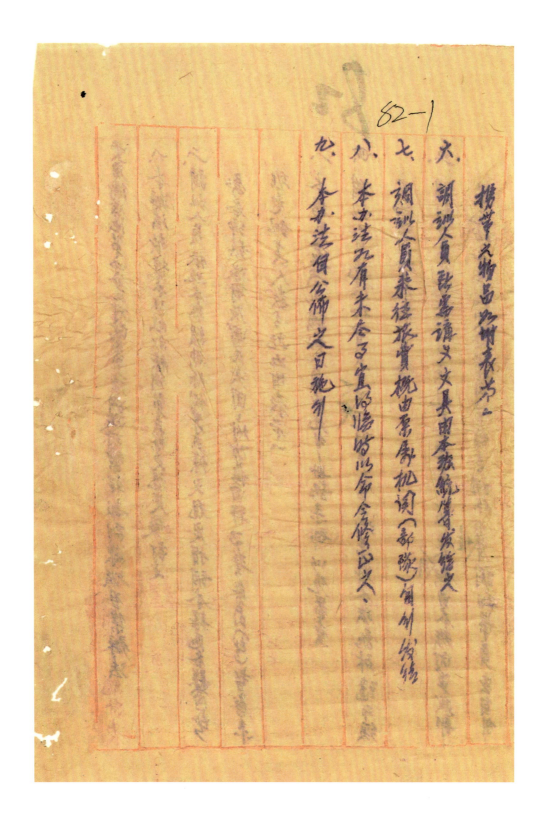

九、本办法自公布之日施行

83

繕時注意 此表不抄

重慶衛戍區第四分區對敵空軍陸戰隊防禦幹部訓練班調訓人員統計表

應訓人數　區鄉鎮　縣區別　分隊	鄉鎮隊	民兵指導團團附	防護團幹事	警察局（所）督察	自衛隊或保安隊分隊長	警察隊中隊附或分隊長	合計
璧山	三五	一	一	一	一		三九
銅梁	四九	一	一	一	一		五三
合川	七三	一	一	一	一		七七
永川	三八	一	一	一	一		四二
大足	三五	一	一	一	一		三九
榮昌	三三	一	一	一	一		三七
北碚管理局	七		一	一	一		一〇
保安第三梯隊						七	七

83-1

第九补训处第八团	第九补训处第三团	总计
		三七八
		六
		七
		七
		七
		七
		三六八

附记：八、第九补训处第八、三团调训官兵人数于召集时另列规定之

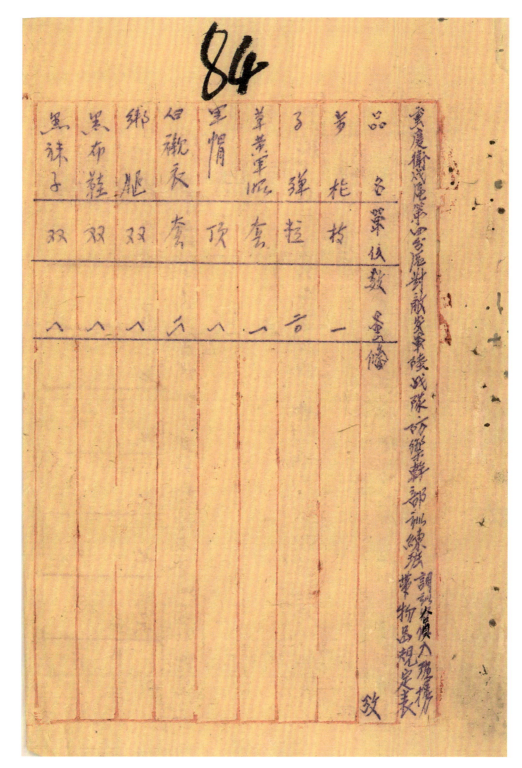

附（三）重庆卫戍区第四分区对敌空军陆战队防御干部训练班调训人员入班携带物品规定表

重慶衛戍區第四分區對敵空軍陸戰隊防禦幹部訓練班調訓人員入班携帶物品規定表

品名	單位	數量	備攷
步枪	枝	一	
子弹	粒	百	
草黄軍服	套	一	
軍帽	顶	八	
白襯衣	套	六	
綁腿	双	八	
黑布鞋	双	八	
黑袜子	双	八	

84-7

草鞋	腰皮帶	白被蓋	白布毯	洗面具	飯碗
双	根	床	条	套	個
二	一	一	一	一	一

附記

一、各調訓人員在報到時應先繳納本班採辦銀伍角一個月之伙食費

二、各調訓人員所攜帶之武器彈藥於到隊應由教導隊登記

璧山县政府关于防止敌机轰炸使用细菌在其投掷异物后应严密警戒并转知卫生署派员消毒灭菌致璧山县防护团的训令（一九四三年八月十六日）

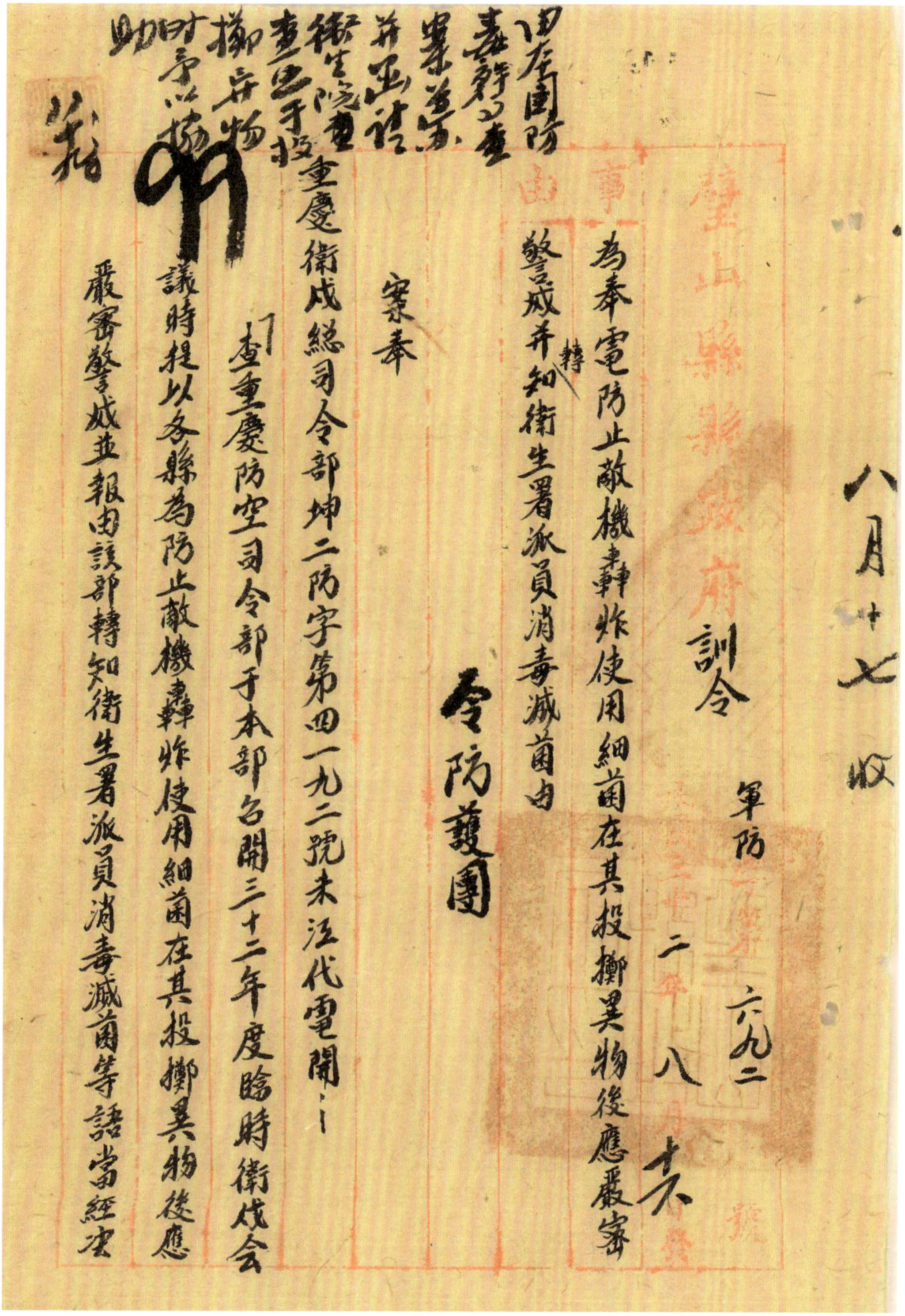
璧山縣政府訓令
軍防二字第六九二八號
八月十七收
事由：為奉電防止敵機轟炸使用細菌在其投擲異物後應嚴密警戒并轉知衛生署派員消毒滅菌由
令防護團
案奉
重慶衛戍總司令部坤二防字第四一九二號未江代電開：「查重慶防空司令部于本部召開三十二年度臨時衛戍會議時提以各縣為防止敵機轟炸使用細菌在其投擲異物後應嚴密警戒並報由該部轉知衛生署派員消毒滅菌等語當經密

100

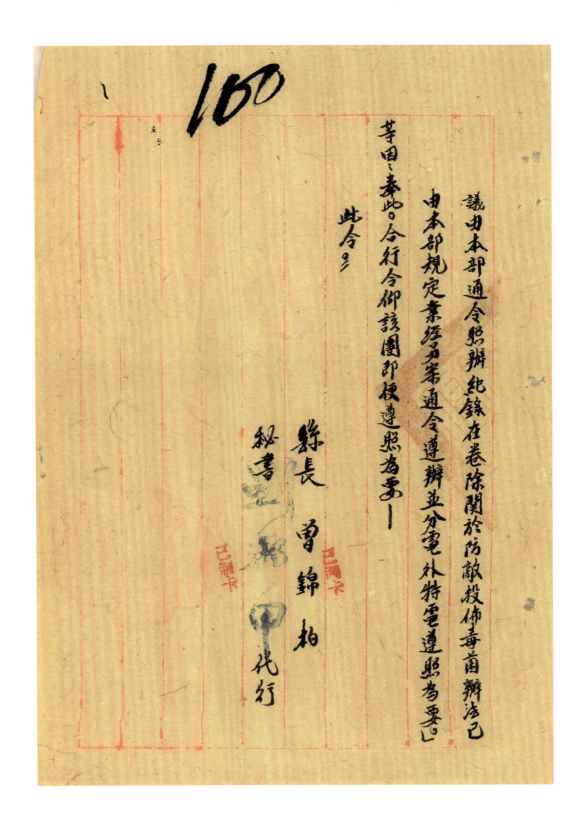

議由本部通令照辦紀錄在卷除關於防敵投佈毒菌辦法已由本部規定兼經另案通令遵辦並分電外特電遵照為要」等因，奉此，合行令仰該團即便遵照為要！

此令。

縣長 曾錦柏

秘書 [illegible] 代行

已編卡

已編卡

璧山县防护团关于试验新置手摇警报器日期致县属各单位的通知（一九四三年十月）

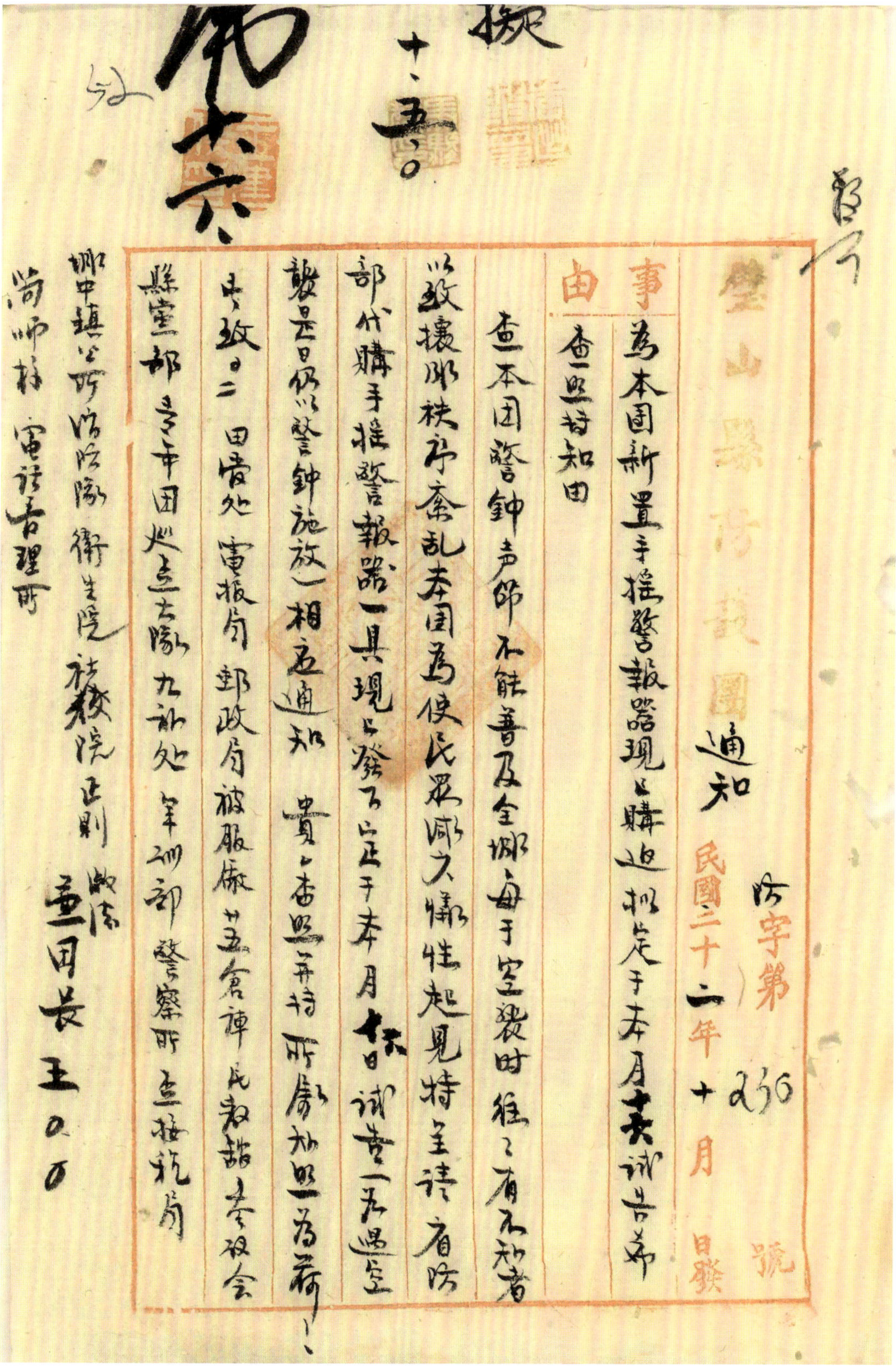

璧山縣防護團 通知 防字第250號 民國三十二年十月 日發

事由：為本團新置手搖警報器現已購迴擬定于本月十六日試音希查照轉知由

查本團警鐘聲節不能普及全鄉每于空襲時往往有不知者以致壞鄉秩序紊亂本團為使民眾鄉人犧牲起見特呈請省防部代購手搖警報器一具現已發下定于本月十六日試音一次遇空襲是日仍以警鐘施放一相互通知 貴×查照并轉所屬知照為荷！

此致

田賦處 電報局 郵政局 被服廠 五倉庫 民教館 參議會

縣黨部 三青年團 保安大隊 九訓處 軍訓部 警察所 直接稅局

鄉中鎮公所 防護隊 衛生院 救濟院 正則職校

簡師校 電話管理所

團長 王〇〇

重庆防空司令部第四十二独立监视哨关于告知警报之发放仍由防护团处理致璧山县防护团的公函（一九四四年四月二十三日）

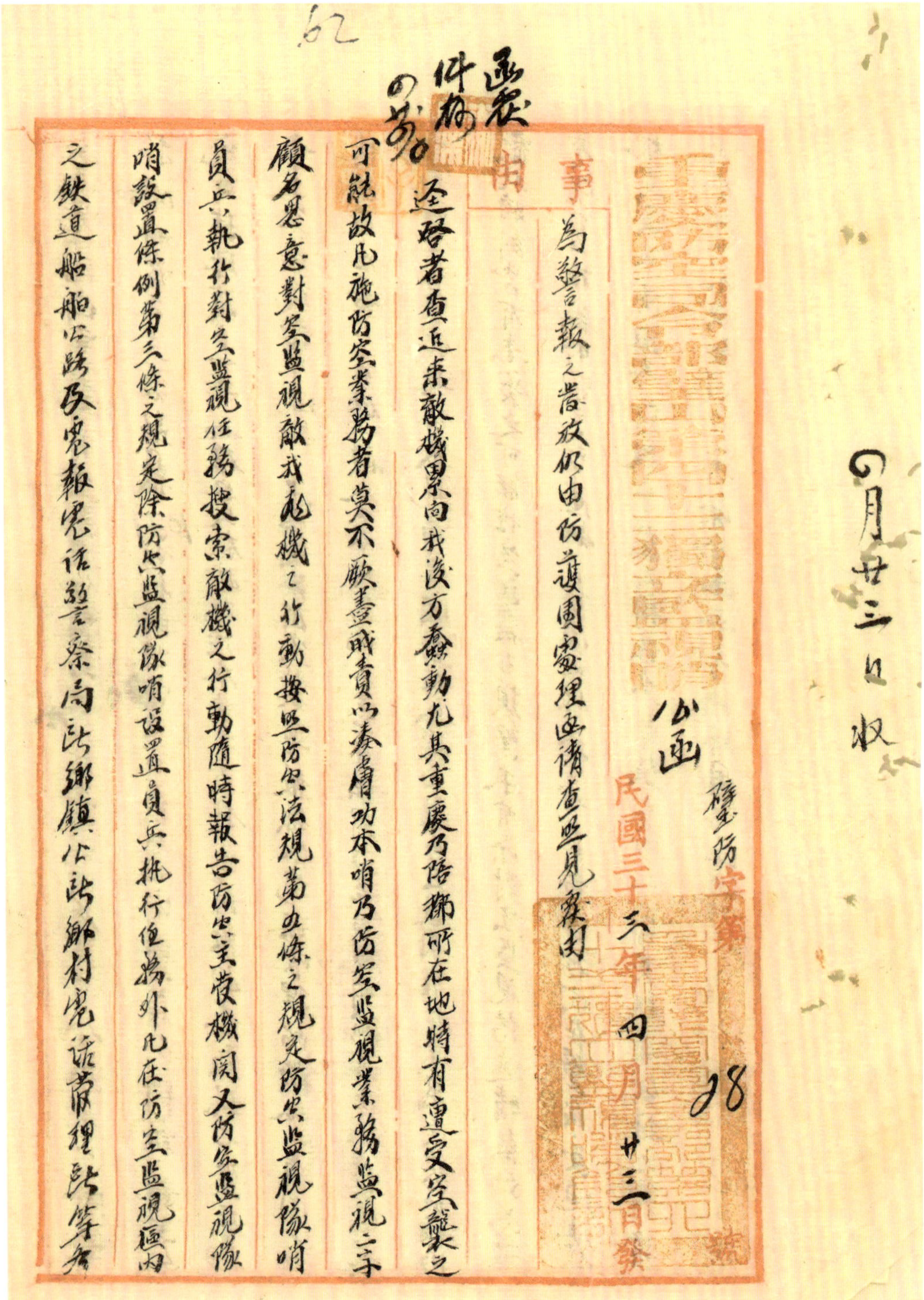

重慶防空司令部第四十二獨立監視哨公函

璧防字第38號

民國三十三年四月廿三日發

事由：為警報之發放仍由防護團處理函請查照見復由

逕啓者查近來敵機累向我後方竄動尤其重慶乃陪都所在地時有遭受空襲之可能故凡施防空業務者莫不厥盡職責以奏膚功本哨乃防空監視業務監視之守顧名思意對空監視敵我飛機之行動按照防空法規第五條之規定防空監視隊哨員兵執行對空監視任務搜索敵機之行動隨時報告防空主管機關又防空監視隊哨設置條例第三條之規定除防空監視隊哨設置員兵執行任務外凡在防空監視區內之鐵道船舶公路及電報電話警察局所鄉鎮公所鄉村電話管理所等各

62-1

交通通信机関系負有對空監視任務為補助防空監視哨查本月十八日本（璧山）市曾
於0850時發出空襲警報1021即行解除，當天首獲璧山電話管理所情報：謂某处
現有挂球消息，并無確實根據，既经本哨多方搜索情報，始悉敌机七架在萬
市上空盤旋，當即通知　貴團發出空襲警報，殊知電話管理所供給　貴團之
情報乃应盡之責，但一般人士不明系统，未悉責任，謂防空監視哨疏虞供給情報，復
以電話管理所傳遞情報視為奇聞，幸係無稽之談，不足致用。惟近來氣候更加晴朗，
敌机時刻皆有來襲之可能，性空襲极当頻繁，本哨除對空監視傳遞情報外，尤搜
有確實情報，時當立即通知　貴團以作參考，并希自行向在璧各交通通信
机関搜集情報為發放警報之根據，至警報之發放一節，其权責純操之於　貴
團，本哨决不敢越权妄干。除分函并另行外，用特函請

63

貴團查照辦理并希見覆為荷！

此致

璧山縣防護團

哨長 孫康甯

璧山县政府关于夜间施放有声警报须加消声并纠正时钟致璧山县防护团的训令（一九四四年六月三十日）

78

查卷

县报案

七·二

337 收

璧山縣政府訓令 警字第 号

民國三十三年六月三十日

事由：為准函嗣後夜間施放警报时須改加有聲（敲鐘或鳴鑼）表示并糾正时鐘之準確令仰遵办并将遵办情形呈報以憑函复由

令防護團

案准

國民政府軍事委員會軍訓部總務廳之二璧字第五六八號公函開：「案奉軍訓部本年六月十七日第七九一次部務會报紀錄第三項為由總務廳商洽璧山縣政府改進事務兩項(1)夜間警报僅懸紅球一入睡鄉難使覺曉擬請改加有聲音报警俾知疏散免生危險(2)时鐘誤报时间每欠準確擬請糾正等語紀錄在案相應函請查照改

79

進并希見復為荷！等由；准此。合亟令仰該團即便轉飭遵辦并將遵辦情形具報来府以憑函復為要！

此令。

縣長

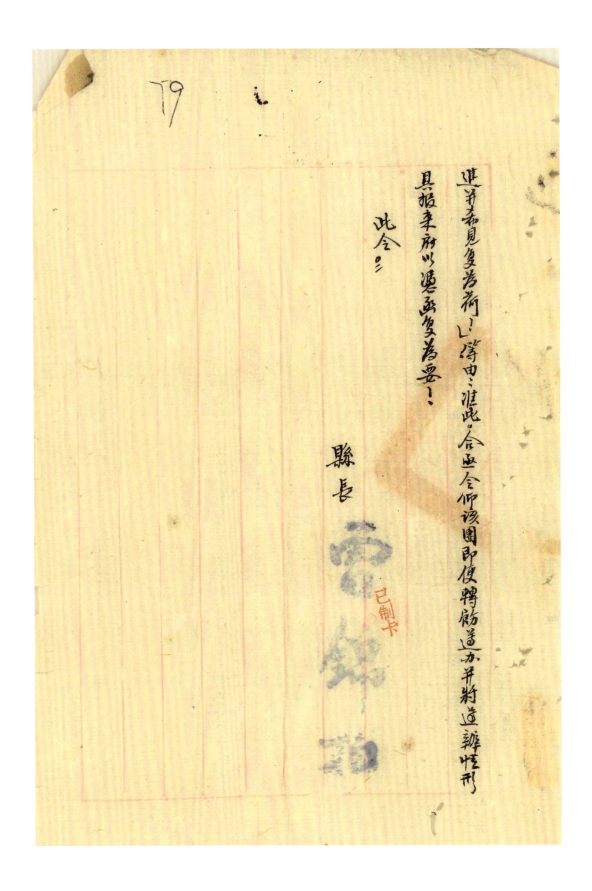

已制卡

重庆卫戍区第四分区司令部关于检发重庆卫戍区第四分区对敌空军陆战队防御干部训练班召集办法及携带物品表等致璧山县政府的训令（一九四四年八月四日）

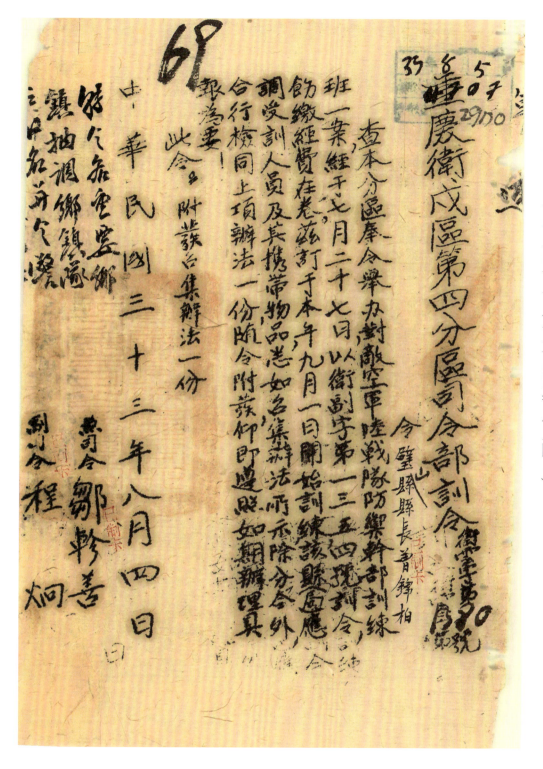

重慶衛戍區第四分區司令部訓令 御字第[illegible]號

令璧山縣縣長曾錫柏

查本分區奉令舉辦對敵空軍陸戰隊防禦幹部訓練班一案，經于七月二十七日以衛副字第一三五四號訓令飭繳經費在卷。茲訂于本年九月一日開始訓練，該縣應調送訓人員及兵攜帶物品，悉如召集辦法所示，除分令外，合行檢同上項辦法一份，隨令附發，仰即遵照如期辦理具報為要！

此令。

附發召集辦法一份

中華民國三十三年八月四日

兼司令 鄒[illegible]

副司令 程炯

錄令各區署鄉
鎮抽調鄉鎮隊
[illegible]

附（一）重庆卫戍区第四分区对敌空军陆战队防御干部训练班召集办法

70

重慶衛戍區

第四分區對敵空軍陸戰隊防禦幹部訓練班召集辦法

一、本辦法係根據幹訓班組織規程訂定之（以下簡稱本班）

二、本班學員以抽調璧山、大足、銅梁、永川、合川、榮昌六縣及北碚管理局各鄉鎮隊附、國民兵團團附、防護團幹事、警察局（所）警察為對象，各單位調訓人員如附表（一）所規定

三、本班定于卅三年九月一日開學，各調訓人員應于八月廿一日以前到達璧山本部報到，隨即呈驗證明文件及履歷表一份

四、各學員在受訓期間除文具講義由本班供給外其應

調訓意 可令各鄉距 書[illegible]縣維 返旅不敷發 六、七、

五、攜帶物品如附表(二)所規定

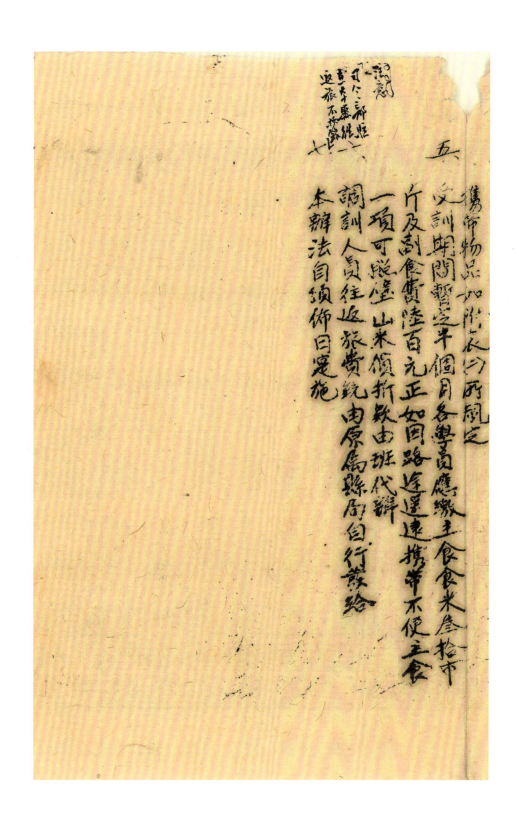

受訓期間暫定半個月，各學員應繳主食食米叁拾市斤及副食費陸百元正，如因路途遙遠攜帶不便，主食一項可照臺山米價折款由班代辦

調訓人員往返旅費統由原屬縣局自行發給

本辦法自頒佈日實施

附（二）调训学员人数规定表

71

（附表二）调训学员人数规定表

单位 \ 区分	乡镇队附	国民兵团团附	防护团干事	警察所区警察	自卫队队长各队分队长	小计
璧山县	贰拾	壹	壹	壹	壹	贰肆
铜梁县	贰拾	壹	壹	壹	壹	贰肆
合川县	拾陆	壹	壹	壹	壹	贰拾
永川县	贰拾	壹	壹	壹	壹	贰肆
大足县	壹拾	壹	壹	壹	壹	壹肆
荣昌县	壹拾	壹	壹	壹	壹	壹肆
北碚管理局	肆				壹	伍
总计	壹百	陆	陆	陆	柒	壹贰伍

附记：

一、各单位应按照规定名额如数选送，并不得逾期不到。

二、主副食费应于报到时缴清。

(附表之)調訓人員入班携帶物品規定表

品名	数量	品名	数量
草黄軍帽	壹顶	黑布鞋	壹双
〃〃軍服	壹套	麻草鞋	貳双
〃〃綁腿	壹双	腰皮帶	壹根
白襯衣	貳套	軍毯或薄棉被	壹床
洗臉用具	壹套	飯碗	壹個

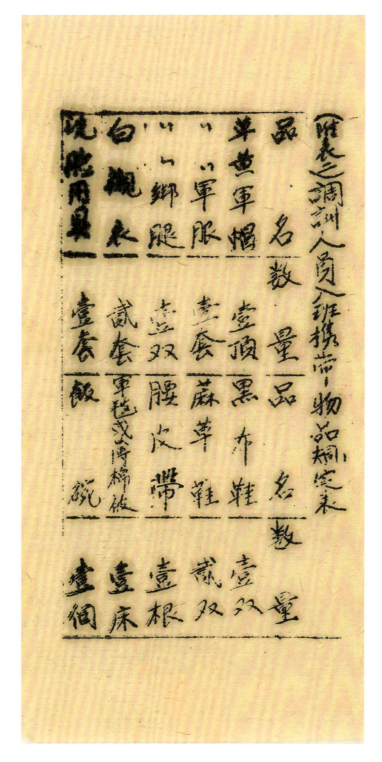

璧山县防护团关于抄送防范空袭会议记录致城中、城东、城南、城西、城北等乡镇公所的训令（一九四四年十一月七日）

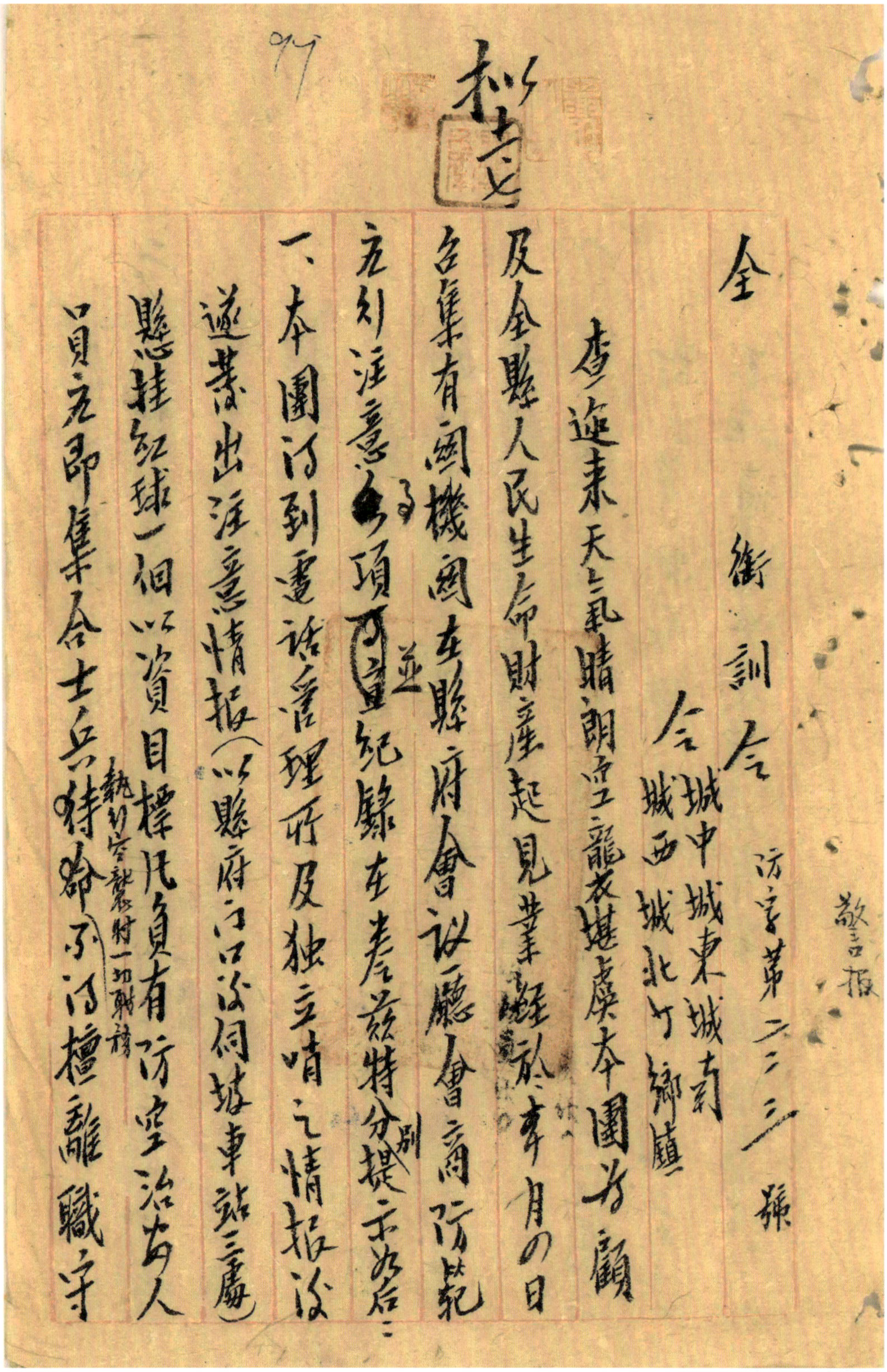
警报

全衔训令　防字第二二三一号

令城中、城东、城南、城西、城北乡镇

查近来天气晴朗，空袭堪虞，本团为顾及全县人民生命财产起见，业经于本月四日召集有关机关在县府会议厅商讨防范办法，兹将决定事项并纪录在卷。兹特分别提示如后：

一、本团得到电话管理所及独立哨之情报后，遂发出注意情报（以县府门口及河坝车站三处悬挂红球一个，以资目标），凡负有防空治安人员应即集合士兵，待命不得擅离职守

99-1

以防不虞

二、空襲警報發出後，關於警察局全體員警及城中鎮啞民兵（即聯防團隊）亦立即勸勵各舖户停業疏散

三、在附城疏散區域治安由城東南西北方鄉結合壯丁隊分班巡查，嚴防奸人活動乘機及發生其他意外情事

四、緊急警報發出時，凡負責人員一概嚴行燈火管制，斷絕交通，在未解除以前，概不准通過，必要時須有本團空襲通行

160

訖始能放行

五、空襲時期各防空人員不得擅離職守以

防發生盜竊情事違則定按情節之輕重

報請縣府從嚴懲處

六、警報解除後所有勤務人員不得先行

撤退仍待市容恢復后方始帶回解散

以上各節除業經分別函令外合行令仰

該分團即便遵照辦理爲要此令

兼縣長兼團長方〇〇

璧山县政府关于填具璧山县一九四〇年八月二日被敌机轰炸情形调查表致四川省泸县区防空指挥部的呈（一九四五年八月六日）

縣長

璧山縣政府呈

國組防字第一一九一號

卅四年八月六日

事由：為遵令填具本縣二十九年八月二日被敵機轟炸情形查報表一份賫呈鑒核備查示遵由

案奉

鈞部卅四年七月七日瀘防一字第十一號訓令附發被敵機轟炸損失情形查報表式一份飭將本縣被炸情形詳確具報憑作編纂防空史參攷材料等因奉此遵將本縣二十九年八月二日被炸損失情形填具查報表一份理合隨文賫呈

副團長 七.六

團附 七.六

承辦人 七.七

40-1

鈞部鑒核備查示遵

謹呈

四川省瀘縣區防空指揮部

附呈本縣被敵机轟炸損失情形查報表一份

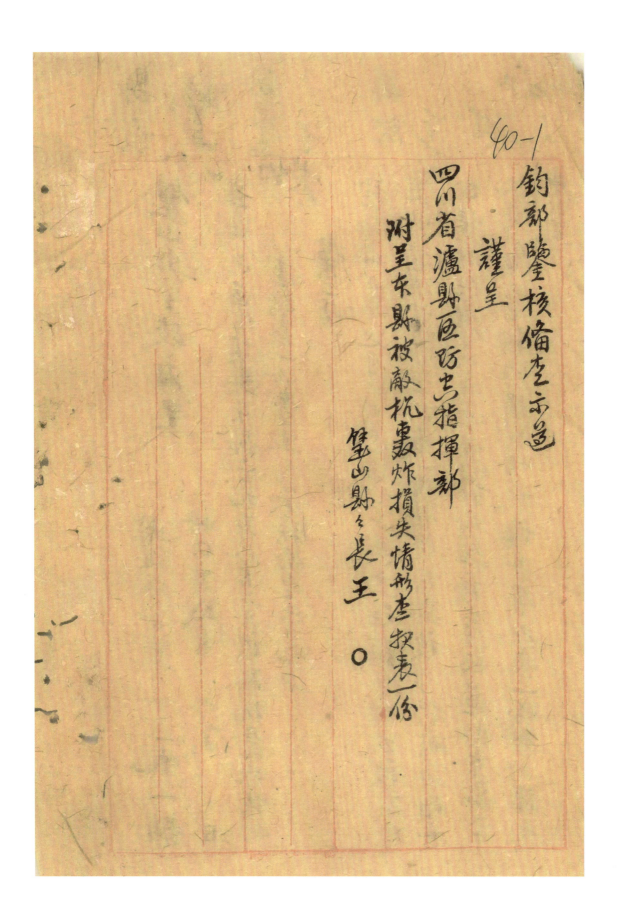

璧山縣縣長王〇

41

四川省璧山縣被敵機轟炸損失情形查報表

被炸年月日	次數	地點名稱	敵机架數	損失情形	備攷
二十九年八月二日	一次	縣城郊	三十六架	炸毁房屋五十一间震壞房屋三十一间炸傷居民五十七人炸死四十人炸毁橋樑二座以[illegible]、其他物資等以当时之物價估计约值總数九十餘万元左右	

璧山县防空支会防护团医疗组会议记录（时间不详）

126

璧山县防空支会防护团医疗组会议纪录

一、决议本组依照防护团令设在东南北门外各设临时医疗处即以南门外登云阁为临时第二医疗处推吴继章为该处主任胡仁之为副主任并推王云汉刘国林尚志功陈一峯四人为该处协助医士小东门外森林茶园为临时第一医疗处推金秉泉为该处主任尹尚勋为副主任并推李玉华黎瑞聿江鸣廷张纯良徐治鑫五人为该处协助医士北门外钟泰寺为临时第三处该疗处推王縶[illegible]为该处主任陈平钊为副主任并推蒋崇学孙积武张玉清徐炳铨四人为该处协助医士如遇重伤者根据防护团会议应交宽仁医院补立团医疗另由救济院负责收容至治

（二）决议查一药料须派前往防支会防护团会议纪录内载由
商会负责主办并求购回即以本组会迭开列购药清单函
请防支会转知商会迅即购回以备应用否则由该将款交
下该会药械科负责购买。
（三）决议本组备西药由救济院保管分发各处备用。
（四）决议在西药未购备以前为适应工作需要西药暂
由参加施救医生自备应用分别注价详报救济
院转请防支会迅拨药费。
（五）决议本组各工作人员每遇空袭时须特别注意分配地点
不能远避以便工作倘有遇难同胞急时上前施治并于工
作时须佩带徽章以资识别。
（六）决议为有被难民众必需安置附近者皆由北街全蘭
春县府街岐园南街树德楼长三处暂收其费
仍由救济院备请防支会支给。

璧山县防空计划、防空分区略图（时间不详）

133

璧山縣防空計劃

（一）目的

為使璧山於空襲時生命財產與建築物求得安全減少損害而維持抗戰力量計特由駐在軍警政各機関会商議定實行本防空計劃

（二）防衛方針

一、依敵[illegible]飛機一般之性能璧山之環境地理社会之組織（平時衛生消防警備諸機関）諸情形決意實施消極防空

二、防空之要訣在求軍民之協同一致担任防空諸機関與人民應継持密切合作之親愛精神並與鄰近防空諸機関保持圓活之通信連絡以求互助而發揮最大之功用

（三）防空規則

一、凡住在璧縣城廂附近勿論軍隊民眾機関均應遵守本計劃所定各

項規則

一、為求職責專成易於執行任務以加強防空力量計特將城廂附近劃分為城廂城東城南第一第二第三六個防空區（如附圖）並各設區防空指揮官一員管理執行各該區防空一切事宜凡各該區軍民統須接受各該區指揮官之防空指導

三、為求消息靈便嚴密監視利用既有之電話聯絡機關加以構成綿密之通信網其所需人員材料由二十九師與縣政府統籌辦理之

四、防空壕或地下室概利用原有其認為必須修理或增築者由各區指揮官斟酌協同人民構築之

五、無論公私各建築物均應一律塗為黑色或灰色以使敵機視察之困難為原則

六、在空襲時凡白色鮮色之物品（如帳篷棉被白色雜草衣物等）應即收藏否則當由我部隊得強制執行

七、各防空人員一律不得擅離職守

（四）通信要領

一、郵政電報、電話、無线電報、無线電話等諸通信機関倘先得敵機消息，應立即通知防空司令部

二、如遇警報，其他非防空報告之電話一律停止接线

三、凡遇空襲，電話各電話機均須儘先接线，不得延誤

四、对空監視由保衛戍總部派璧之第　防空監視哨負責担任之，並隨时供給各區情報

（五）消防要領

一、各消防人員於平時須整備消防器械，調查一般水利，預定消防計劃，研究消防技能与智識，始克臨事不亂，應付得宜

二、消防隊長須隨時集合消防人員予以訓練，对於民眾須為宣傳消防智識

三、一聞警報各消防人員應即携帶各自器械就平時規定位置將消防事宜預為準備

四、發現火災時消防人員及所在地[illegible]大眾須奮身設法將其撲滅完成任務

五、當火災已起時所在地民眾應以協助消防為原則不可驚惶逃避尤不可搶自搬運笨重私物

六、凡發現火災者應即盡取最捷手段通知消防機關盡以公共之負責而保持公共之安全

（六）救護要領

一、救護業務可減少死亡與殘廢故救護人員應沉着大胆熱心從事

二、聞空襲警報後應各携帶藥品器械静集指定位置準備一切救護事宜

三、如敵机施放毒氣或轟炸後應不失時机施救遇難之人員但須待敵机離空飛遠

後始行動作

（七）交通管制要項

一、發出警報後所有燈火須一律各自管制使其熄滅並不得使用電筒或其他燈火

二、各機關人員因公一時不克熄滅者其窗牖門戶必須遮蔽管制不得漏光於外

三、凡點有汽燈之機關或民眾團体須預先指定熄燈人員隨時訓練熄燈方法以免臨時慌亂

四、各軍民夜間入防空壕時先將寢室內之燈熄滅必要時警戒部隊得強制執行

五、遇警報時汽車及人力車均應立即停駛並掩護在荒野地方

六、在發出空襲警報後所有居民須一律進防空壕內或躲避野外緊急警報後來往行人一律不准通過（負有特別任務人員不在此例）

（八）警備要項

警備為軍警之專責必要時並得使民眾協助依警報時應迅行如左之任務

一、制压逮捕間諜及反動份子之活動並講求預防與偵緝之手段

一、維持公共秩序並取締違犯各種防空規則與法紀者

一、協助警報之傳達

一、执行灯火交通管制及協助諸般業務之實施

一、对敵空軍降落之必要處置（遵照衛戍總部所頒之对敵空軍陸戰隊防衛計劃要領實施）

（九）職責劃分

各區一切防空事宜由各該區指揮官負責辦理遇必要時得彼此通報請求協助

各防空區可依其所要設立警戒消防救護通信各若干組俾於情況中能各分担其業務

城廂區警戒事宜由自衛隊及警局負責担任之其車站附近及必要時得由當地駐軍協助其餘各區警戒皆由當地駐軍負責

136

四、各區消防救護事宜由各該區內士紳或民衆團体担任并由縣府策動組織後歸各該區指揮官指揮

五、各區通信事宜儘利用既有電話路隨時通報情況並應隨時與防空監視哨密切連繫故各區應專派人專負其責職

六、區與區組與組之間應彼此協調連繫不相負推諉卸責

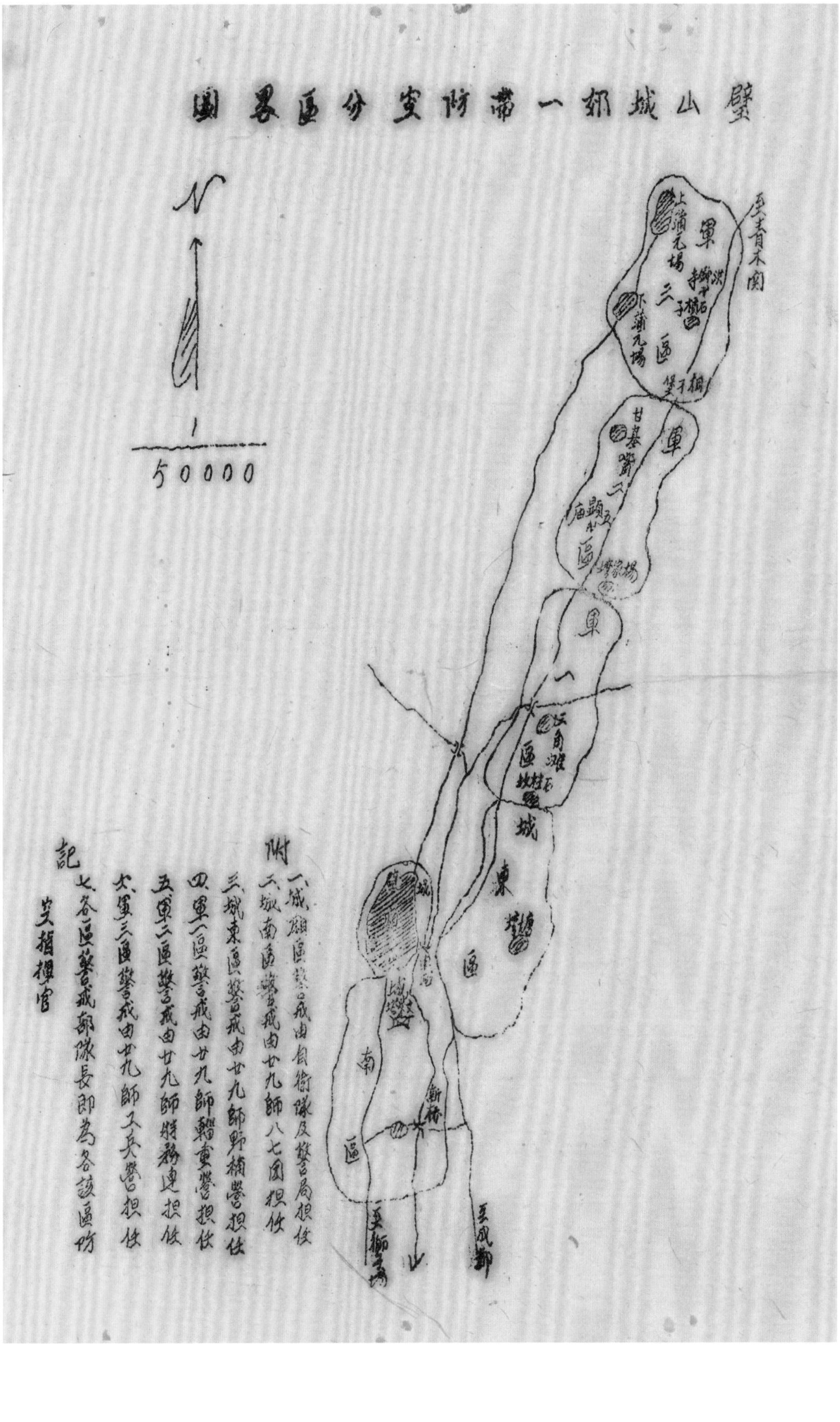
璧山城郊一帶防守分區略圖
N
1/50000
至青木關
上蒲元場
下蒲元場
軍三區
軍二區
軍一區
城東區
城南區
附記
一、城廂區警戒由自衛隊及警局担任
二、城南區警戒由廿九師八七團担任
三、城東區警戒由廿九師野補營担任
四、軍一區警戒由廿九師輜重營担任
五、軍二區警戒由廿九師特務連担任
六、軍三區警戒由廿九師工兵營担任
七、各區警戒部隊長即為各該區防守指揮官

三、征工与军事建设

璧山县政府关于整修乡村电话致四川省政府的呈（一九三八年三月十五日）

璧山縣政府文稿

事由　爲遵令另擬整理鄉村電話主要線路預算及區別里程圖說恳請鑒核由。

縣長簽蓋

秘書簽蓋

月　日

科長簽蓋

承辦人簽蓋

三　十五日

案奉

鈞府建字第寒の二七六號指令，據職府呈擬具整理鄉村電話計劃暨支出預算書一案內開：

"亟必須整理以應戰時需要之主要線路應由該府另擬預算及區別里程圖說呈核再奪。"

等因；奉此，遵經飭職縣鄉村電話管理處遵照辦理去訖。茲據該處簽呈另擬整理主要線路預算暨區別里

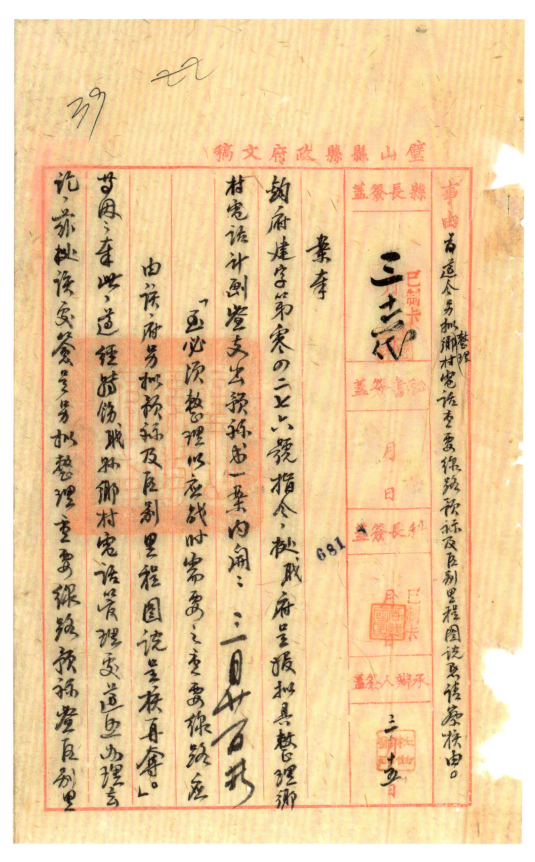

三月廿日到

40

程圖說，請予轉呈等情，前來，職府覆核無異，理合
具文檢同原預算書暨區劃里程圖說一份，呈報
鈞府，懇予俯賜察核，指令祇遵！
謹呈
四川省政府
計呈預算書一份，說明書暨地圖各一份。
璧山縣縣長郭○

41 277

璧山縣政府整理鄉村電話以應戰時需要之重要路線說明書

甲、關於行政機關自通專署區署者。

一、由縣至丁家鎮第二區署達馬方橋，又由縣至青木關，比一四七華里，此線為沿成渝路西接永川東接巴縣并通第二區總機幹線，計自縣至丁家鎮長六五華里，新設線杆，約需線四五〇檔，杆四五〇根，丁家鎮至馬方橋長三二華里，補換線四〇檔，杆四〇根，自縣至青木關四七墉轉線長四五華里，補換線約五檔，杆五根，共計需線四九五檔，杆四九五根。又專署暨設各縣電話網，計同經過本縣縣邸寄掛，比新整理電杆，原有線杆損壞太大，不堪再用，并公路樹枝幹搖動等時生障礙，理合註明。

二、由縣至八塘鎮第三區署，長七〇華里，此線為通第三區總機幹線自

42

自縣至梓龍場（三〇華里）新架線二〇檔，補換杆三〇根，自梓龍場至七塘達八塘長四〇華里，新設線杆六〇根，繞道六塘臨江場三〇華里，約需線二八〇檔，杆二八〇根，共計約需線四九〇檔，杆三一〇根。

以上線需線用十二號鉛絲，電杆用長六公尺，上梢直徑六分之杉柏木材合計線路長二一七華里，需電線九八五檔，電杆八〇五根、

乙、關於防空情報及維持公路重要大道交通，保於搶補資匪者、

一、由縣至梁平關通巴縣虎溪場長一〇華里，此線為巴璧交通大道，防空防匪（約補換線二〇檔，杆二〇根）、

二、由縣至河邊場界牌通銅梁瑞峰口長三〇華里，防匪地當西山沿邊璧銅公路，補換線一〇檔，杆一〇根。

三、由縣至福祿鎮長二五華里，防匪地當西山沿邊璧銅公路，未

補換線二檔、桿一三根。

四、由第二區署丁家鎮至正心鎮長一五華里位臨西山成渝路左、防匪、補換線七檔、桿八根。

五、由第二區署丁家鎮至健龍鄉、接江津中渡街、長四〇華里位於沿成渝路右、縣境南部、防空防匪、補換線一五檔、桿一三根。

六、由第三區署八塘鎮至大路鎮、接銅梁大路場、由七塘轉線長五三華里地、當西山沿璧路左、防匪、補換電線二〇檔桿一五根。

七、由第三區署八塘鎮至蓮紅以接轉龍場接澄江口通三峽實驗區、由七塘轉線長五五華里位於縣境北部、臨嘉陵江東西山交界及江巴璧合四縣交界處、防空防匪、補換電線一五檔桿一〇根、以上各綫路（七項）共長三二七華里，共補綫九三檔、杆八八根、綫用十四號鉛絲，杆用興康有杆，長短大小相等之材料，甲乙各項合計共長四四四華里，約共補綫一〇八三檔、根六九三根、

丙、其他關於未登補各綫，以前甲乙二項所換下舊綫擇補之，理合

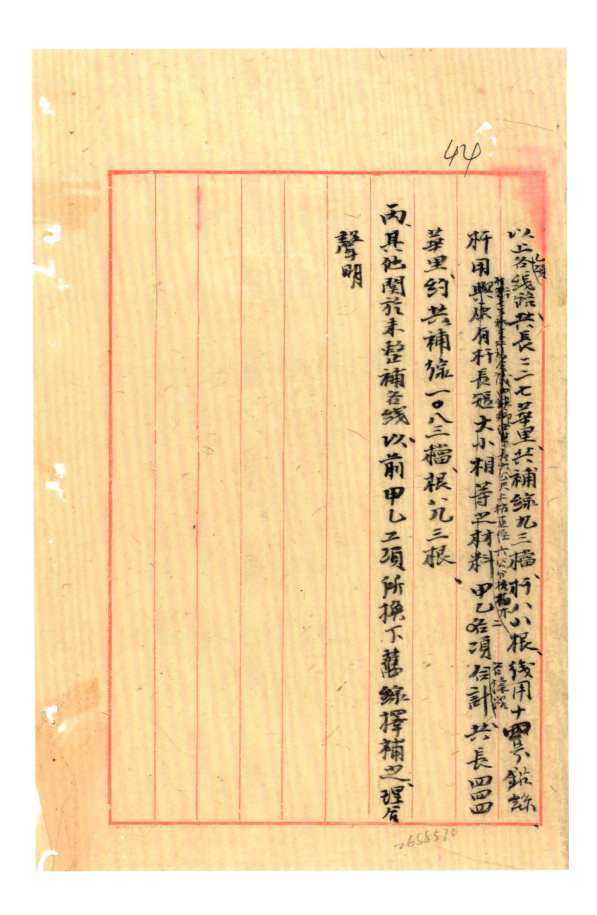

聲明

附（二）璧山县政府整理乡村电话以应战时需要之重要路线支出预算书

璧山县政府整理乡村电话以应战时需要之重要路线支出预算书

二十七年三月　日造

科目	预算数（元）	说明
支出门		
第一款 整理电话经费	二六八八五七〇	
第一项 器材	二四〇六五七〇	
第一目 电线材料	一九四九〇七〇	详下列各节
第一节 铅丝	一八九四〇七〇	当用十二号新铅丝四四三三五斤，每斤价三角九仙，计一七二九六元，十四号新铅丝三三五五斤，每斤价三角九仙，计一六四三三九五元，共计约如上数
第二节 瓷珠洋钉	四三〇〇	需用瓷珠五〇〇颗，每百个价六仙，洋钉一三〇〇根，计算支给如上数
第三节 胶皮线接杆材料	一三〇〇	胶皮线二捆，每捆价五元，接线胶布一捆价二元，胶手钳价一元，约计如上数
第二目 电杆材料	四四六五〇	详下列第一节

46

第一节 电杆材料	四四六五〇〇	拟用松杉木电杆六九三根，每根二十六元，秋季[illegible]设立议定补换铁线，往返沿村路，均须换铁分担，每根购[illegible]，每角计价如上数
第三目 器具	二〇〇〇	详下列第一节
第一节 器具	二〇〇〇	脚钩二付，每付价五元，锯[illegible]一把，价一三元，钢针一把，价五元，[illegible]一把，价一元，[illegible]一把，价八角，合计如上数
第二款 修理线路旅费及杂支	二八三〇〇〇	
第一目 旅费津贴	一六二〇〇〇	详下列第一二三节
第一节 津贴	三〇〇〇〇	技术员下乡每五日津贴伙食宿费银五角，以五日计，[illegible]三〇[illegible]计来往存内需时间六〇日，共计如上数
第二节 旅费	三〇〇〇〇	沿线时需随时派技士下乡实行监察一切，来往以三〇日计，日支旅费一元，共计合支如上数
第三节 沿线工人津贴	一〇二〇〇〇	沿线线工三名，每名每日津贴伙食宿费银三角，[illegible]二一名，每日工资[illegible]，每日[illegible]三角，每日[illegible]，三〇[illegible]来往存内，[illegible]〇日，共计[illegible]如上数
第二目 旅费杂支	一二〇	
第一节 旅费	一〇〇〇〇	派员到[illegible]缴[illegible]等来往者，每日二[illegible]，每日计[illegible]如上数

47

26

第二節　運費	一〇〇〇〇	由滿運鄉發荒譯釘等料解至五由縣城運往滇緬線鎮鄉約五千斤每站里程約二百里每公斤運費需二角約計共需四百元整修縣長工程工作期間一切醫藥費油亮雜支均見所以上該
第三節　雜支	一〇〇〇	

備注　一　本預算書遵照省府二十七年建字第四二七六號指令飭造具辦理情形詳說明書

二　本預算費在二十六年度縣地方經費節餘項下開支

璧山县政府关于征办电话杆木办法致青木、接龙等联保主任的训令（一九三八年十一月十八日）

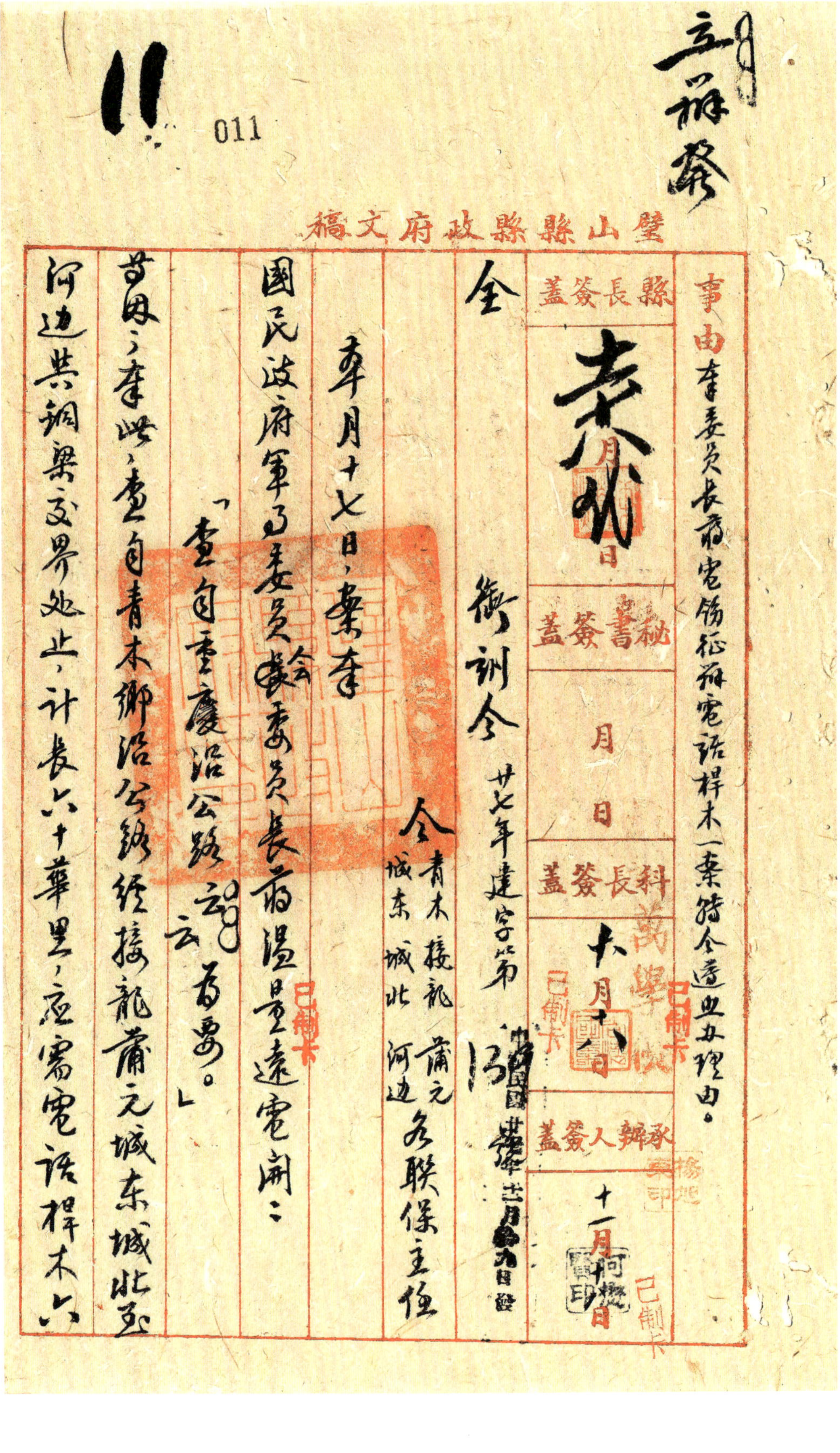
011

立刻發

璧山縣政府文稿

事由：奉委員長府電飭征辦電話桿木一案轉令遵照妥辦由。

縣長簽蓋　月　日

秘書簽蓋　月　日

科長簽蓋　十一月十八

承辦人簽蓋　十一月十八日

全銜訓令　廿七年建字第　號

中華民國廿七年十一月十九日發

令青木、接龍、蒲元、城東、城北、河边各聯保主任

本年十一月十七日案奉

國民政府軍事委員會委員長酉溫量遠電開：

「查自重慶沿公路……云云為要。」

等因，奉此，查自青木鄉沿公路經接龍、蒲元、城东、城北至河边與銅梁交界處止，計長六十華里，應需電話桿木六

百株，關於征辦之法，暫予規定如下：

一、此次征辦電話桿木，以市尺計算，每根須長二丈二尺，稍徑二寸半，不得稍有短小，概以杉木為準，亦不許參用其他雜木。

二、每根木價運費，概照電令規定為一元弍角，由本府令飭財務委員會於縣預備費項下，暫行墊支合

三、各該鎮鄉各就沿公路所經里程，以華里計算，每華里須征辦木桿拾根，分屯於公路側，飭由當地保甲負責保存，一俟通信營電話桿到達時，即由各該主任當面點交該排驗收，索取正式收

批拨向财委会领款特发。

四、前项样木，统限于本月底办齐，并由本府令饬该管区县严加督促，务须依限完成，不得稍有迟延，贻误军机。

以上四项，除分令外，合行令仰该主任即便遵照办理！事关军事要政，慎勿延误为要！仍将奉文日期暨遵办情形具报查考。

此令。

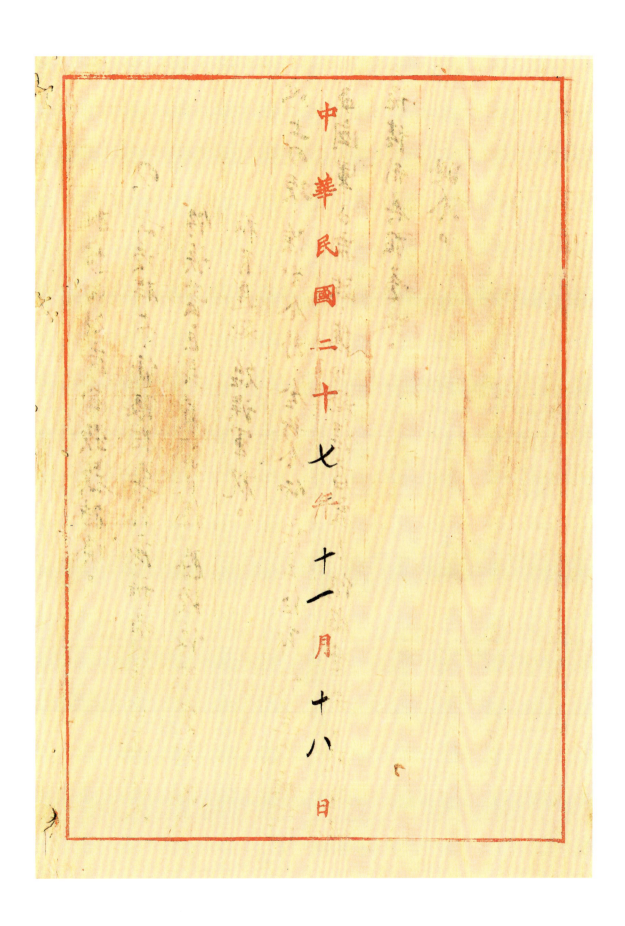

中華民國二十七年十一月十八日

杜世铭关于改善修建白市驿机场的民工待遇问题等的签呈（一九三八年十二月二日）

示

呈各項，業經照辦，此件附卷存查。

十二、十二

簽呈者：查此次本縣担任白市驛機場建築任務，事關國防建設，倘有延誤，固不僅本縣財務上將蒙鉅大損失而已。職君維再三，甚覺前此十餘日之工作失敗，尚不僅（廿六日）簽呈所及各點缺陷，蓋近日發現各中隊民工，多有越跑、死亡、疾病，有加無已（瘟疫痢疾），實為隱患，誠恐不早為措施，則將來一旦崩潰，不特工務廢弛，抑且貽笑鄰邦，今呈舉其實情及辦法如次：

一、改善住宿地。查此次徵工所自帶被蓋極少，大半有限，因地鋪濕氣甚重，復經此霜露，既浸寒〔氣〕毀骨，老弱易罹疾病，見者寒心，日懷怨憤，其他被徵各縣，多由縣府自備草簾蓆捲，并製高鋪，不特民工身心安樂，而疾病自少，本縣似亦應當倣效

建4737号十二、二、到

150

所令　法設為　辦食米法　價減低　并修糸由　河夜防以　工及府級　派專人西面　田兩民　治餘料

鄰縣辦理爲佳。

二、增加伙食費　查北地米價炭價，因人口驟增而高漲，照專署（建委會）所規定民工伙食費，日給一角五仙，大有不敷之實在情形，（因建委會係同其事者係以每月合計，實則是現逐日分發則差）現各中隊多有超出者，無法補救，其不超出之中隊，則民工怨言吃不夠，力不足，難開，況歲莫天寒，常例米炭價格必益翻高，故如信川縣由縣財委會大量購買，運至礦口，以供給其民工，本縣對此似亦應當想徹底解決辦法，不由米價上想法，則即應加伙食費額。

三、自設醫藥物　查北聞建委會衛生部，規模不大，輕病多不得診治，重病未必能療，故如江北信川已有該縣自設之民工治療所一處，本縣對此，似亦應當設辦；不然，則當另發醫藥費用，以謀普及診療。

四、特設獎勞費　查此次民工伙食過苦，合十餘日不得肉食吃，似此長時之工作，則枯腸素肚矣。本縣似應特備犒勞費若干，俾有工作勤勞之中隊，則另以肉食一吃，此不特可以補益其身體，亦足以鼓勵其精神。故當設勞費一吃。再民工之勤惰，實視其中分隊長之勤勞與否而定。今職等每日宣示彼等，言及將來勤苦人員，縣府當有獎賞，然皆含領而默笑，蓋不免視之言語，雖日騰於口，喋於人耳，實不足以取信其心。特懇撥給獎金若干，規定若干級，俾職等言而有信，則中分隊長自能盡其責任矣。

〔…〕各區鄉
時注意

152

五、補救逃亡辦 查此次逃亡民工，多因其精神之痛苦，一則因強迫應徵，一則有雜的份子充數，此輩身無長物，家無累掛，心思浮動，再則為工叙各項鉄點不足以安其心，故除上四項補救法外，再懇 縣府令飭各區署，此後徵工應由保長抽選，決不任其份子太雜，被選之丁有家有室，則彼能安心工作矣。

六、中分隊長之選擇及民工之徵調 抽調民工，宜就附近各聯保一次抽調，以後再由其他聯保同樣輪換，亦必泥於規定中分隊人數編隊，不可打花樣派合為一爐，因如是民工多有家族鄰近關係攜帶，被募之具彼此互有伸縮，易為籌辦，所有分隊長、班長，亦以採納民意以當地選送充任為佳，十室之邑必有忠信，痛癢相關，責無旁貸。中隊長亦宜以土住聲望素孚者能代表該區中隊為當，應不臨端束手，對於民工如越人視秦人之肥瘠也。如大足以某區巡官任中隊長而作嬰當戀，江津某某兩區均以巡官充任中隊長，因失望他逸，致該中隊民工亦相率逃去至六十餘名之多。二十八日

專座關於此點諭訓諄諄，以加緊工作改善民工生活為務。

職等檢討以往，計劃將來，實有對症發藥之必要。查本縣逃去中隊長當中有工作十餘日尚不全知其所轄班長姓名者，分隊長不識其所轄民工三分之一者，其對於民工生活平日督工何

何其體念民之生活何。
上列各題，倘蒙批准採擇施行，則組織健全，民之自
體自然安適，強健精神亦自有託，得以藉慰，或可補
救此次工程失敗之治本方法。是否有當，謹居簽呈，恭請
示！謹呈
科長 當 核轉
路長 轉
附預算書一份
職 杜世銘
黃同明 代
一二、三。

……手寫規定 恆伯之
……核全及回伯川 於之 修另發 核
……於於核士簽呈參考所需
且籌財委會撥款 恆伯之辦理
十二、六

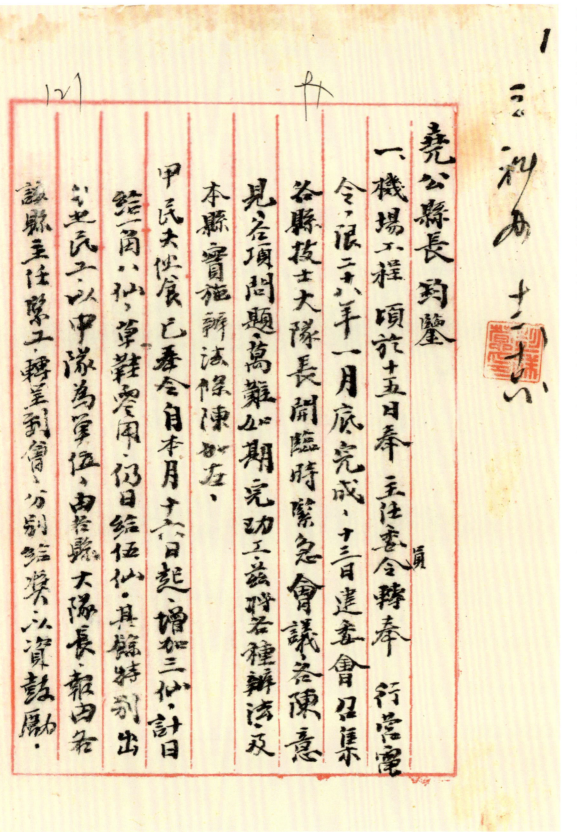

杜世铭关于征工修建白市驿机场问题的签呈（一九三八年十二月十五日）

璧公縣長鈞鑒

一、機場工程頃於十五日奉主任委員令轉奉行營電令，限二十八年一月底完成，十三日建委會召集各縣技士大隊長開臨時緊急會議，各陳意見，各項問題，萬難如期完功，茲將各種辦法及本縣實施辦法條陳如左：

甲、民夫伙食已奉令自本月十六日起，增加三仙，計日給一角八仙，草鞋零用，仍日給伍仙，其餘特別出力之民工，以中隊為單位，由各縣大隊長，報由各該縣主任監工，轉呈到會，分別給獎，以資鼓勵。

乙順原樣
已五加

122

乙、已由建委會負責墊款三千元採購洋鋼大條分發各縣價銀由各縣石方價扣除惟聞大條價每斤約六角尚未免太貴江津縣大條價比較便宜本縣擬私人請託代買、

二、趙分隊長送來十字鍬二十三把窩嘴五把已分發各中隊惟十字鍬式樣宜精細冶鍊深入者窩嘴及十字鍬式樣鋼太少不經用應請賡續改良製造並由本縣買好木柄鐵鏌送來為佳

三、石工所用引對大錘鋼條挖瓢及風箱鐵鏈火爐等應題前建委會儘早日運來備用

2

四、本縣工程挖項估計已約一萬五千方，一區分担工程數量較多，施工較易，但以人數過少，兩中隊人數之和尚小於三區一中隊零一分隊之總數，標員土方僅挖三分之一，石方尚不計。二區分担工程數量較一區為少，施工比一區較難，担員挖土方十日後即可完竣，石方砂石方及石縫方未計人數。四中隊尚保原狀，二中隊逃亡頗大，但確已絡繹不絕而來增補。三區担任工程數量均比他區為少，施工最難，但以人力物力關係，土方已挖完竣，現有人數除已損擴回籍者不計外，已有一百七十條人之多。

二、所有南無工問題又各區分担工程數量除以轄
係為正比例
五、今後各區應徵人數第一區三中隊除補足掉換
每中隊一二六名外擬請再增調一中隊　二區除補
足掉換並額外原有第四中隊除一百零七
名此刻再增為足額兩中隊即可敷用第
三區毋需動
六、據各中隊報告逃亡單以十二日一日數字計第
一中隊三十五名　二中隊四十名　離原因複雜情
節更屬重大　事第二中隊　本日即呈送補

125 抄

夫三十餘名，一面通知黃大隊長，並呈報請核辦；一面派部中隊長田區報告經過及工程進行一切事宜，並詢孟尹區長對於工程進展事宜，明其究竟。

七、當日職到大隊部，以該隊各中隊民工為最長，最艱切嚴重之調諭，繼後赴各民工住宿地檢視，據職親視各種情形，關於民工被蓋等物其識被竊情事，已責令由該竊中民工之分隊長先行和解續償，以後該隊應清。

查此舉辦理是否妥當

126

廿六下緊急命令飭各中隊遵照（一）各中隊調撥民工定於本月二十日後姚莊報到（二）各中隊調撥民工應保持規定一二六名額照數缺隨撥補（三）各中隊調撥民工須推由大隊部核給臨時工證攜帶往姚莊報到

九查此項民伕逃亡率驟增之原因之最大者為農家會選用民工於當前已累呈不整與照原計劃大綱規定民工一月一換人心皆思歸為至堪其通性其次則中分隊長者不外乎下列三點 待遇不良 管理無方

4

127　44

用意不善，尤其末段在中分队长言論態度行為當中殊有可疑之處，惟無確據，已經設法調濟矣。擬請查辦，以警來茲。

以上各點係由聞特肅陳

鈞座察核。至本年尚科長手諭取集召工作報告一件，職以平時辦理無一方案，此工作係張記未暨如[illegible]狀恳同東北戰區主動草稿未定，都論輊於執筆，竟以本身在此責任重大，府內建設有關事件亦切己聞，係擬於二三日後謹將所見專呈呈送閱示。

鄒科長去
張師如

128

據原詩抄錄一份存查外交由該對先行送呈

敬請

鈞安

職 杜世銘 一三、一五

再 職於工程科探得本縣工匠石方估計路為30

其實估計太少，而質甚高，將來開採方價

頗大，及測量精確，標高錯誤較多，誠恐

將來吃虧不小，擬請由新科長逕函張旅威

或由 鈞座函葉科長轉科長張明此種

情形，未識有當否

白市驿机场建筑委员会第一次全体委员会会议记录（一九三八年十二月二十六日）

32

27

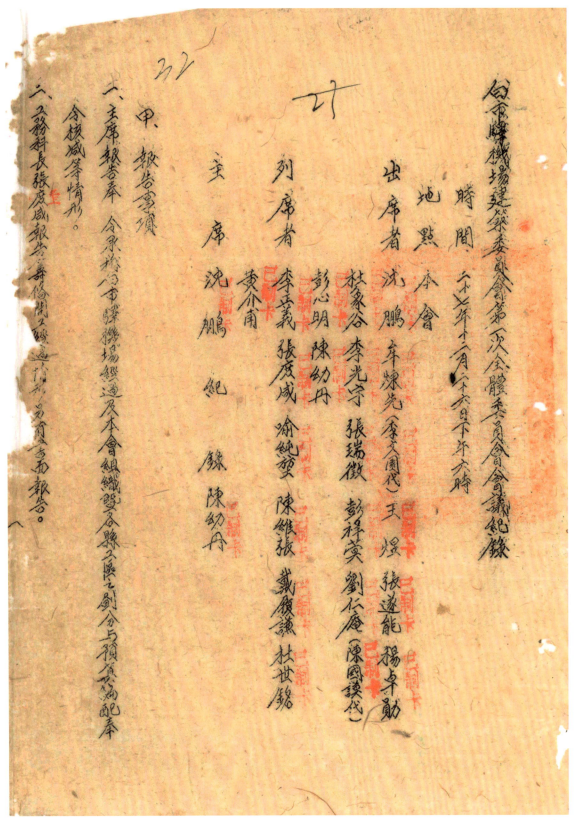

白市驛機場建築委員會第一次全體委員會會議紀錄

時間 二十七年十二月二十六日下午六時

地點 本會

出席者 沈鵬 牟煉先（李文園代） 王煜 張遂能 楊卓勛

杜象谷 李光宇 張瑞徵 彭祥英 劉仁庵（陳國謨代）

彭心明 陳幼丹

列席者 李玉義 張度咸 喻純夔 陳維張 戴履謙 杜世銘

黃介甫

主席 沈鵬 紀錄 陳幼丹

甲、報告事項

一、主席報告奉 令承辦白市驛機場經過及本會組織暨各縣工區劃分與預算編配奉 令核減等情形。

二、工務科長張度咸報告籌備開工經過情形及有關[illegible]方面報告。

三、總務科長李正義報告已支伙食、雜費及徵僱力役之費，較核定之方價尚不敷一萬五千元。公路方面照規定之方價一角八分，更覺困難。現據報已對於本區除綦、巴、合三縣未征民工外，其餘七縣俱有征調，如初擬調長壽、合川、涪陵三縣民工，後因合、涪兩縣呈准省府免予征調，現僅有長壽民工業經到達，即可開工。關於機場方面，係照此次行營核定之方價與各縣之區土石方數估計，應領已領及尚餘數目，列表說明。

乙、討論事項

一、土石方價預算標準應如何決定案。

決議：土方照航委會規定每公方一角八分外，加運距，依照該縣計算，除去三十公尺，每超出三十公尺，加運距一分，平均以三百五十公尺計每方，石方應加爆破費八分，石方每方五角四分，因石方体重，運距應較土方加倍，以昭公允。至各區內運距如何規定，候測量後再商酌辦理。

（通過）

二、特種工具及火藥如何購備案。

決議：機場石方佔百分之八十，工作艱難，所需特種工具及火藥數量亦鉅，非各縣財力所能負擔，擬請

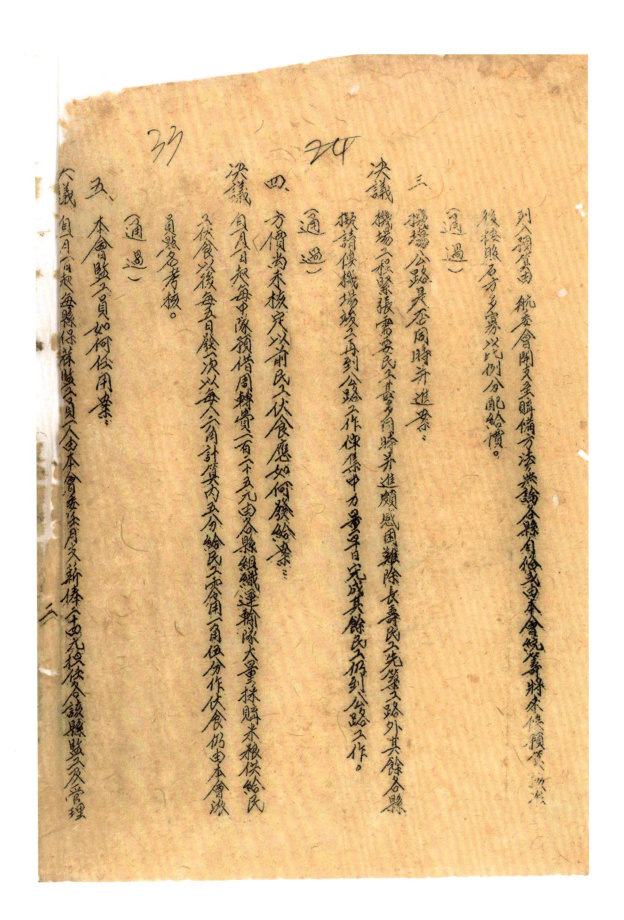

列入預算由航委會開支並購備方法亦無論各縣自備或由本會統籌將來俟預算撥款

後按照各方多寡以比例分配給價。

（通過）

24

三、機場公路是否同時并進案：

決議 機場工程緊張需要民工甚多同時并進頗感困難除長壽民工先築公路外其餘各縣

擬請俟機場竣工再到公路工作俾集中力量早日完成其餘民工仍到公路工作。

（通過）

四、方價尚未核定以前民工伙食應如何發給案：

決議 自　月　日起每中隊預借周轉費一百二十五元由各縣組織運輸隊大量採購米糧供給民

工伙食以後每五日發一次以每人二角計算其內五分給民工零用一角伍分作伙食仍由本會派

員照名考核。

（通過）

33

五、本會監工員如何任用案：

決議 自　月　日起每縣保薦監工員一人由本會委派月支薪俸二十四元負責各該縣監工及管理

二

民工伙食等事項本會原有監工員留用五人每人監督兩工區其餘監工員均裁撤以節開支。

（通過）

六、機場挖方超過填方十五萬方之多若拋棄場外費工甚多且佔地甚廣糜費地價應如何設法案。

決議 機場地形傾斜如將剩餘土石填入斜面尚可減少坡度變成平形擬請工程師測定填方高度將所餘土石儘量填用。

（通過）

七、民工班長關係重要應改為有給以專責成案。

決議 班長人數過多無款開支本案應保留。（通過）

八、各級隊長薪給大隊部將公糧支工伕監工旅費及輸送民工旅食特種工具及工具修理費民工藥食等項應在何款開支案。

決議 由各縣造具預算呈經本會轉呈省府核准征收代金開支。（通過）

主席 沈鵬

十二月二十六

赵汝材关于视察本县民工修建白市驿机场情况的签呈（一九三九年二月二十四日）

敬签呈者：窃职奉派赴白市驿机场视察工程，现已视察完毕，谨将视察所见分陈如左：

（一）民工： 二十二日职赴机场及公路点名结果，计第一区实到民工三二〇名，二区实到六三四名（实验乡在内），三区实到八二七名，共七八一名。依照每保三名之规定，计第一区（二一六保）尚差三二八名，二区差（一五三保实验乡在外）二二五名，三区（一〇一保）差七六名，共差六二九名。刻机场限期三月底完成，为减少赔累起见，拟请令饬各区在本月内速将差额补足，免误以利进行。

（二）石工： 查本县担任区域石方最多，工程浩大，能大量增加石工、石匠，以赶工程进度。现到场石工计第一区仅六三

三區增為八十
二區增為六十
大龍鄉 八名

名，二區六二名，依照規定第一區尚差石工二〇名，二區差一〇名，三區四〇名，工程如此艱巨，即使各區將差額石工補足，工程進度亦難期迅速，為求迅速起見，似應酌量增加石工，以利工程進行。

（三）經費：本縣應得方價除已支用外，現僅餘存八千元，此數僅可供三百伕食開支（每日伕食約需三百元左右），如以三月底完工計，尚須墊支伕食費一萬元以上，此項經費擬請令飭財委會早日籌足，迅匯機場建委會轉發備用。

（四）火藥：本縣工程現約完成五分之三，所餘工程盡係石方，需用火藥甚鉅，民工大隊部雖已派員四處採購，仍感供不應求，擬請令飭財委會負責迅將火藥材料購

3334

前交由戰中校提製備用

（五）查本縣民工老弱過多且多數滿期未經更換疲勞過度自難望其努力工作，故各區補充民工應由區自行嚴格選擇汰去老弱，然後送往機場。至於期滿未換之民工亦應由大隊部查明情形造冊呈報以便更換免怠工作。

以上五項關係機場工程前途甚鉅，究應如何辦理，理合

簽請

核示謹呈

縣長 彭

第二科科長 趙海材

二月廿四日

照辦，分別令飭遵照為要。二月

已辦

第三科

已制卡

簽呈　二十八年三月三日　于大隊部

敬簽呈者、、茲有各項補充要點、、謹呈

鈞座鑒核：

一、查得機場民工一區、貳百七十捌名，石工、貳十貳名，第二區民工、壹百零捌名，石工、叁拾玖名，第三區民工、壹百壹拾陸名，石工、四十四名，公路一區因無石工可調做碎石該區路基已完成全隊調回二區壹百式十玖名三區七十一名路基尚未完成等情不但質量參差數量亦欠缺過鉅前請轉飭各區每保壹名增加路工民工除第三區來五十餘人二區三十餘人外為時已久一區迄今竟無一人二三區亦未陸續來此茲奉建委會令限期三月底完工飭即具結等因當請轉飭速派民工來場詳石工一區六十名二區四十名三區三十名以利工作況跑道工作亦難推卸民工數額至少恢復原狀乃克有濟：

二、鶯篼扁担鋤把與民工同樣缺乏各區已月餘未有補充此地雖就近可買補充但此項需要數字甚大鶯篼已買千餘挑鋤把千餘根價值又貴實不敢多買請轉飭各區每保再派鋤把五把鶯篼五挑以資應用總計自開工以來第一區補充鶯篼

[illegible]

甚少，二區亦差，三區稍好，應請鑒核。

三、本縣工區砂石方特多，工作困難，已報告　專座暨工程處查核。十字鍬每具均修理至三次以上，因係白鐵鋼少，極易損壞。大鍾鏍子施工效力亦少。除放炮外，更無良好辦法。火藥用量截至本月三日止，連縣府暨建委會綜計已達到弍千九百餘斤，需款除縣府外，已達壹千陸百肆拾元之數。本縣工區石方太大，非大量放炮不為功。遵照　鈞府造呈建委會之火藥預算壹千壹百元，現已超過五百元。除　鈞府送來之三百餘斤尚不在內，不過建委會另有造呈飛委會之本工區火藥預算壹千七百餘元，兩項合計約弍千捌百餘元。工程尚有相當之鉅，火藥需用未便停止。雖建委會同大隊部多方設法購買，但以各方競買，亦感供不應求。前奉　鈞諭先後本縣代製火藥弍十斤，迄今不過前後共送來三百餘斤，不能接濟。　鈞府所製火藥請速運來，以資應用。而建委會之火藥預算尚未經飛委會核准以前，可否繼續購買，應請鑒核。

四、各區各級隊長勤惰均有相當考核。前經報請在案。列已人數逃亡過大，各區均有官多工少之勢，擬請於隊長之請假者即由各該區遴選隊長、班長資深勤勞者遞補，以資熟手而勵來茲。

五、關于經費一項迭呈在案早邀洞鑒職部每日約開支民石工伙食津貼叁百元左右但其他如火藥工具及各級隊長薪餉及鎔爐與臨時雜費等項均不在内懇

鈞座轉飭財委會日源源接濟庶免有斷炊之虞於工程方不致有影響也

綜上各節仰祈

鈞座俯賜鑒核指令祇遵！！

謹呈

縣長彭　公鑒

壁山縣工區監工主任杜世銘

壁山縣民工大隊長黃自明

璧山县第二区来凤镇联保办公处关于征集板车送交机场并请发给租金及征运费致璧山县政府的呈（一九三九年五月四日）

璧山縣第二區來鳳鎮聯保辦公處呈

建字第四六號

民國二十八年五月四日發

事由：為遵函令征集板車送交機場備用一案檢同原函仰祈察核發給租金及征運用費由

卷查前奉

鈞座函令：征集板車七輛，運送白市驛機場，載運石塊一案。所有從二十八年一月份開始征集之日起，迄至上月份止。每輛板車每月租金一十二元，又月損一元，以及征送到場運力一十二元，車主守候伙食一十八元二角，并加預備運轉歸還力資，等項用費。業經本處於本年四月十日，以建字第四三號呈文，檢附單据，呈請發給上述各項用費在案。延今未奉指令，車主再四催促，實屬無法應付。理合檢同原函隨文再懇

鈞府察核，准予發給板車租金及征運用費，以憑分別歸墊轉發承領，不勝廹切待命之至！

中華民國廿八年五月拾六日

建4466

115

謹呈

璧山縣縣長彭

檢呈二十七年十二月二十八日原函一件

代理聯保主任傅伯侯（代）

函呈暨原函單據均悉。據呈各情，仰候令飭抗擔本縣民工大隊部查復來府，再行核奪。至征集此項板車，先係按月酌給租金，已屬正當手續，自不能額外再給伙食，併飭遵照。此令。

單據繳原函存。

代 五、十三

璧山县政府第一区区署关于呈报一九三八年犒劳修建机场民工账目致璧山县政府的呈（一九三九年五月十一日）

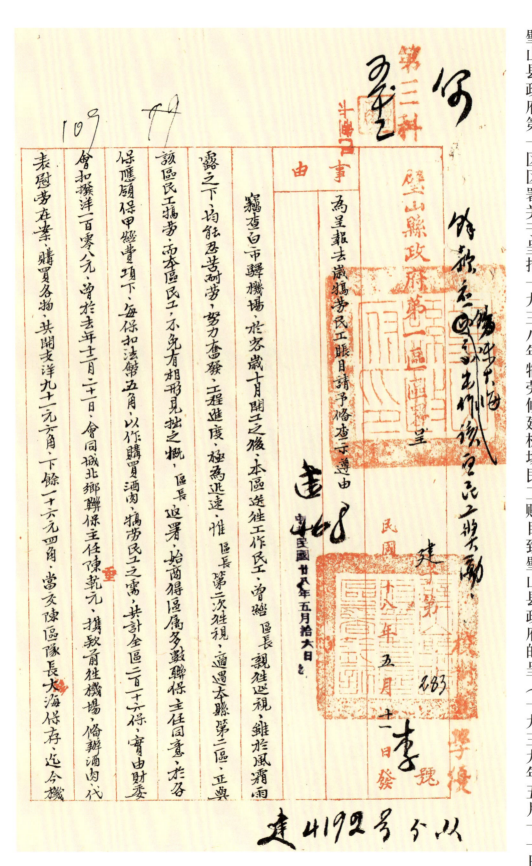

何

第三科

109　44

璧山縣政府第一區區署呈

餘款存區隊陳大海，作後發民工獎勵。

建字第283號

民國廿八年五月十一日發

李魏

學俊

事由：為呈報去歲犒勞民工賬目請予備查示遵由

建

中華民國廿八年五月拾六日

竊查白市驛機場，於客歲十月開工之後，本區送往工作民工，曾經 區長親往巡視，雖於風霜雨露之下，均能忍苦耐勞，努力奮發，工程進度，極為迅速，惟 區長第二次往視，適遇本縣第二區，正與該區民工犒勞，而本區民工，不免有相形見拙之概， 區長返署，始商得區屬多數聯保主任同意，於各保應領保甲經費項下，每保扣法幣五角，以作購買酒肉、犒勞民工之需，共計全區二百一十六保，實由財委會扣撥洋一百零八元，曾於去年十二月二十日，會同城北鄉聯保主任陳乾元，攜款前往機場，備辦酒肉，代表慰勞在案，購買各物，共開支洋九十一元六角，下餘一十六元四角，當交陳區隊長大海保存，迄今機

建4192号 分 从

110

場工作，行將完成，所有開支帳目，除由職署詳細列單通知外，理合將撥款搞勞民工情形，連同開支帳目，具文呈請

鈞府，俯賜鑒核，備案存查，指令祇遵！

謹呈

縣長彭

計呈帳單一紙

區長尹大猷

呈單均悉。准予備查。所存餘款，應飭陳大海如數交出，作獎勵該民工之用，仰即知照！此令。單存。

[illegible]

茲將本區在各保經費項下提撥搞勞修築白市驛機場民工開支數目錄列于后

計開

本區各保每保提洋五角 共洋壹百零捌元正

一開支猪肉二百四十四斤每斤價〣〢角 去洋柒拾捌元零捌分正

一開支元酒五十斤每斤價〢〤角 去洋壹拾貳元正

一開支購買調和 共去洋壹元壹角五分正

一開支購買鹽巴 去洋貳角五分正

一開支購買牛燭 去洋貳角正

以上共去洋玖拾壹元陸角正

品除下存洋壹拾陸元四角正 此數交陳區隊長大海保存移作下次獎勵民工之用取有收條

再上支款項係由陳區長派各中隊各出一分隊長夥同辦理合併聲明

區長 尹大猷

璧山县政府第三区区署关于报告续征修建机场民工及办理民工慰劳情形致璧山县政府的呈（一九四〇年二月十日）

81

第三科

二十九年二月十二

收 3857

號 1260

璧山縣政府第三區署　呈

區建字第五四號

民國二十九年二月十日發

事由：為呈覆續征民工及辦理民工慰勞情形請予查核由

案查先後奉

鈞府建字第四九三一號代電暨建字第四九六二號訓令為飭將續派及在逃亡之民工尅日征齊迅送機場以利工程并飭每保備辦豬肉四斤依限送往機場慰勞一案茲將遵辦情形呈復如次：

一、本區應續派民工壹百三十名及應補送逃工缺額十三名事關國防建設本應不分晝夜立即征送以利工程無如現值廢歷年關鄉間過年陋習牢不可破故不得不稍形遲延就畧予展期准于二月十三日將應送補送各民石工全体征集職署即于十四日派員率送機場點交決不致誤、

81-1

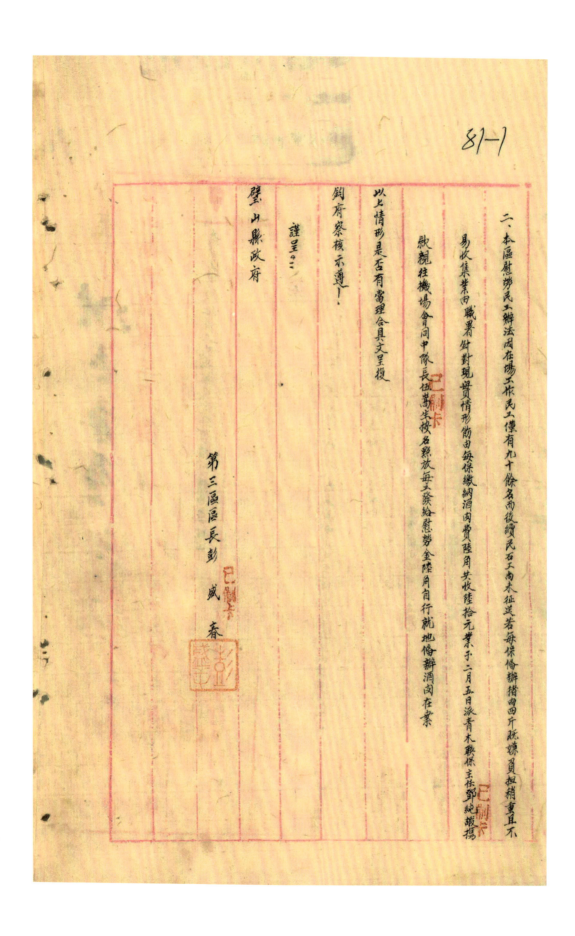

二、本區慰勞民工辦法因在場工作民工僅有九十餘名而後續民石工尚未征送若每保備辦猪肉四斤既嫌負担稍重且不易收集業由職署針對現實情形飭由每保繳納酒肉費陸角共收陸拾元業于二月五日派青木聯保主任鄧純嘏攜款親往機場會同中隊長伍嵩生按名點放每工發給慰勞金陸角自行就地備辦酒肉在案

以上情形是否有當理合具文呈復

鈞府察核示遵！

謹呈

璧山縣政府

第三區區長彭盛春

已制卡

已制卡

已制卡

彭盛春

璧山县民工总队部关于转饬请命令青木关联保补足修建机场民工数额致璧山县政府的呈（一九四〇年三月）

收 4396
備 21

5

璧山民工總隊部 呈

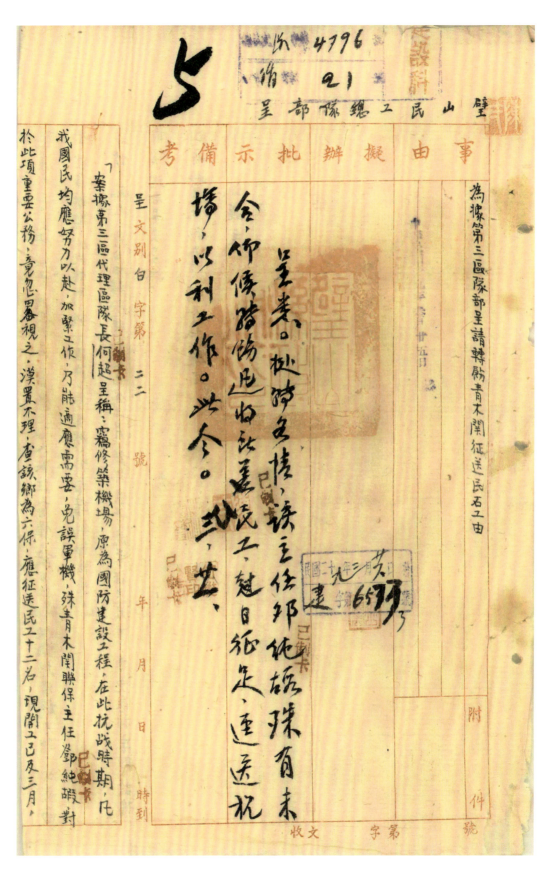

事由	擬辦	批示	備考
為據第三區隊部呈請轉飭青木関征送民石工由		呈悉。據情，該主任鄧純嘏殊有未合，飭候轉飭迅將該差民工，尅日征足，速送機場，以利工作。此令。三、廿	

附件

呈文別 白 字第 二二 號 年 月 日 時到

「案據第三區代理區隊長何超呈稱：竊修築機場，原為國防建設工程，在此抗战時期，凡我國民均應努力以赴，加緊工作，乃能適應需要，免誤軍機，殊青木関聯保主任鄧純嘏對於此項重要公務，竟忽略視之，漠置不理，查該鄉為六保，應征送民工十二名，現開工已及三月，

民國二十九年三月廿日 建字第6597號

己銷卡

文收 字第 號

51

該鄉僅有三人到場作工，所欠九名，曾屢次派人前往督催，該主任鄧純煅均漠視不理，東支西吾，從事推諉，似此情形，殊於國防工程有碍，特報請鈞部核奪。」等情。據此。查白市驛機場，開工已逾三月，該鄉民工，尚未征送及半，未免忽視要政，茲據前情，理合具文呈請

鈞府鑒察核奪，指令祗遵。

謹呈

縣長王

璧山縣民工總隊長王仕悌

總隊附岳德寬代行

5-2

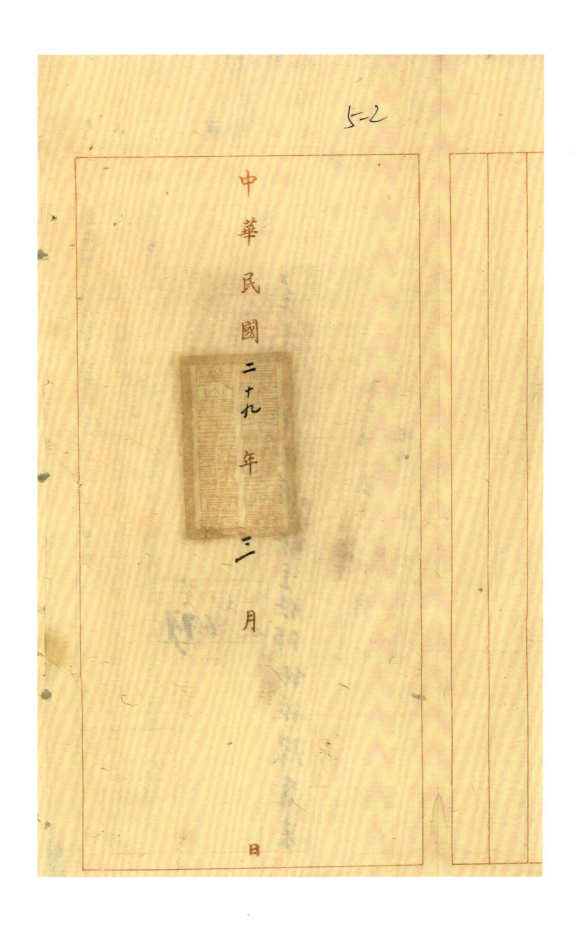

中華民國二十九年三月　日

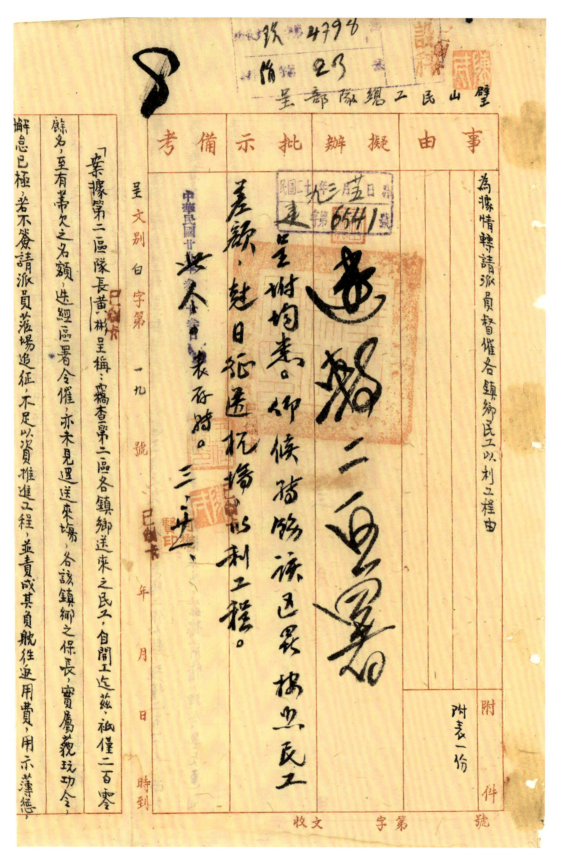

璧山县民工总队部关于请派员督催各镇乡民工修筑机场致璧山县政府的呈（一九四〇年三月）

璧山民工總隊部呈

收文 4798 號
附件 27

事由	擬辦	批示	備考
為據情轉請派員督催各鎮鄉民工以利工程由	函第二區署	呈悉。仰候轉飭該區署督促民工差額，尅日征送機場，以利工程。	此令。表存轉。三、廿七、

民國二十九年三月廿五日 收 建字第6541號

附件：附表一份

呈文別 字第 一九 號

「案據第二區隊長黃彬呈稱：『竊查第二區各鎮鄉送來之民工，自開工迄茲，祇僅二百零餘名，至有帯欠之名額，迭經區署令催，亦未見遣送來場，各該鎮鄉之保長，實屬藐玩功令，懈怠已極，若不簽請派員蒞場追征，不足以資推進工程，並責成其負擔往返用費，用示薄懲，

收文 字第 號

8-1

再以現在工區，石工頗鉅，如石工不令飭併征送隊，而工程影響，殊深妨害，除列表呈報區署令飭催征，補送齊額外，理合具文賫請，鑒核懇准派員（或隊長）守追，用資補救，而重工程，可否有當，指令祗遵。

等情，據此，查自征工修築機場以來，已逾三月之久，該區到場工作人數，現僅二百一十人，尚欠二百餘名之多，足見該區各聯保主任，辦理征工事宜，未能盡力，茲據前情，理合具文連同表式呈請

鈞府鑒核，嚴飭該區各鎮鄉，按照派額，速予倍征送部，以利工程。

謹呈

縣長王

計附呈各鎮鄉征送民工到場數目表一紙

璧山縣民工總隊長王仕悌

總隊附岳德寬代行

璧山县民工总队部关于江光明擅离职守请予惩处致璧山县政府的呈（一九四〇年三月）

璧山民工總隊部呈

事由	擬辦	批示	備考
為擅離職守呈請懲處以儆效尤由		呈悉。當此机場工作緊快之際，該分隊長江光明竟敢離職他去，實屬不合已極，着即撤職，另飭原中隊部另選適當人員接充，仰將知照，并飭原一体知照為要！此令。三、廿六	

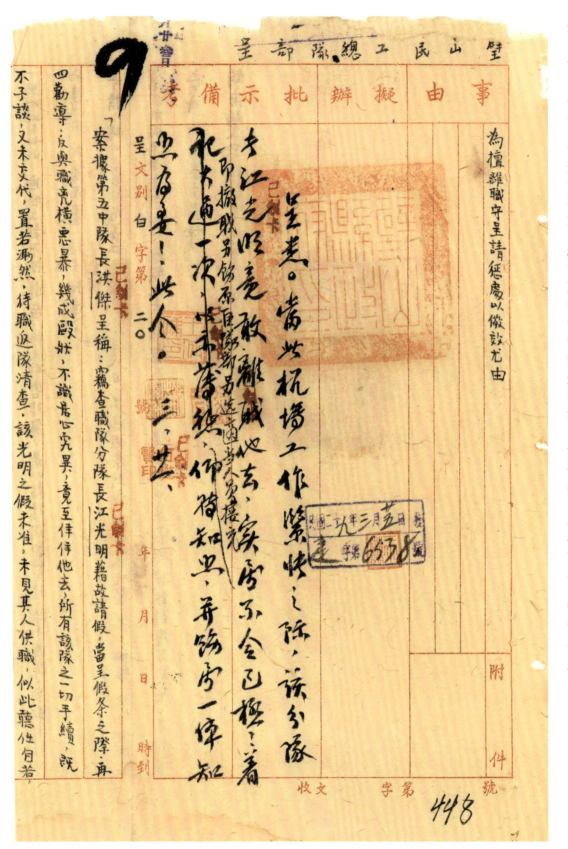

呈文别 白字第二〇號

年 月 日 時到

民國二十九年三月廿六日 收 字第6538號

「案據第五中隊長洪傑呈稱：竊查職隊分隊長江光明藉故請假，當呈假条之際，再四勸導，反與職亢橫，惡暴，幾成毆狀，不識居心究異，竟至倖倖他去，所有該隊之一切手續，既不予談，又未交代，置若漠然，待職返隊清查，該光明之假未准，未見其人供職，似此藐位自若，

收文 字第 448 號

一旦均皆如此，匪特工程不問進展，抑且妨害非輕，是以報請鈞部鑒核，請予追究，用儆後效，而重工程，可否有當，批令祗遵。

等情，據此。查分隊長江光明於本月八日，呈遞假条到部，當以工作吃緊，未予批准，殊該分隊長竟敢於假未准之前，即行離職他去，顯屬不合，茲據該管中隊長洪傑報請處分前來，未便置之不理，理合具文呈請

鈞府鑒察核奪，指令祗遵。

謹呈

縣長王

璧山縣民工總隊長王仕悌

總隊附岳德寬代行

杜世铭关于征工修建白市驿机场情况致王仕悌的函（一九四〇年九月二十四日）

縣長台前鈞鑒謹將近日機場工作情形報告如次

一、自開工至八月底本縣工作成績刻已好轉累計成績雖尚未公佈方價除開支民工伙食外據可靠消息可望贏餘二三千元

二、實行新辦法後本縣成績最高額各中隊平均曾達新量三斗一合每

工每日繼降至二角一分比諸他縣最七分或一角至一角七分者已相距遠甚惟工程實當局自工竣始發每工每日為一元五角合二角米價之數不知是何原因但其餘各縣均發每工每日八角五仙預計本縣成績最優各因素尚可望本月底之保持餘須候下月而定

三石方聞已招商包出價值頗昂堅石方每

03

方七元餘，鬆秕不每市亦達四元之數，較之民工所繳一元二角及八角者，實多寡懸殊，可慨者民工終日辛苦，飢寒交迫，牟利者終飽富商巨賈，比工場之實在情形也。

四、工程處醫務股設備簡單，技術尤陋，疾輕者且不可治，病重者未必能療。近霍乱痢疾流行，綦水一縣日死數人

04

一週以來死達二十餘人之多尤為隱憂

五機場土方似不暫各縣民工分配方法亦

較差包工所做石方多未同工偏各縣

民工徵發挖者運者當不能接濟大

延現有民工數百土方工作不能容納石

方亦無由挑運以至停怠工程盡驗方

繼續結果還是各縣民工吃虧

六以上各節不過畧陳梗概並總隊附迫存

附

當可詳爲面陳本日本縣民工總有數爲二百一十萬全機場總工數不過千人預計完竣之期恐在臘盡或轉春也敬乞

垂詧　亡鑑

勛祺

制杜世銳謹上

九月廿八日

已制卡

姜荣基关于征工修建白市驿机场情况致王仕悌的函（一九四〇年十月九日）

仕悌縣長鈞鑒：敬陳者，查機場工作曠延時日已久，推其原因，實因各鄉鎮征工不力。本縣民工減征爲一千名，自八月復工後，各鄉鎮僅前後征送來場五百餘名，一因多係拉充，一因滿月不換，紛紛逃亡，現實有在場作工人數不滿貳佰名。各鄉鎮應征補送民工數前已彙案呈報，請通令迅予補送。惟查自九月二十六日以後迄今半月，各鄉鎮仍未征集轉送來場驗收，以致人數日少，工作無法推進。似此拖延誤公戴日久，征送民工數名以老

17

弱殘磨拉完備數影響作工方價民工不能如限如數送場一時不能完工又影響部隊管理費職負斯責實感困難多端除擬於十三日返府述職外特此先行函陳務請再通令各鄉鎮依照前日列冊迅將應補送人數尅日送部驗收以利工程至駐場技士杜世銘已飭自十月份起返府供卓職合併附呈敬請

勛祺

職姜榮基拜呈 十九

（印）

璧山县民工总队部关于造报现有作工民工名册及应补征送人数清册致璧山县政府的呈（一九四〇年十月十二日）

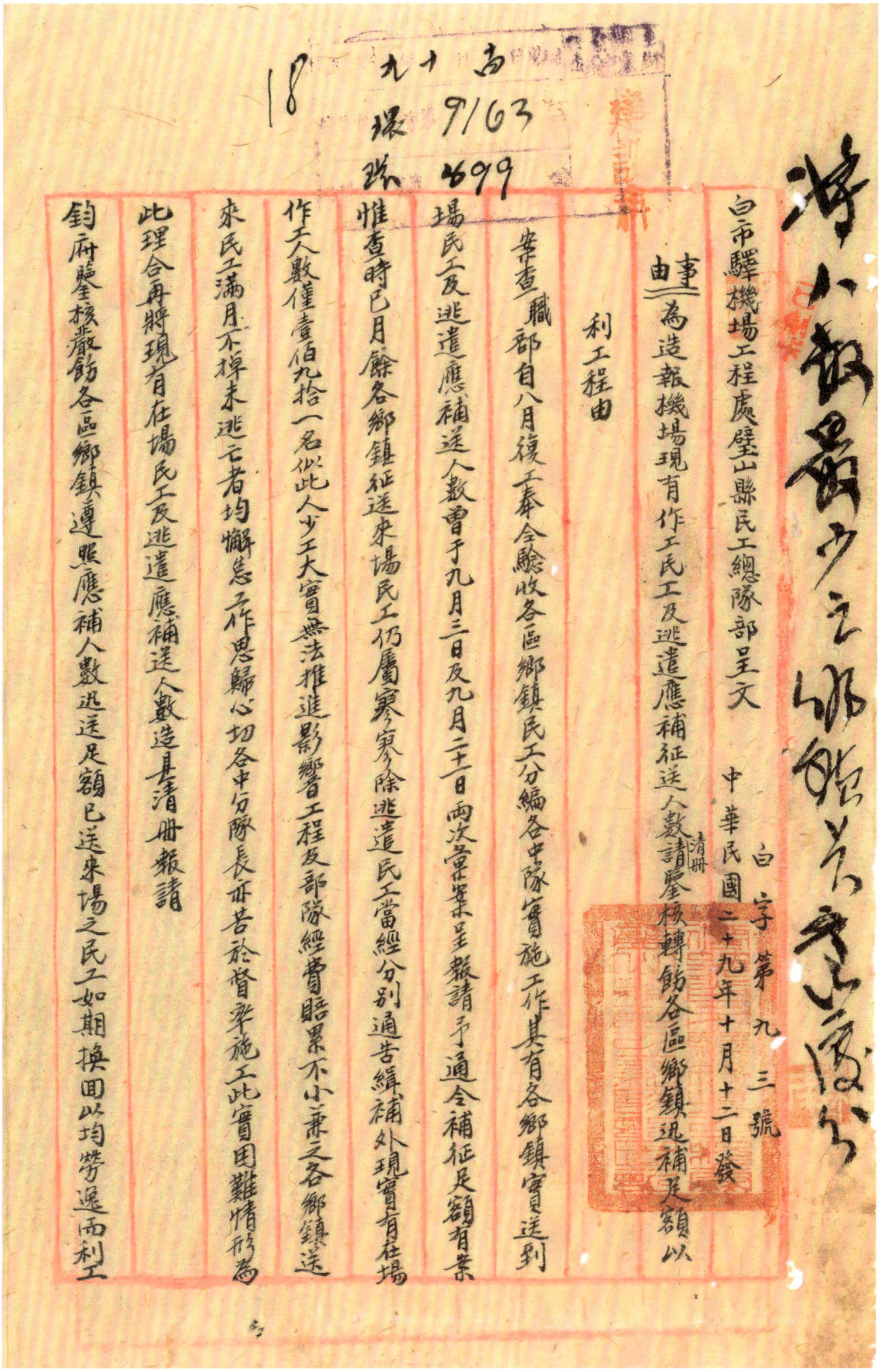

18　九十　高
環　9163
號　499

白市驛機場工程處璧山縣民工總隊部呈文

白字第九三號

中華民國二十九年十月十二日發

事由：為造報機場現有作工民工及逃遣應補征送人數清冊請鑒核轉飭各區鄉鎮迅補足額以利工程由

案查職部自八月復工奉令驗收各區鄉鎮民工分編各中隊實施工作，其有各鄉鎮實送到場民工及逃遣應補送人數，曾于九月三日及九月二十日兩次彙案呈報，請予通令補征足額有案。惟查時已月餘，各鄉鎮征送來場民工仍屬寥寥，除逃遣民工當經分別通告緝補外，現實有在場作工人數僅壹佰九拾一名，似此人少工大，實無法推進，影響工程及部隊經費賠累不小。兼之各鄉鎮送來民工滿月不撥，未逃亡者均懈怠工作，思歸心切，各中分隊長亦苦於督率施工，此實困難情形。為此理合再將現有在場民工及逃遣應補送人數造具清冊報請

鈞府鑒核，嚴飭各區鄉鎮遵照應補人數迅送足額，已送來場之民工如期換回，以均勞逸而利工

程再天候漸寒民工本身用具如夾衣及棉被等非帶不可否則一遇天雨感冒染病輒難醫治并有生命危險務請轉飭遵辦現七塘鎮已病故民工謝有三一名（十月十日）除墊發掩埋費派人送回原籍安厝并轉報請卹外合併呈明。

鑒核備查謹呈

璧山縣縣政府

計附呈實有在場民工及逃還應補征送人數清冊一份

璧山縣民工總隊長王仕悌

總隊附姜榮基

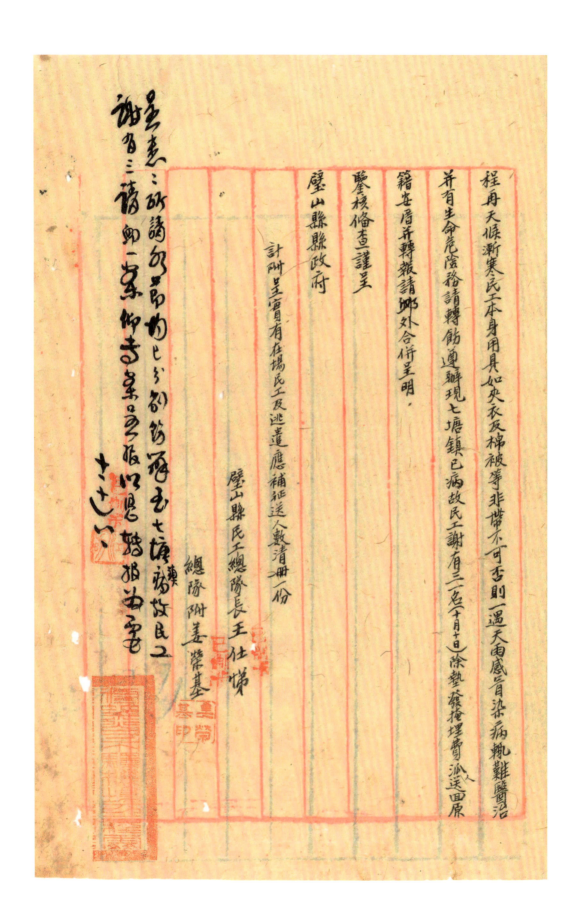

呈悉。所請飭各鄉鎮均已分別飭遵矣。七塘鎮病故民工謝有三請卹一案，仰查案呈報以憑轉報為要。十一、廿八

白市驛機場工程處璧山縣民工總隊部造呈各鄉鎮征送來場民工及逃遣應補征人數清冊

二九年十月十二日製

區別	鄉鎮別	前後征送數	前後逃遣數	在場現有數	應補征送數	備攷
第一區	城中鎮	一二	三	九	三一	此冊截至十月十二日止補征數目係依照原額一千五百名計算合併申明
	城東鄉	六	六	無	三七	
	城南鄉	一二	二	一	四二	
	城西鄉	二七	一三	一四	二九	
	城北鄉	二三	一八	五	三五	
第二區	丁家鎮	一三	七	六	五八	
	定林鄉	八	七	一	三三	
	龍鳳鄉	一二	六	五	三五	

健龍鄉	廣普鄉	三合鄉	來鳳鎮	鹿鳴鄉	正興鄉	中興鎮	三鳳鄉	太和鄉	獅子鎮
二三	一七	一三	三〇	一〇	一三	二三	三四	一四	二三
二	五	一二	一七	一〇	一三	二三	三一	一四	二一
三	二	一	三	無	無	無	三	無	二
三一	五六	四七	六五	三六	七六	四六	七〇	四八	四九

20

	大興鄉	三二	三一	一	四九
	梓潼鄉	四二	三〇	三	二四
	馬嘶鄉	二五	一柒	八	四八
第三區	接龍鄉	一六	一四	二	三四
	福祿鎮	五二	三一	二一	二三
	河邊鎮	一二	二	一〇	二八
	蒲元鄉	九	五	四	三四
	六塘鄉	八	七	一	三三
	龍溪鄉	六	六	無	三四
	大路鎮	三八	二八	一〇	二八
	依鳳鄉	二二	七	一五	一九

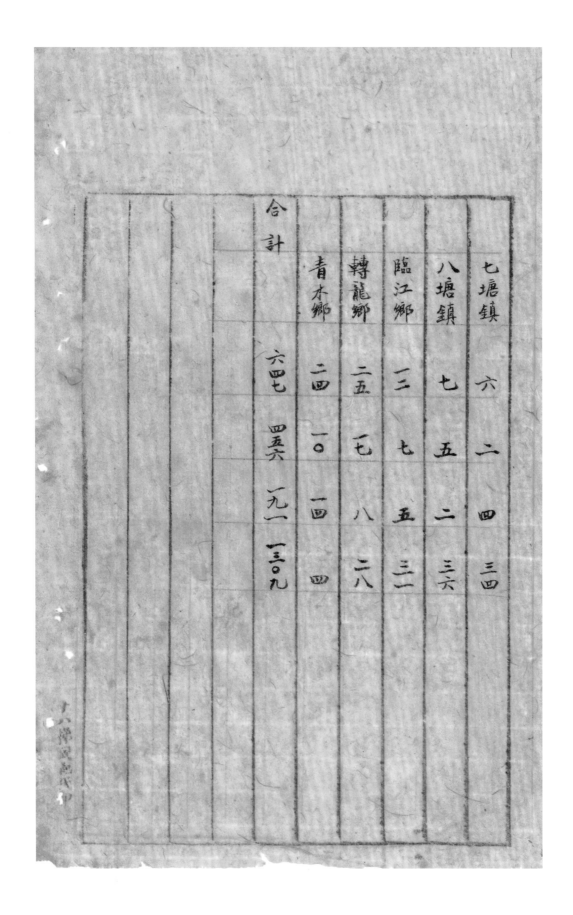

七塘鎮	六	二	四	三四
八塘鎮	七	五	二	三六
臨江鄉	一三	七	五	三一
轉龍鄉	二五	一七	八	二八
青木鄉	二四	一〇	一四	四
合計	六四七	四五六	一九一	一三〇九

沈鹏关于加强修建白市驿机场民工能率问题致王仕悌的函（一九四〇年十二月二日）

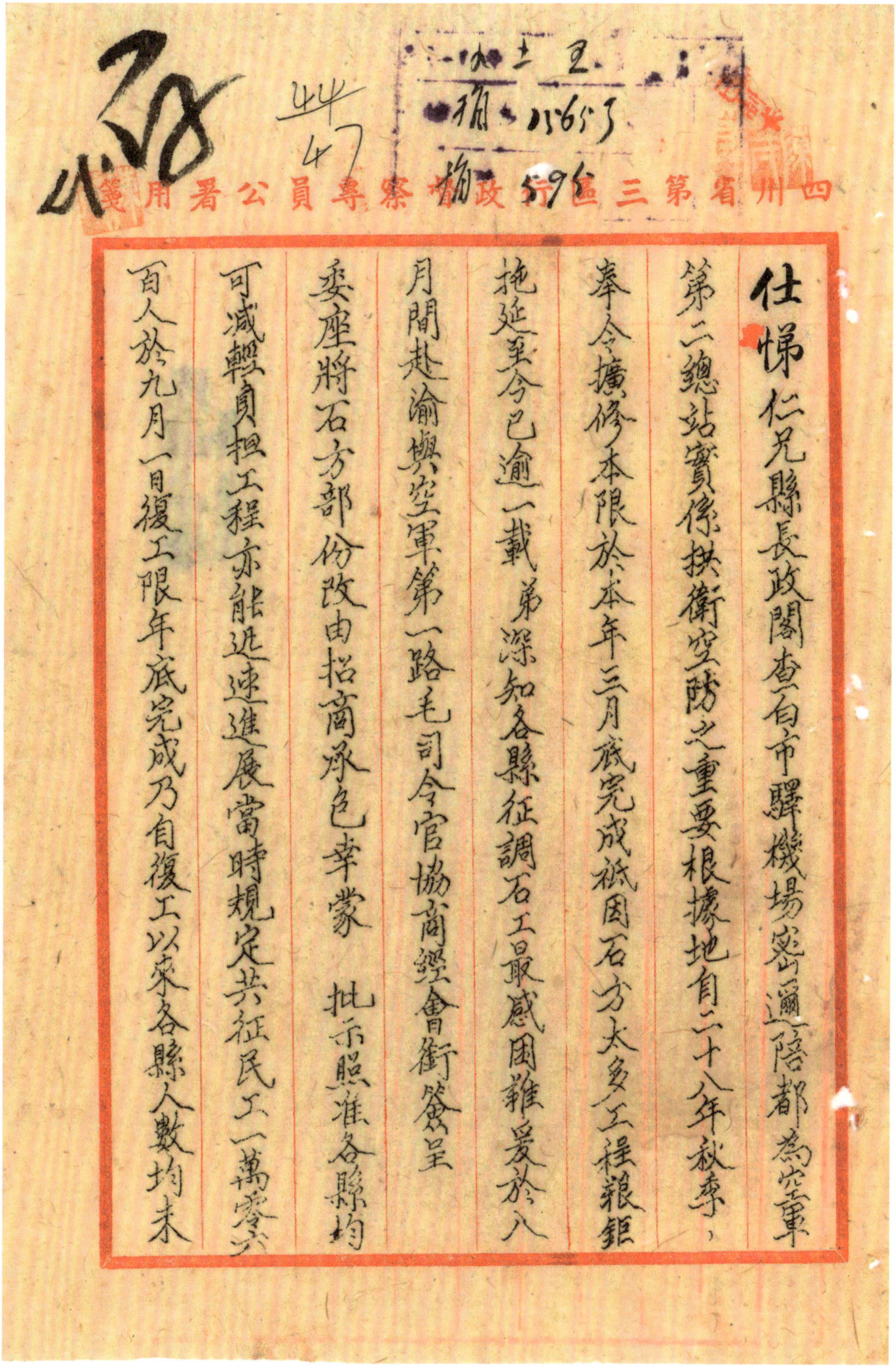

四川省第三區行政督察專員公署用箋

仕悌仁兄縣長政閣：查白市驛機場密邇陪都，為空軍第二總站，實係拱衛空防之重要根據地，自二十八年秋季，奉令擴修，本限於本年三月底完成，祇因石方太多，工程艱鉅，拖延至今，已逾一載。弟深知各縣征調石工最感困難，爰於八月間赴渝與空軍第一路毛司令官協商，經會銜簽呈委座將石方部份改由招商承包，幸蒙 批示照准，各縣均可減輕負担，工程亦能迅速進展。當時規定共征民工一萬零六百人，於九月一日復工，限年底完成，乃自復工以來，各縣人數均未

卌 48

四川省第三區行政督察專員公署用箋

照額征足涪陵長壽兩縣尚未征工到場現九十兩月已經過去年內僅餘兩月若不增加名額努力趕修何能如期完成　委座對該場工程深為關注目前國際路線已通大批飛機行將運到該場俟場面工竣尚須趕築跑道需用急迫萬難延緩近據工程處報告在場民工僅祇一千七百五十餘人而工作效率又極低微除璧山民工每日工作能率較高其餘各縣均較璧山相差一倍至二倍故璧山每工日給一元五角以方價折抵伙食尚有盈餘其他各縣日給八角五分民工不能果腹尚不免虧累同在一地工作相差如此懸殊可見管理

46 49

四川省第三區行政督察專員公署用箋

方面關係極為重要自奉頒非常時期征工服役暫行辦法實施後民工待遇以能率為標準方價結算其隨米價為轉移法良意美最為合理如果督工有方管理得宜實應有益無虧故 省令規定於實施新辦法後如有虧累應責成各級隊長負責賠償不准再征收代工金補償現查各縣虧累數目尚不甚鉅如急謀改善嚴加督促尚易於彌補亡羊補牢為時未晚倘再因循敷衍不但增加虧累無法善後且恐拖延工程貽誤軍機必將重受嚴譴

第與吾

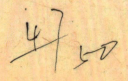

四川省第三區行政督察專員公署用箋

兄等誼切同舟休戚相共用特不殫辭費盡其忠告尚祈
明察大義為國效勞將應征人數迅即嚴飭所屬照額征足限於
本月十日送達機場加緊工作倘因復工過遲對於年內完工自信
難有把握則應照額加征更宜努力督促總冀其不誤限期自顧考
成至於各級民工隊長之待遇在此生活高昂之時自應酌予增加
本署已根據事實呈請　省征工委員會轉航委會務必顧念
事實以免地方賠墊此外如有任何困難之處均當竭力設法
解決

四川省第三區行政督察專員公署用箋

執事有何高見尚希
南針時錫用匡不逮專此祇頌
勛綏

弟沈鵬 拜啟 十二、二、

航空委员会修筑白市驿机场工程处关于催征民工修建机场致璧山县政府的代电（一九四一年六月八日）

江

責各鄉鎮具結到縣再示

建設科已制卡

卅八十
20267
334

航空委員會修築白市驛機場工程處代電　白工字第2437號

事由：為本場工程已逾限期仰速征足民工出具切結於本月內如期完成以利軍用由

璧山縣縣長鑒：查白場工程本限四月底完成，嗣因各縣民工均未照額征足，剩餘工程尚多，經於四月二十日重新分配工米，規定各縣應征人數，限於四月二十一日起三十五天內全部完竣。因各縣到工人數仍未足額，工作遲緩，限期已逾。該縣民工因工作日久，換工未到，陸續逃跑甚多，影響工程進展，設再延誤，責任非輕。送奉嚴催，需用孔急，仰速遵照原案，於電到五日內征足民工，加緊趕修，并盼出具切結，限於本月內如期完成，以利軍用。倘民工遲延未到，以致貽誤工程，應由該縣長負其責任，如民工到場管理

17

不善發生逃亡情事應由各縣在場總隊附負其責任至於支配工作籌
發經費當由本兼處長負其責任界限分明各有專責情勢緊急決不
容許仍前推諉致干重咎國難方殷敵機連日肆虐激於義憤人人均
盼機場早日工竣以便作战而圖返攻　該縣長愛國之心當不後人務
希加速征調併力以赴上紓委座朝夕系念之勞下慰群情同仇敵愾
之心幸勿視同具文再事觀望實所深盼　兼處長沈鵬齊印

中華民國三十年六月八日

璧山县民工总队部关于一九四一年六月份各乡镇已做工数及应补工数清册致璧山县政府的呈（一九四一年七月二日）

速辦

白市驛機場工程處璧山縣民工總隊部呈文

白字第一五二號

中華民國三十年七月二日發

事由：為呈報職部三十年六月份各鄉鎮已做工數及現有民工應補工數清冊請鑒核通令知照并懇轉飭欠工各鄉鎮迅征掉補以期早日結束由

案查本縣担負白市驛機場擴修工程遵照層峯命令具結六月底完成但因民工不能如額到達以致擱延迄未竣工甚有城南馬嘶六塘三鄉鎮六月內毫未征工到場人殊屬藐視功令應請鈞府分別懲處茲特將六月份各鄉鎮已做工數及現有民工與應補工數繕造清冊一份隨文賫呈鈞府俯賜鑒核通令知照并懇令飭欠工鄉鎮于三日內迅補征民工來場各完任務早日結束實感公便謹呈

30

璧山縣縣政府

計附呈三十年六月份各鄉鎮已做工數及現有民工與應補工數清册一份

璧山縣民工總隊長王仕悌

總隊附姜榮基

附：白市驿机场工程处璧山县民工总队部造呈一九四一年六月份各乡镇已做工数及现有民工应补工数清册

白市驛機場工程處璧山縣民工總隊部造呈三十年六月份各鄉鎮已做工數及現有民工應補工數清冊

區别	鄉鎮别	現有民工數	六月份已做工數	應補做工數	備考
第一區	城中鎮	18	167	777	
	城東鄉	23	238	236	
	城南鄉	無	16	1135	
	城西鄉	10	260	1121	
第二區	定林鄉	無	無	130	
	龍鳳鄉	無	99	無	
	健龍鄉	33	236	2021	
	廣普鄉	6	76	969	

31

第三區			
龍溪鄉	10	87	157
馬嘶鄉	無	無	1581
梓潼鄉	無	75	無
大興鄉	18	126	364
太和鄉	7	87	305
中興鎮	無	83	無
三鳳鄉	2	97	65
正興鄉	5	94	993
鹿鳴鄉	18	295	275
三合鄉	61	523	623

六塘鄉	無	5	829
青木鄉	6	55	251
河邊鎮	10	144	646
福祿鎮	12	285	54
合計	239	3,068	10,635

32

徐荣凯关于严催正（兴）乡各保长欠送民工情况致璧山县政府的报告（一九四一年七月八日）

卅年七月十日

收文 21138

811

報告 于三十年七月八日

竊警奉

鈞府手令赴二區正心鄉會同鄉長嚴催鄉屬各保保長欠送機場民工一案警遵

即前往會同正心鄉鄉長張朝田督催各保長殊該保長等認征不征警在鄉守

候三日未予征送到齊，警是以返府具報

鈞座鑒核作主示遵！

謹呈○○

隊長鄭 轉呈

秘書陳 核轉

縣長王

鈞鑒

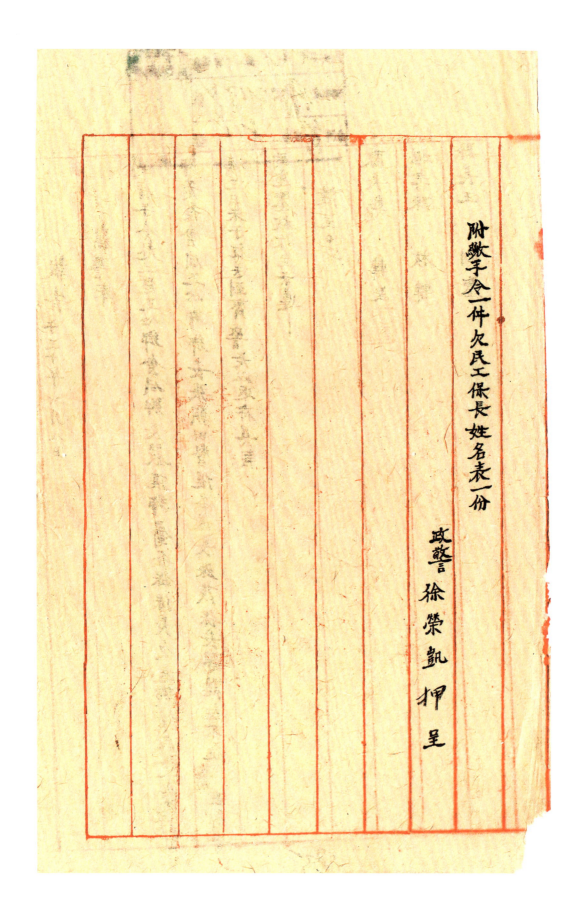

附缴手令一件欠民工保長姓名表一份

政警 徐榮凱 押 呈

附：璧山县第二区正心（兴）乡欠民工保长姓名表

璧山縣第二區正興鄉欠民工保長姓名表

姓名	保別	征送民工幾名	何日送去	保長簽名蓋章
杜煥煜	六保	二名	七月四日	
張施五	一四保			
張棟榮	一三保			
葉子釗	一二保	二名	七、六	押
蕭國臣	二保			
朱錫之	一〇保			
朱伯良	一九保	四名	七月三日	
王森山	一保			

26

黄道吕 一七保	三名	七月四日	押
朱俊良 一六保			
熊子輝 一五保			
吴治國 一三保	一名	七月八日	押
田治州 一二保			
陳金安 九保	乙名	七月七日	押
林治邦 五保	乙名	七月七日	押
蕭伯昌 三保	二名	七 三日	

璧山县第二区大兴乡公所关于呈报该乡完成修建白市驿机场做工数量致璧山县政府的呈（一九四一年七月九日）

卅七十

21182

8/2

璧山縣第二區大興鄉公所呈 經字第一號

中華民國三十年七月九日

已制卡

事由：為呈報本鄉修築白市驛機場民工應做工數業已依限完竣懇予鑒核備查示遵由

查本鄉修築白市驛機場民工應做工數截至四月份止尚欠三百餘工，職於六月又征民工二十三名在場趕築，截止六月底止本鄉民工應做工數除已如數做清外並超做三十餘工，經本所函請民工總隊部迅將本鄉民工撥回去訖。茲於六月二十九日奉總隊長王手令開：「查該鄉應做工數截至六月底止尚欠七百餘工，據管理員羅克昌面稱該鄉劃入之三數原有六保僅作工叁百餘工，現實差七百工左右，請予轉飭征補前來，覆查屬實，特仰該鄉長轉飭征補，以期早日完成任務為要」此令。

（印：璧山縣第二區大興鄉公所圖記）

24 340

等因：奉此，除遵照轉飭三款趕征民工到場工作外，理合將本鄉民工做完工數及趕做工數情形備文呈報

鈞府懇予鑒核備查，並懇轉飭白市驛機場民工總隊部准將本鄉在場民工放回，以資修養。是否有當，候令祇遵。

謹呈

縣長王

璧山縣第三區大興鄉鄉長郭安康

白市驿机场工程处璧山县民工总队部关于一九四一年七月上半月各乡镇已做工数及应补工数清册并转饬征工掉补以期早日完工致璧山县政府的呈（一九四一年七月十七日）

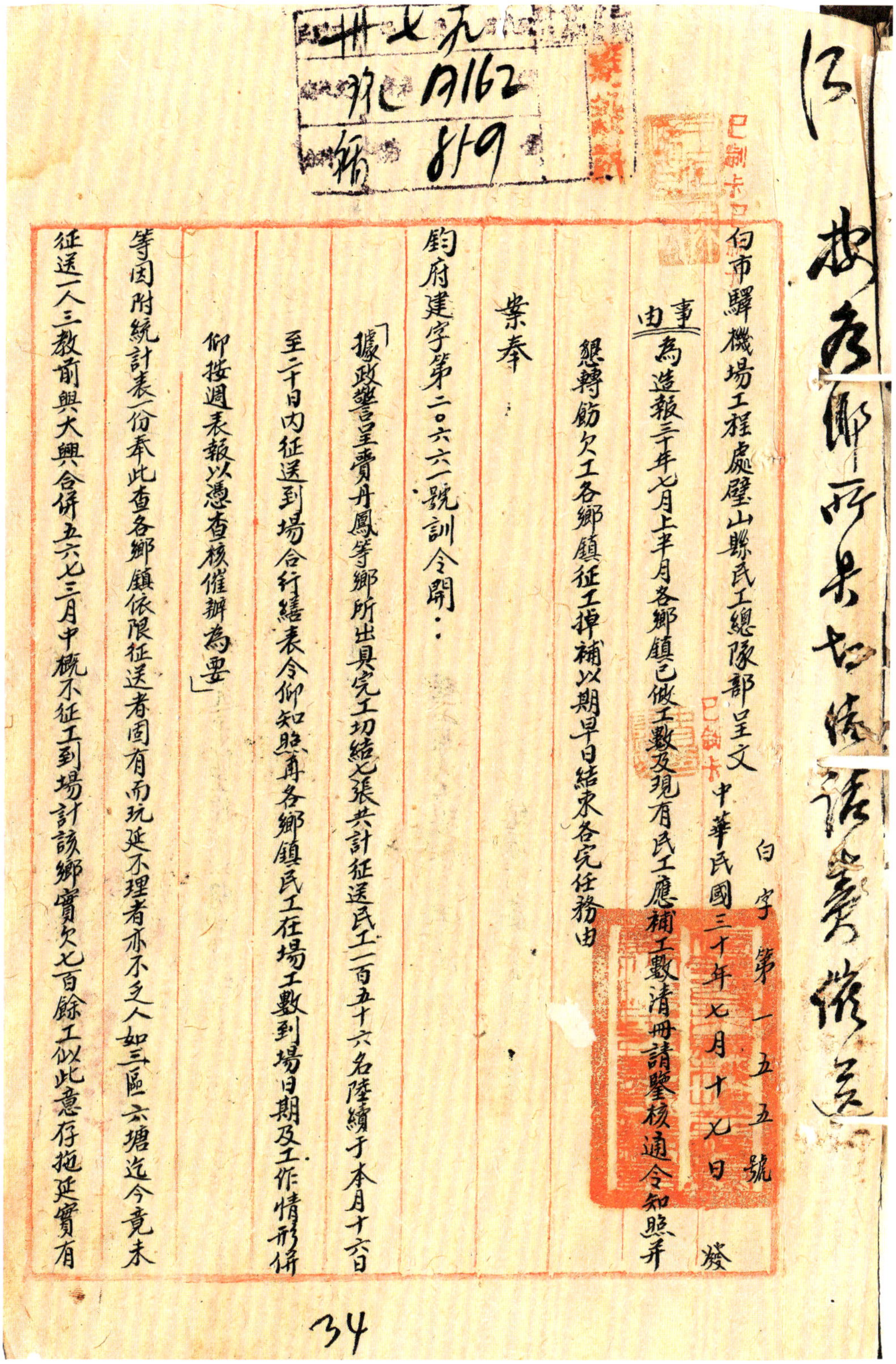
白市驛機場工程處璧山縣民工總隊部呈文　白字第一五五號

中華民國三十年七月十七日發

事由：為造報三十年七月上半月各鄉鎮已做工數及現有民工應補工數清冊請鑒核通令知照并懇轉飭欠工各鄉鎮征工掉補以期早日結束各完任務由

案奉

鈞府建字第二〇六六一號訓令開：

「據政警呈賚丹鳳等鄉所出具完工切結七張共計征送民工一百五十六名陸續于本月十六日至二十日内征送到場合行繕表令仰知照，再各鄉鎮民工在場工數到場日期及工作情形并仰按週表報以憑查核催辦為要」

等因附統計表一份奉此查各鄉鎮依限征送者固有而玩延不理者亦不乏人如三區六塘迄今竟未征送一人三教前與大興合併五六七三月中概不征工到場計該鄉實欠七百餘工似此意存拖延實有

未合应请分别惩处以重功令兹特将职部七月上半月各乡镇已做工数及现有民工与应补工数缮具

清册一份随文赍呈

钧府鉴核通令知照并恳令饬欠工乡镇迅予征工揮补以期早日结束各完任务实为公便谨呈

璧山县县政府

计附呈三十年七月上半月各乡镇已做工数及现有民工应补工数清册一份

璧山县民工总队长王仕悌

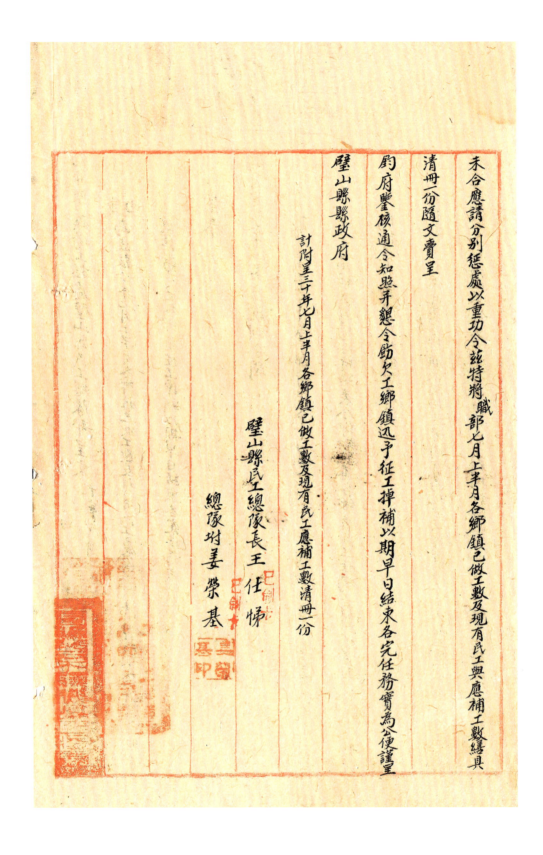

总队附姜荣基

附：白市驿机场工程处璧山县民工总队部造呈一九四一年七月上半月各乡镇已做工数及现有民工应补工数清册

白市驛機場工程處璧山縣民工總隊部造呈三十年七月上半月各鄉鎮已做工數及現有民工應補工數清冊

區別	鄉鎮別	現有民工數	七月上半月已做工數	應補做工數	備考
第一區	城中鎮	22	188	589	
	城東鄉	無	51	185	
	城西鄉	6	72	67	
	城南鄉	31	160	1,275	
第二區	定林鄉	無	無	130	
	健龍鄉	25	192	12	
	廣普鄉	無	21	928	
	三合鄉	20	322	281	

[illegible]

	鹿鳴鄉	10	129	326	
	正興鄉	10	98	895	
	三鳳鄉	無	7	58	
	太和鄉	無	25	280	
	大興鄉	無	54	710	
	馬嘶鄉	48	無	1581	該鎮民工係十七日午到達，故七月上半月無工數，合併申明
第三區	龍溪鄉	1	37	120	
	六塘鄉	無	無	829	
	青木鄉	1	23	228	
	河邊鎮	1	59	583	

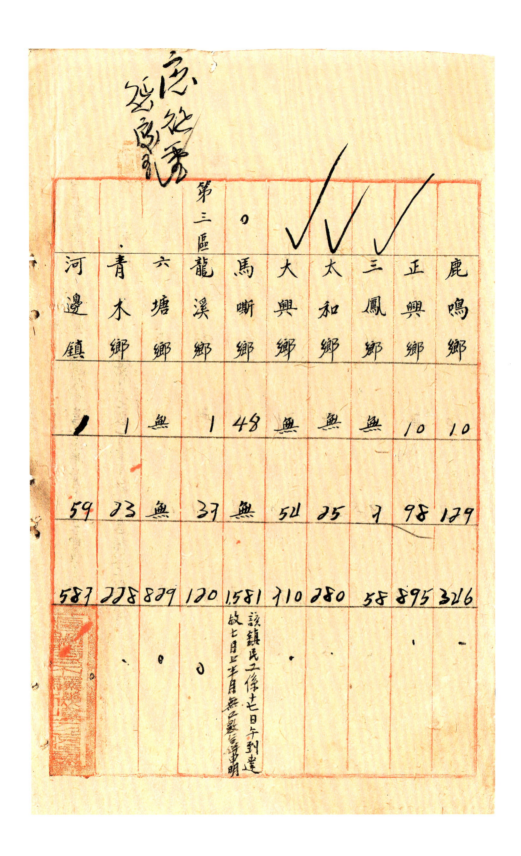

福祿鎮	無	99	無	該鎮多做加工四十五來合係申明
合計	197	1,579	9,101	

呈件均悉。准予令飭各分工鄉鎮趕督征送彌補，仰即知照！

此令

七、廿、

36

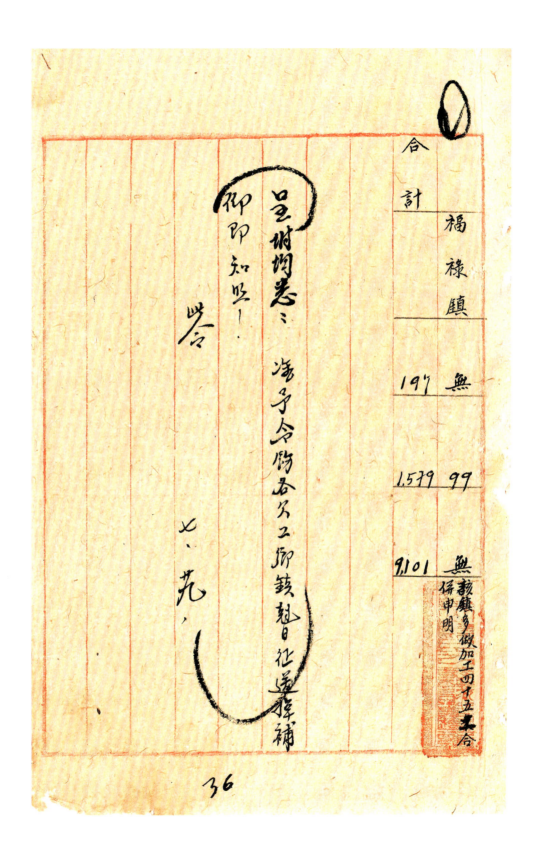

璧山县马嘶乡公所关于报请奖叙积极征送机场民工的保长致璧山县政府的呈（一九四一年七月二十六日）

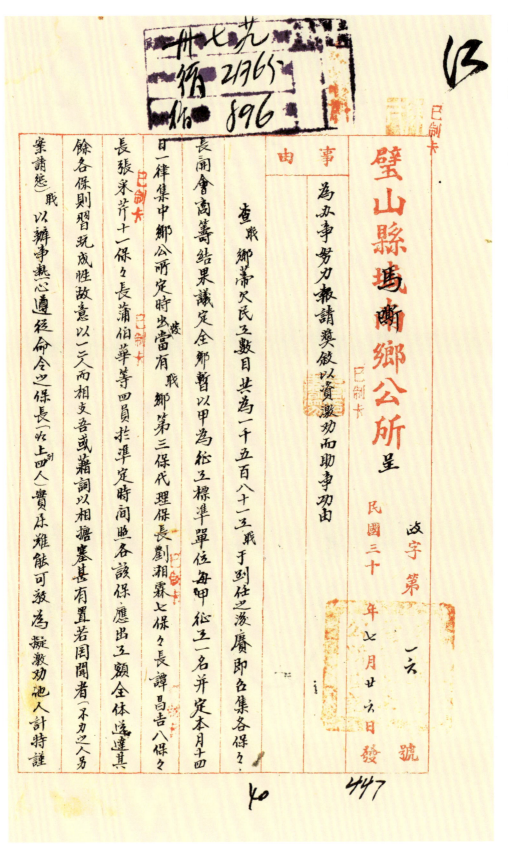

璧山縣馬嘶鄉公所呈

政字第一六號

民國三十年七月廿六日發

事由：為辦事努力報請獎敘以資激勸而助事功由

查職鄉需欠民工數目共為一千五百八十一工，職于到任之後，賡即召集各保々長開會商籌，結果議定全鄉暫以甲為征工標準單位，每甲征工一名，并定本月十四日一律集中鄉公所，定時出發。當有職鄉第三保代理保長劉湘霖、七保々長譚昌吉、八保々長張采芹、十一保々長蒲伯華等四員，於準定時間照各該保應出工額全体送達。其餘各保則習玩成性，故意以一二人而相支吾，或藉詞以相搪塞，甚有置若罔聞者（不力之人另案請懲）。職以辦事熱心、遵從命令之保長（如上列四人）實屬難能可貴，為擬激勸他人計，特謹

具文呈請

鈞府俯賜鑒核准予傳令嘉獎用資激勸而勵事功當否令遵

謹呈

縣長王

壁山縣第二區馬嘶鄉鄉長張孟涵

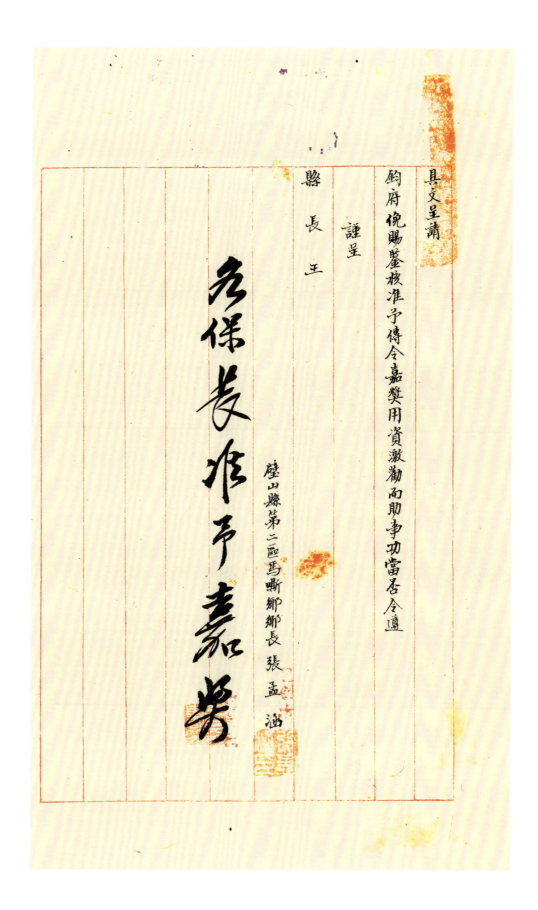

應保長准予嘉獎

白市驿机场工程处璧山县民工总队部关于一九四一年七月下半月各乡镇已做工数及应补工数清册并恳转饬迅征掉补以期早日完工致璧山县政府的呈（一九四一年八月三日）

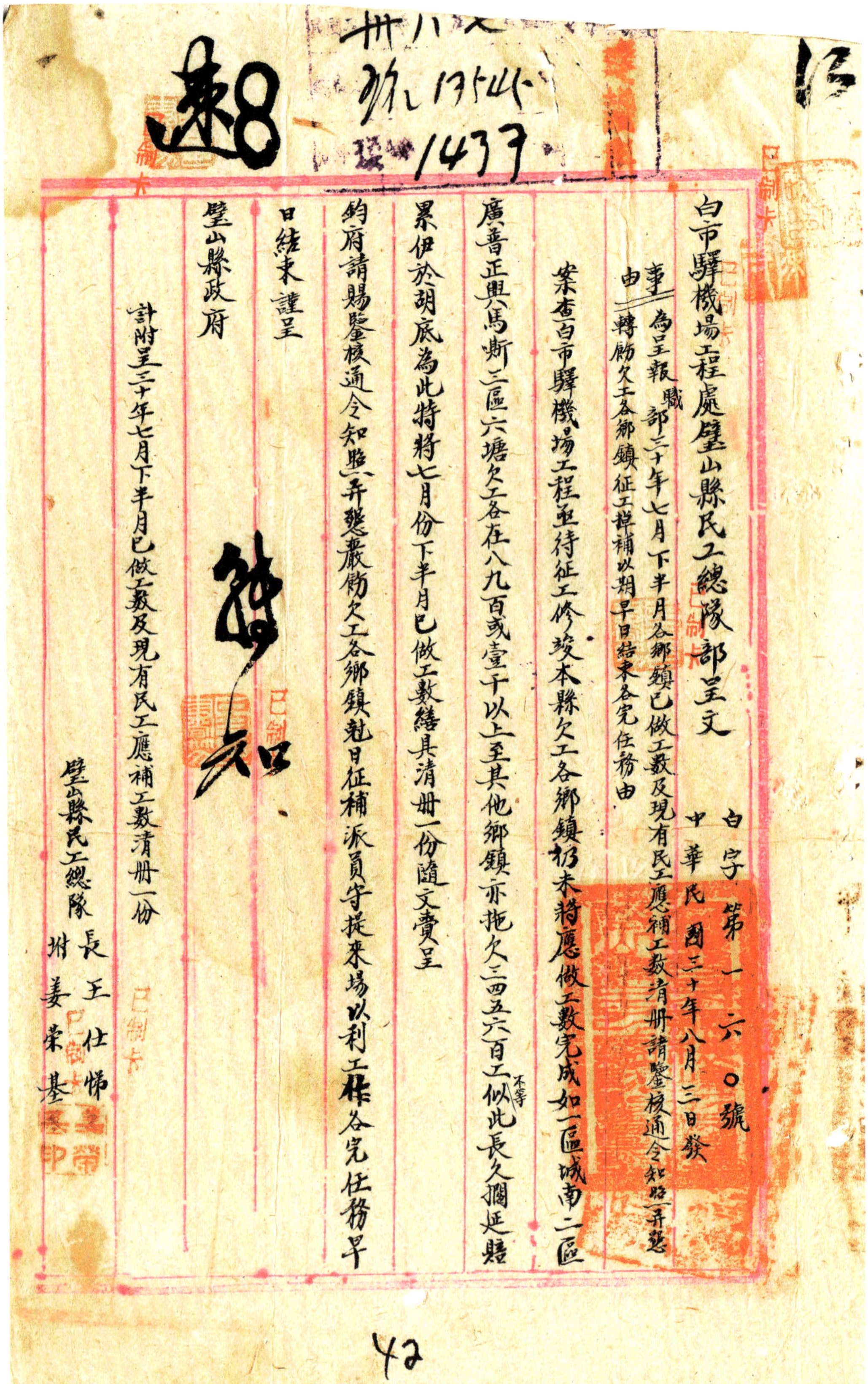

白市驛機場工程處璧山縣民工總隊部呈文

事由：為呈報職部三十年七月下半月各鄉鎮已做工數及現有民工應補工數清冊請鑒核通令知照並懇轉飭欠工各鄉鎮征工掉補以期早日結束各完任務由

白字第一六〇號

中華民國三十年八月三日發

案查白市驛機場工程亟待征工修竣，本縣欠工各鄉鎮均未將應做工數完成，如一區城南、二區廣普正興八馬斷三區六塘，欠工各在八九百或壹千以上，至其他鄉鎮亦拖欠三四五六百工不等，似此長久擱延，貽累伊於胡底。為此特將七月份下半月已做工數繕具清冊一份隨文賫呈鈞府，請賜鑒核，通令知照，並懇嚴飭欠工各鄉鎮尅日征補，派員守提來場，以利工作，各完任務，早日結束。謹呈

璧山縣政府

計附呈三十年七月下半月已做工數及現有民工應補工數清冊一份

璧山縣民工總隊 隊長 王仕怫

副 姜榮基

白市驛機場工程處璧山縣民工總隊部造呈三十年七月下半月各鄉鎮已做工數及現有民工應補工數清冊

區別	鄉鎮別	現有民工數	七月下半月已做工數	應補做工數	備考
第一區	城中鎮	2	126	463	
	城東鄉	無	無	185	
	城南鄉	23	287	988	
	城西鄉	1	45	22	
第二區	定林鄉	無	無	130	
	健龍鄉	無	80	無	該鄉多做加工六十八工合併申明
	廣普鄉	3	5	923	
	三合鄉	37	211	70	

43

	鹿鳴鄉	22	118	228	
	正興鄉	8	100	795	
	三鳳鄉	無	無	58	
	太和鄉	無	無	280	
	三教鄉	6	257	344	三教鄉十二月日征工四十名到場計作工二百五十七工加二月至六月作四百七十九工合計七百三十六工該鄉原屬六保以每保一百八十工計算尚差三百四十四工現將大興三教欠工分別列冊合併申明
	馬斷鄉	52	1193	1088	調做軍用路工作扣計九十七工加入計算合併申明
第三區	龍溪鄉	無	11	116	
	六塘鄉	無	無	829	
	青木鄉	無	1	227	
	河邊鎮	5	29	558	

第二區大興鄉	合計
無	159
無	1,356
109	7,413

查該鄉原管三教現已另立所欠工數應予分別冊報除已做工數外尚欠壹百零九工合併申明

44

璧山县政府关于抄发八月份各乡镇已做工数及现有民工应补工数清册致临江乡公所的训令（一九四一年九月一日）

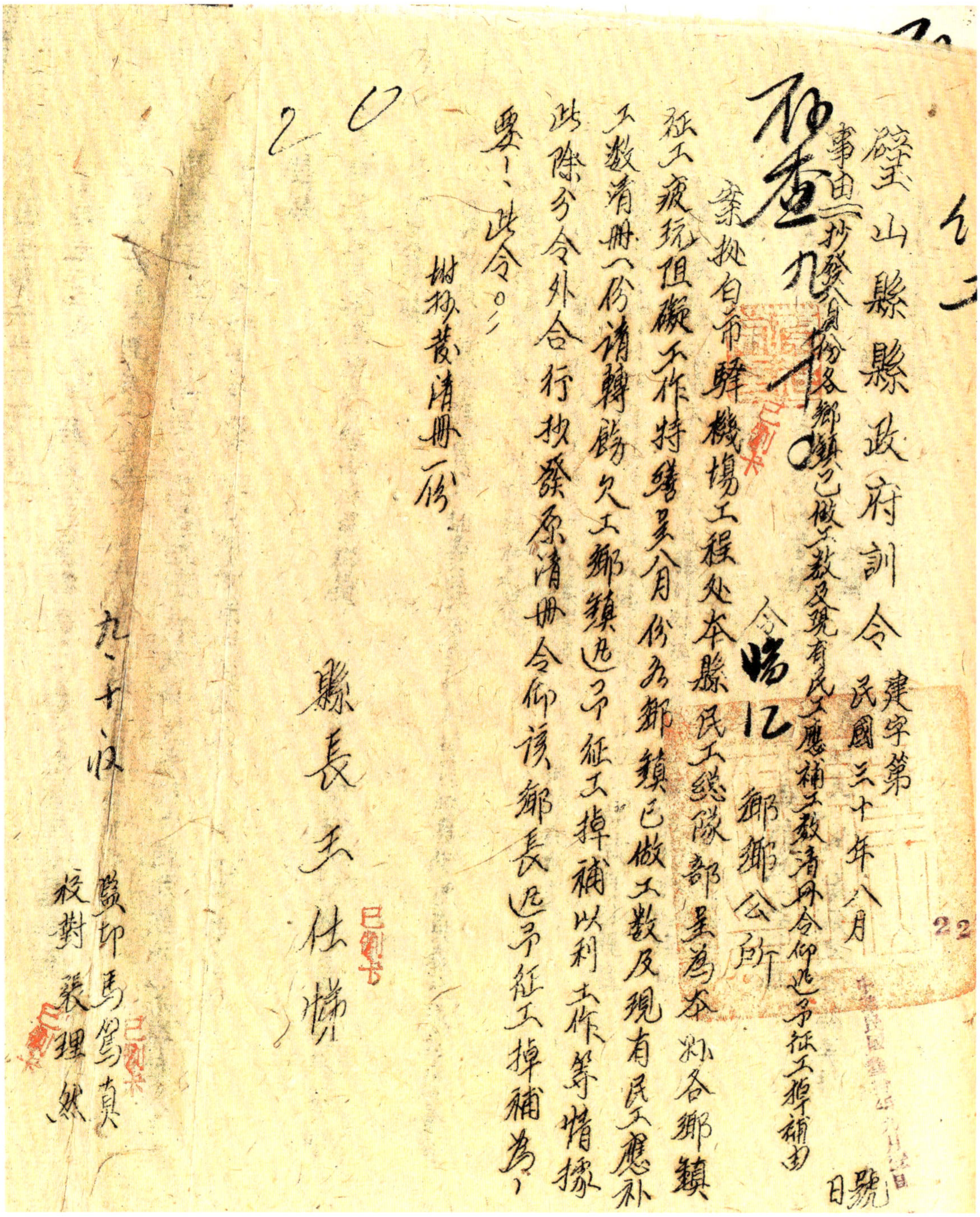
存查 九、十、

20

璧山縣縣政府訓令 建字第 號

民國三十年八月 日

事由：為抄發八月份各鄉鎮已做工數及現有民工應補工數清冊令仰遵照征工掉補由

令臨江鄉鄉公所

案據白市驛機場工程处本縣民工總隊部呈爲奉飭各鄉鎮征工疲玩阻礙工作特繕呈八月份各鄉鎮已做工數及現有民工應補工數清冊一份請轉飭欠工鄉鎮遵照征工掉補以利工作等情據此除分令外合行抄發原清冊令仰該鄉長遵照征工掉補爲要！此令。

附抄發清冊一份

縣長 王仕悌

九、十、收

監印 馬鶴貞

校對 裴理然

22

第三區担任工數表

鄉鎮別	保數	自一月份起担任征工數	每保平均担任工數
接龍	11	1582	
龍溪	11	1332	
大路	12	1455	
依鳳	11	805	
六塘	10	1407	
七塘	12	913	
八塘	12	1124	
蒲元	11	1097	
青木	6	611	
臨江	11	1552	
特龍	11	891	
河邊	14	1992	
福祿	16	1446	
合計	148	16811	114

璧山縣各鄉鎮征工修築機場分工合作實施辦法

一、本辦法依據廿九年十月廿五日第十次縣政會議第五案決議案訂定之

二、白市驛機場原配賦於本縣工作之工程部份准以各區鄉所轄保數多少按比例平均負担從開始時算起凡轄保担任工數合計即為該鄉鎮征工總數民工每人每日工作效率以須經工程處收方能發工米一升之待遇為準則

三、自本年一月起本縣在機場餘留尚未工作之工程按區及鄉鎮劃分地段責由區長鄉鎮長各自負責進行

四、各鄉鎮在開始承担任總工數內減去廿九年全年已派民工到場做過工數為餘工總額即至本年一月起始分配於聯保工作之總工數

五、自本辦法實施之日起各鄉鎮餘留尚未工作之工程限兩個月內一律完工每日在場工作人數至少不得下於餘工總額六十分之一

六、各鄉鎮各保自本辦法實施後初次派送民工數應將本鄉保現在機場工作人數計算在內

七、各鄉鎮各保征派民工到場做足應担任之工數即免除其征工責任
各保或各鄉鎮如工數尚未做足而所担任總工數應得之工米已經得足者應以實工論得首先撤回民工

八、此後關於征派民工如各鄉鎮認為有監工有需要時得另派管理員一人常川駐機

21

場辦理左列各項

1、民工遣送　2、期滿替換　3、器具補充　4、衣被及高舖等則

5、伙食管理　6、疾病管理　7、考查民工勤惰及工作日數

8、與總隊部接洽一切　9、其他

管理員在机場除隨本鄉工隊用膳外鄉鎮公所每月須另行酌給津貼

九、關於民工之工作日期調換方法及逃逸處理等另由各鄉鎮自行規定

十、各鄉鎮得自將所派民工編為一隊其督導人員由鄉鎮長酌定

十一、各區署須隨時派人到机場視核督導

十二、工具補助費救具添購費高舖費獎金等另由各鄉鎮派有管理員者總隊部須會同管理員請發

十三、征派民工赴机場旅費暫由保或鄉鎮公款籌墊另候檢照規定數目向總隊部請領

其從前各鄉鎮尚未領清之各項費用由鄉鎮長自行向總隊部清理

十四、總隊部每經半月須將各鄉鎮民工之作情形列表报由縣政府轉知各鄉鎮參考

十五、各區鄉鎮保辦理征工各項宜本年列為考績主要項目之一

凡辦理征工出力成績優良者由總隊部開具事實隨時呈請核獎

十六、本辦法自頒佈之日實行

白市驿机场工程处璧山县民工总队部关于呈报一九四一年八月下半月各乡镇已做工数及应补工数清册并恳转饬迅征掉补以期早日完工致璧山县政府的呈（一九四一年九月三日）

白市驛機場工程處璧山縣民工總隊部呈文

白字第一六六號

中華民國三十年九月三日發

事由：為造報職部三十年八月下半月各鄉鎮已做工數及現有民工應補工數清冊請鑒核通令知照并懇轉飭欠工鄉鎮迅予征工掉補以資結束由

查白市驛機場工程拖延已久茲奉層峯命令限期完成備用本縣担負工數應即尅日征工做足而欠工各鄉鎮竟擱置不理實有未合特將八月下半月各鄉鎮已做工數及現有民工應補工數繕具清冊一份隨文賫呈鈞府請予鑒核通令知照并懇轉飭欠工各鄉鎮迅予征工掉補欠工多者如城南廣普正興馬嘶六塘河邊等鄉請遴派員守提來場以利工作早日結束實為公便

謹呈

璧山縣縣政府

計附呈三十年八月份下半月各鄉鎮已做工數及現有民工應補工數清冊一份

璧山縣民工總隊長王仕悌

總隊附姜榮基

附：白市驿机场工程处璧山县民工总队部造呈一九四一年八月下半月各乡镇已做工数及现有民工应补工数清册

白市驛機場工程處璧山縣民工總隊部造呈三十年八月下半月各鄉鎮已做工數及現有民工應補工數清冊　三十年九月三日造報

區別	鄉鎮別	現有民工數	八月份下半月已做工數	應補工數	備考
第一區	城中鎮	無	11	442	
	城東鄉	無	無	185	
	城南鄉	一	39	840	
	城西鄉	一	15	無	
第二區	定林鄉	無	無	130	
	廣普鄉	25	115	780	
	鹿鳴鄉	無	無	126	
	正興鄉	無	3	764	

12

三鳳鄉	無	無	58
太和鄉	無	無	280
大兴鄉	無	無	109
三教鄉	2	27	258
馬嘶鄉	無	2	889
第三區龍溪鄉	無	無	116
六塘鄉	無	無	829
青木鄉	1	15	212
河邊鄉	無	無	546
合計	三〇	227	6564

姜荣基关于征补民工修建白市驿机场问题致王仕悌的函（一九四一年九月十八日）

航空委員會白市驛機場工程處用箋

仕悌縣座鈞鑒：查白驛機場近奉工程處訓令轉奉空軍總指揮電飭限期十日將未完工程修竣備用，并派康科長前往本縣催工等因。我縣担負機場工作情形，職於前日返府已面報一切。現在場民工僅有廣普鄉征送二三十名而已，其餘欠工鄉鎮竟未補征一人。似此奉令趕工，應請再嚴令欠工各鄉鎮如城南、馬嘶、正興、六塘、河邊大批補

航空委員會白市驛機場工程處用箋

征民工到場以利工作其有欠工少者仍應令
飭征工補作應做工數以昭平允謹此肅上
即頌
崇祺

職 姜榮基 拜呈

三〇、九、一八

已制卡

杜世铭关于征工修建白市驿机场问题致王仕悌的函（一九四一年九月二十五日）

縣長鈞鑒：此間工作三區同城鎮擔負部分本月底即可完成，所差者只側坡水溝等整理工作。此外，代僱民工之已開工者為城西南獅子鄉，已派人來部交涉者城北丁家、來鳳，已選民工來協者。現正工作者大興、丹鳳、定林、試鳳、正興、城北、太和、健龍民工先來，以本鄉應請一月期滿望仰回鄉者，梓潼民工大部

由科閱覆本年擬辦 指 叁

日即將無頗款，工區計方籌錢，若有完成

路段不會再支的每次勒條支票，當專走

於白市永安電廠，還過爲錢業地在郵

日巡視工場一次或二次，繞章蓄將近一月

本縣尚未發現逃工，只樟溪龍個鄉等處

土未請該管中隊長與本部允可，管理

員以手私還鄉。民工日發三合斗米，另計錢

三角，尚未發現有啼饑叫苦事件，惟在

被機場截留者廣普其條均未聞
來，場工作消息一縣民工初來最缺乏
者為鋤頭工具，竟有不過半數，少者十之
一二，影響工作殊甚，雖設法補充究屬
有限，該縣均未達規定，近日只能風定
林成績尚屬可觀，代徵民工完成土方將
近一萬，民工成績不上五千，工區李節遠
前三千，共支六萬元，李節已撥付支用，唯

急文

24

昨與本部安西一件，請續借陶陽上等件 石芳

昨日擬覆之呈審認以本部務令並無其人

而之推卿非據誠以鄉轉墨科通知云

白市有無之可指之處之每日只須五元伙食

之資在內與事實不符擬開除述職

謹此奉

之敬請

鈞安

職 杜錫珪上 杜錫珪印

九月廿五日

杜世铭关于征工修建白市驿机场问题致王仕悌的函（一九四一年九月三十日）

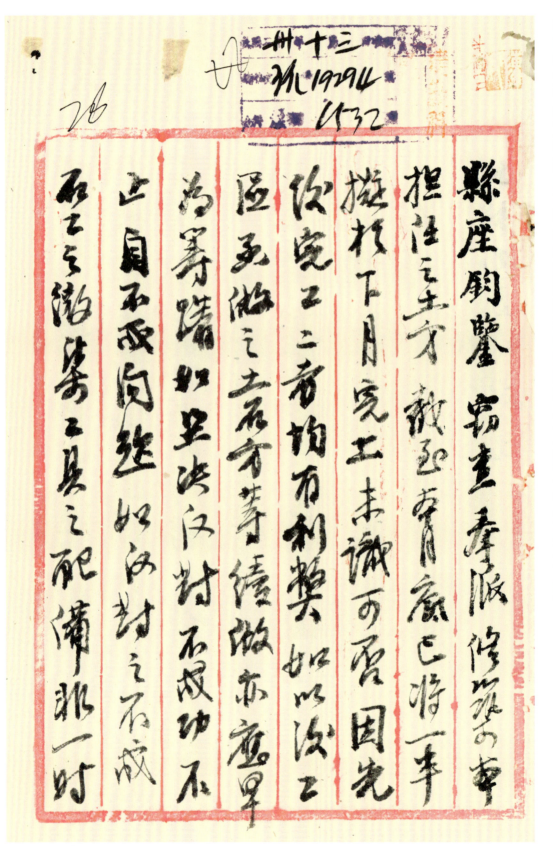

縣座鈞鑒：密查奉派修機場之事，担任之土方，截至本月底已將一半，擬於下月完工，未識可否。因先修完工之前均有利弊，如以後工程另徵之土石方籌續徵，亦應早為籌謀，如果決定對不成功，不止自不成問題，如決對之不成，所有之徵集工具之配備非一時

29 九

沐侍此嗟向政，李翁過去二十年獻

募捐種種，其不過舊式陋陋之祀

備足矣。如設礦開山，治辟花工

其尤極絕無僅有，難談以役工

非害為事已極，看一處拒絕

不能，但歸無效，則以其圓蔚宜

呈請示一切，前謇

劉廳面論，須請命令照准

30

回璧縣對於以後工作及計畫已做

工作詳情面所諮詢，自當有一

種報告，并有許多請示之處，

務乞回示祗遵。

肅請

鈞安

職 杜世銳 謹呈

三十七年九月三十日

縣長鈞鑒：昨奉
鈞府令，准白市驛工區函，催調民工續做間隔土等由，飭各將轄鄉徵派民工人數從速表報，以便催送等因。自應遵辦。惟查工區函稱之間隔土，即石谷子堅鬆間隔土，即白市機場之所謂堅鬆石，非特種工具火藥技術工人難於工作，巴璧縣府均函復工區難做在案。今若做間隔土，本縣前

52
56

彭前往交存財委會特種工具十字鍬鷹嘴等只有百餘件只可供二百人之工作此外必加派石工然而工區前未將軍路横斷面圖土石方計算表發下苟民工曾做工作之量多而他日驗收結款之量少將何所保證關於做開闢土之問題擬請與巴縣取一致步驟　專座昨到工區尚不知其結果此項工作應改良之處不

5357

于民光已發園裁以便配備特種工具

無商討　鈞府方面可否函复工廠，請將

塔基縱橫斷面圖、土石方計算表、點閘陽壁

若干，堅閘陽土若干，分量若干，全量若干，

以便准備特種工具，加派民工。敬乞

垂注。至本縣善通之工作，早將各樁號分

配來縣各鎮鄉之民工，為求迅速完成，

樁號剩已無幾，惟城東鹿鳴、太和三鼓鄉至今

一名未送。正與管理員劉英洲於九月二

5854

九日擅將民工全數擅稱撑換，至今一名未到
城北，俾能完案徽其願來場，因並須飭
原由撫請從緩，至各鎮鄉公所工作均有
詳細記載，庚即表報。此次工作比較
迅速，民工來之質量尚佳，惟工具太差，
人不能盡力。特此奉陳。

謹叩

鈞安

職杜光銘 十、十七。

四川省政府关于加派石工修筑白市驿工区工程并迳向工区洽定石工工资致璧山县政府的代电
（一九四一年十月二十五日）

四川省政府快郵代電

建征督字第2545號

事由：准軍政部代電囑查照轉飭加派石工修築白市驛工區工程一案仰速遵辦具報併逕向工區洽定石工工資由

璧山縣政府覽：案准軍政部本年十月渝城設字第七四五四號真代電開：「據城塞局轉據白市驛工區呈称：本區承築之战車平行進入路路基路面各部工程，曾經於施工計画内定由巴、璧兩縣府負責各徵築民工一千五百名担任，呈奉核准施行在案。查該路路基工程已函兩縣各組以民工總隊任築，自興工以來，土方部份多能順利工作，惟遇有間隔土及石方，則以未徵有石工配備石土工具，均告留置未作。路基掘填方工作須土石方同時推

中華民國　年　月　日發

第　頁共　頁

四川省政府快郵代電

字第　號

事由

動以便開鑿部份之土石可轉用於填築部份藉期堅實省工免除分別施工上之困難與曠工除由區分函兩縣府增派石工交由民工總隊參加工作外請電川省府轉飭巴璧兩縣迅予加派石工以利工程等情查屬確實特電查照轉飭加派石工以利工程而赴戎機為荷等由准此案關軍用各該縣自應切實遵辦迅赴事機准電前由除電復暨分電外仰速遵照辦理具報關於石工工資併仰逕向白市驛工區洽定為要四川省政府酉有建征督印

中華民國三十年十月廿五日發

第　頁共　頁

白市驿机场工程处璧山县民工总队部关于呈报六塘乡包工舞弊情形致璧山县政府的呈（一九四一年十一月十四日）

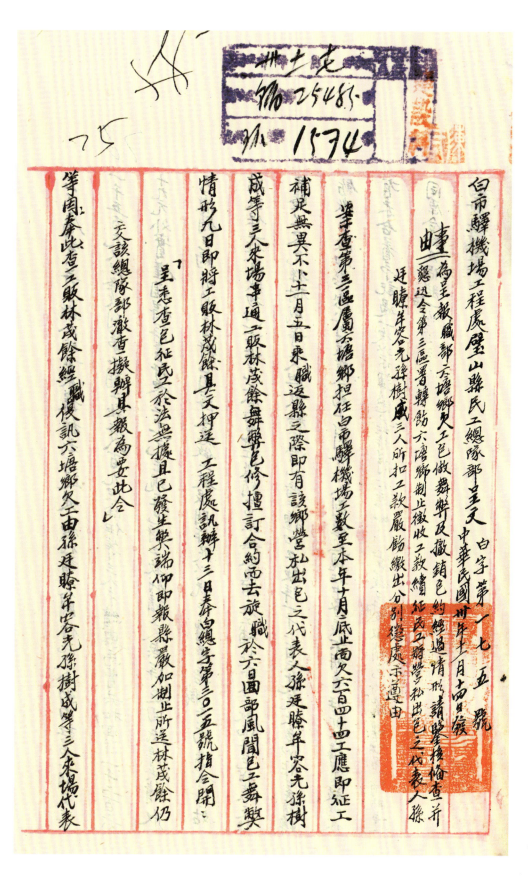

白市驛機場工程處璧山縣民工總隊部呈文　白字第一七五號
中華民國卅年十一月十四日發
事由　為呈報職部六塘鄉欠工包做舞弊及撤銷包約經過情形請鑒核備查并
懇迅令第三區署轉飭六塘鄉制止徵收工款續征民工將營私出包之代表人孫
廷瞭牟容光孫樹成三人所扣工款嚴飭繳出分別懲處示遵由
竊查第三區屬六塘鄉担任白市驛機場工數至本年十月底止尚欠六百四十四工應即征工
補足無異不卜十一月五日乘職返縣之際即有該鄉營私出包之代表人孫廷瞭牟容光孫樹
成等三人來場串通工販林茂餘舞弊包修擅訂合約而去旋職於六日回部風聞包工舞弊
情形九日即將工販林茂餘具文押送工程處訊辦十三日奉白總字第三〇一五號指令開
「呈悉查包征民工於法無據且已發生弊端仰即報縣嚴加制止所送林茂餘仍
交該總隊部澈查擬辦具報為要此令」
等因奉此查工販林茂餘經職復訊六塘鄉欠工由孫廷瞭牟容光孫樹成等三人來場代表

76

出包屬實并呈繳合約前來據稱我不過是一種代請工人關係此次合約內註第一期交洋一千五百元又出條收到第二期工款洋八百元但除伊等三人手續與馬費共扣回洋一千二百六十九元外實僅領得洋壹仟零三十一元正現在已將工款代請工人無洋退回祇得央情取包撤銷包約并負責將已用洋之應做工數限期作足以脫手續等語職查尚屬可行姑准取保工作（保狀抄附）六塘包工合約既經撤銷當然無效應予征工補作下欠工數而原包代表之孫廷曦年容光孫樹成等三人胆敢藉公營私暗中擅扣工款洋一千二百六十九元之多似非呈請轉飭繳出嚴加懲處不可復查合約上所列介紹人劉耀烈現任中隊長不明責任并不據實報明亦有未合着予記過一次以示薄懲茲特將六塘鄉欠工包做弊及撤銷包約處理經過情形連同原合約及保狀各一份隨文賫呈

鈞府俯賜鑒核備查并懇迅令第三區署轉飭六塘鄉制止徵收工款續征民工到場將營私出

十二 三
收 16477

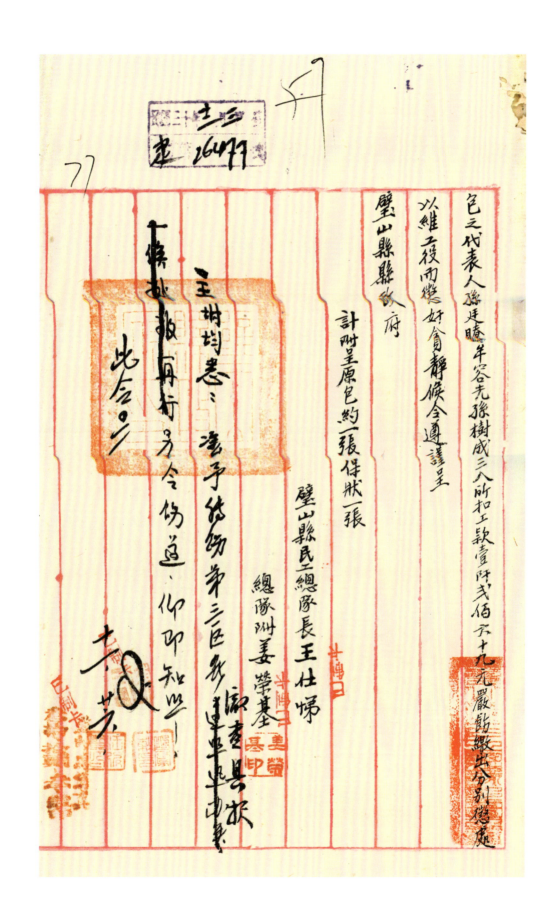

包之代表人孫廷瞻、牛容先、孫樹成三人所扣工款壹阡弍佰六十九元，嚴飭繳出，分别懲處，以維工役而懲奸貪。静候令遵。謹呈

壁山縣縣政府

計附呈原包約一張、保狀一張

壁山縣民工總隊長王仕悌

總隊附姜榮基

呈件均悉。准予轉飭第三區[illegible]嚴查具報，係據報再行另令飭遵。仰即知照。此令。

十二、廿六

附（一）原包约

撤销

兹出包到
璧山县第三区六塘乡广补作白市驿机场之欠工公方柒百公方
当凭双方议定工价洋共计陆千叁百元正其洋分三期付楚
第一期当交洋壹千伍百元正下欠之数由出包人代表牟容
光负责于本月十六号付给第二期洋弍千叁百元正其三
期之洋限本月底完工付楚不得故意拖延扣押其工由
承包人负责完工（取得临时完工条据为凭）亦不得凭意停滞
倘有违误上峰规定之限期系承包人是问至於工作器具
一切费用由承包人负责由价内开支今恐无凭特立合
约为据

79

出包人六塘鄉鄉長劉謙代

鄉隊附孫廷瑧

代表人六塘鄉第三保保長牟容光

保隊附孫树成

介紹人劉耀烈

夏炳輝

承包人成營公司經理林茂餘

代筆人蔣位高

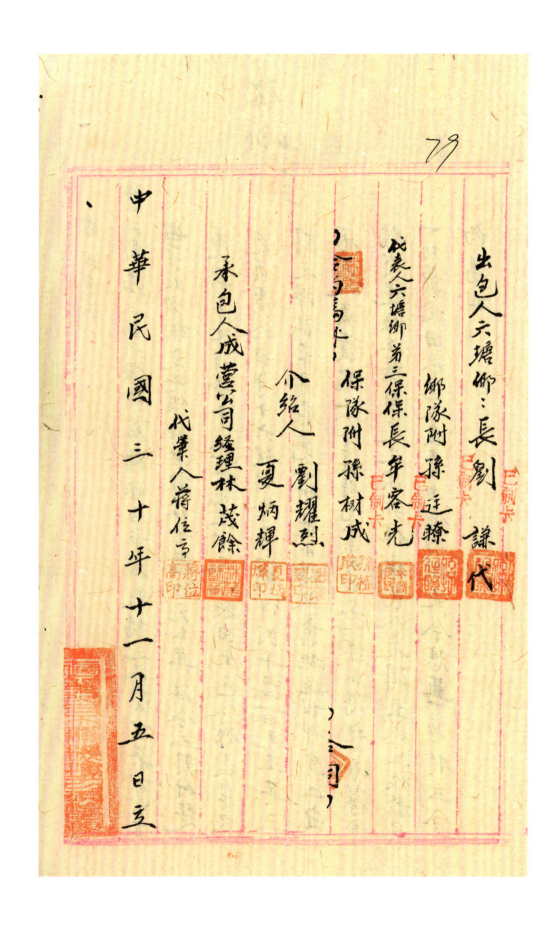

中華民國三十年十一月五日立

附（二）原保状

80

保状

具保状人陈俊修今保得林茂余情因承包璧山县第三区六塘乡应
补征自市驿桥场欠工一事因承包标准未当被总队部送至工程处拘押五日
指令发交总队部办理当经复准予更换取包撤销包约但该茂余业
已雇得工人十二人於本月七日开始工作每个工人工资均已先后付给查茂
余口称前领六塘乡第一期伙食费工金一千五百元又去保内到第二期费工金洋
八百元合计二千三百元（内扣孙廷骐罗容光孙树成三人手续舆马费洋一千二百六十九元）
实领得来费工金洋一千零三十一元正现已付去大部份该余无钱无法退还伊
祇得自愿取保出部俾便单销工人作足做工费贰百五十五工以作手续并限期
于本月内赶作以交工若有违误甘负全责中间不虚保状是实谨呈
璧山县民工总队长王琳善

具保状人陈俊修盖章
被保人林茂余盖章

杜世铭关于征工修建白市驿机场问题致王仕悌的函（一九四一年十一月十九日）

縣長鈞鑒頃派伍吳雨隊長回縣承
領之特種工具運到部者計十字鍬
八十把鷹嘴捌支鉄撬陸支鋼條
陸節鍥子二千個據稱尚有十字
鍬二十把存城北鄉公所此間石方
於本月六日已有二十餘人開工三
區於本月十八日有五十餘人開工
統計全縣約有石方一萬五千方如

40 ~~38~~

果各鎮鄉努力不過三月定可完成
路基惟少數疲玩鎮鄉具有困難
之處即切正與健龍因地方素稱難
治 職對之特別不敢疏懈健龍工人雖
少雖拖時日尚能敷衍正與工人已
一部分到場繼由該管理局未能
完成十分之二三一擅行擺走誑稱已完致
令函請徵送不來另以其他工人代做

41

不可個中情形早已面呈
鈞座不知延至何期擬請轉飭張
鄉長朝田暨同理員劉芝白
前來踏勘以明真象而資折服
是否有當敬乞
衡裁　即請
崇安
　　　職
　　　　杜世銘謹上
　　　　十一月十九日

白市驿机场工程处璧山县民工总队部关于呈报一九四一年十一月下半月各乡镇已做工数及应补工数清册致璧山县政府的呈（一九四一年十二月三日）

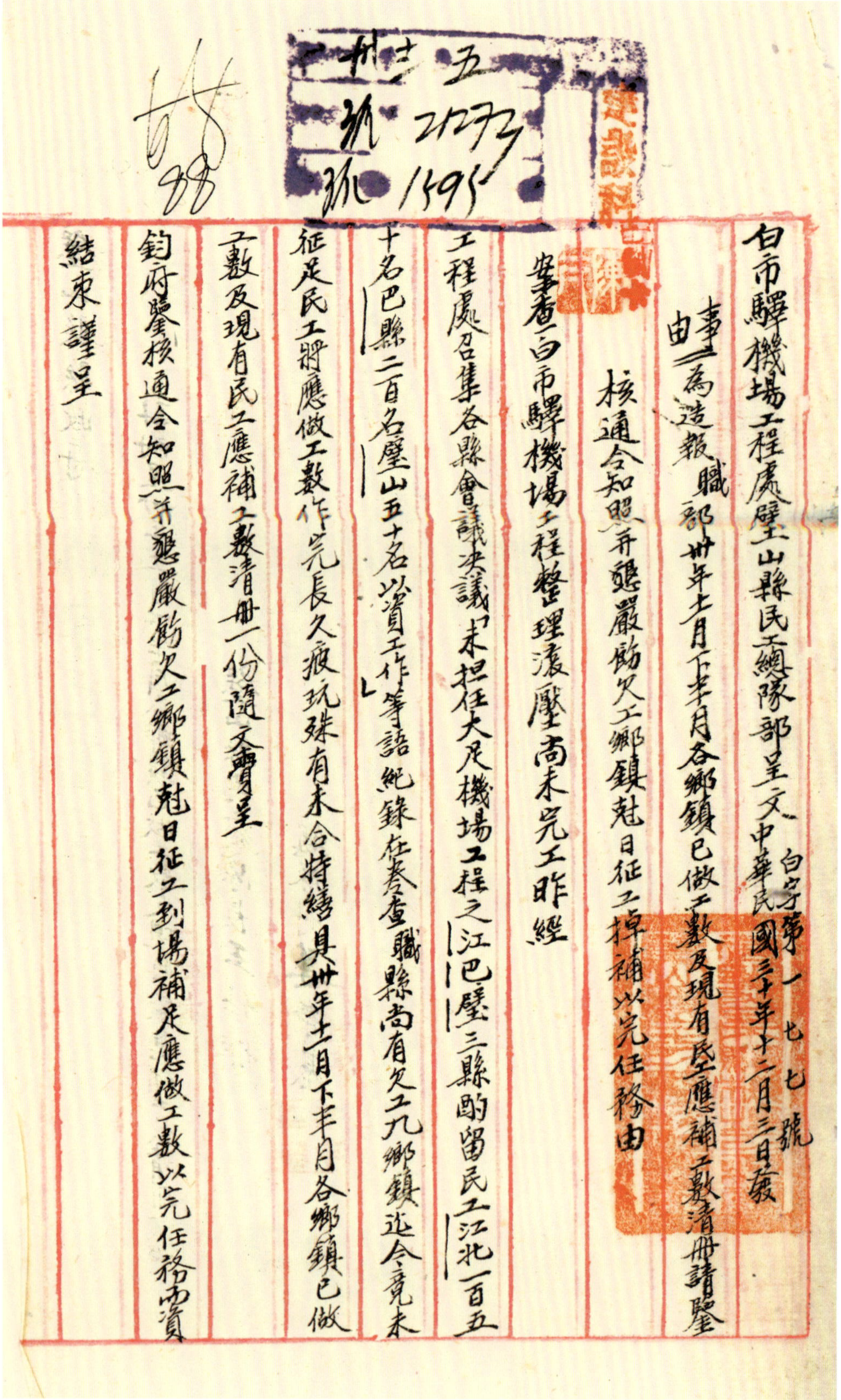
白市驛機場工程處璧山縣民工總隊部呈文 白字第一七七號 中華民國三十年十二月三日發

事由：為造報職部卅年十一月下半月各鄉鎮已做工數及現有民工應補工數清冊請璧核通令知照并懇嚴飭欠工鄉鎮尅日征工掉補以完任務由

案查白市驛機場工程整理滾壓尚未完工，昨經工程處召集各縣會議決議「未担任大足機場工程之江巴璧三縣酌留民工江北一百五十名、巴縣二百名、璧山五十名以資工作」等語紀錄在卷。查職縣尚有欠工九鄉鎮迄今竟未征足民工將應做工數作完，長久拖玩，殊有未合，特繕具卅年十一月下半月各鄉鎮已做工數及現有民工應補工數清冊一份，隨文賫呈

鈞府鑒核通令知照，并懇嚴飭欠工鄉鎮尅日征工到場補足應做工數，以完任務而資結束。謹呈

璧山縣縣政府

計附呈卅年十一月下半月各鄉鎮已做工數及現有民工應補工數清冊一份

璧山縣民工總隊長王仕悌

總隊附姜榮基

附：白市驿机场工程处璧山县民工总队部造呈一九四一年十一月下半月各乡镇已做工数及现有民工应补工数清册

白市驛機場工程處璧山縣民工總隊部造呈卅年十一月下半月各鄉鎮已做工數及現有民工應補工數清冊

區別	鄉鎮別	現有民工數	十一月下半月已做工數	應補做工數	備攷
第一區	城中鎮	無	無	442	
	城東鄉	無	無	113	
	城南鄉	二	36	505	
第二區	鹿鳴鄉	二	28	38	
	正興鄉	二	92	575	
	太和鄉	無	無	117	
第三區	六塘鄉	無	164	351	查該鄉擢邑工作工賬林茂餘應做之工數二百五十五工業已雇工做足尚欠三百五十一工合併申明
	青木鄉	無	無	106	

91

河邊鎮	二	20	234
合計	八	340	2481

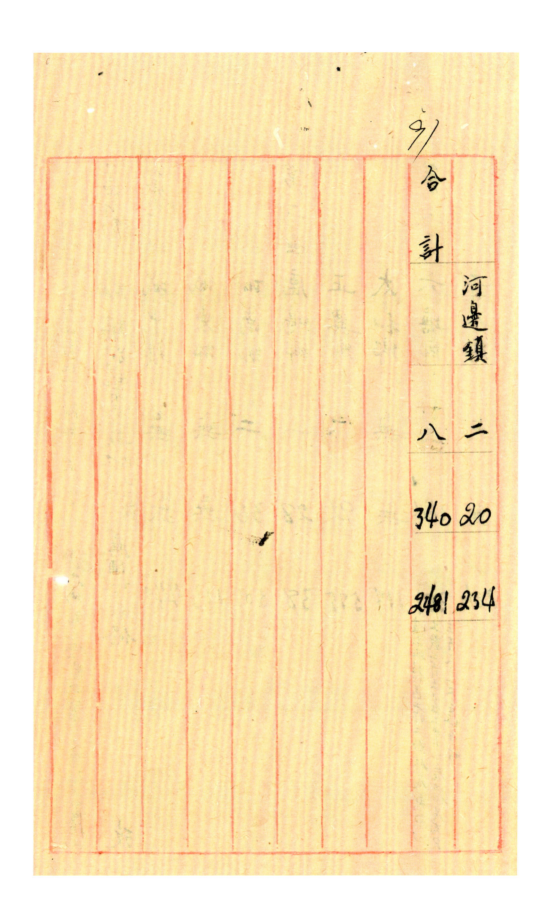

杜世铭关于征工修建白市驿机场问题致王仕悌的函（一九四一年十二月二十八日）

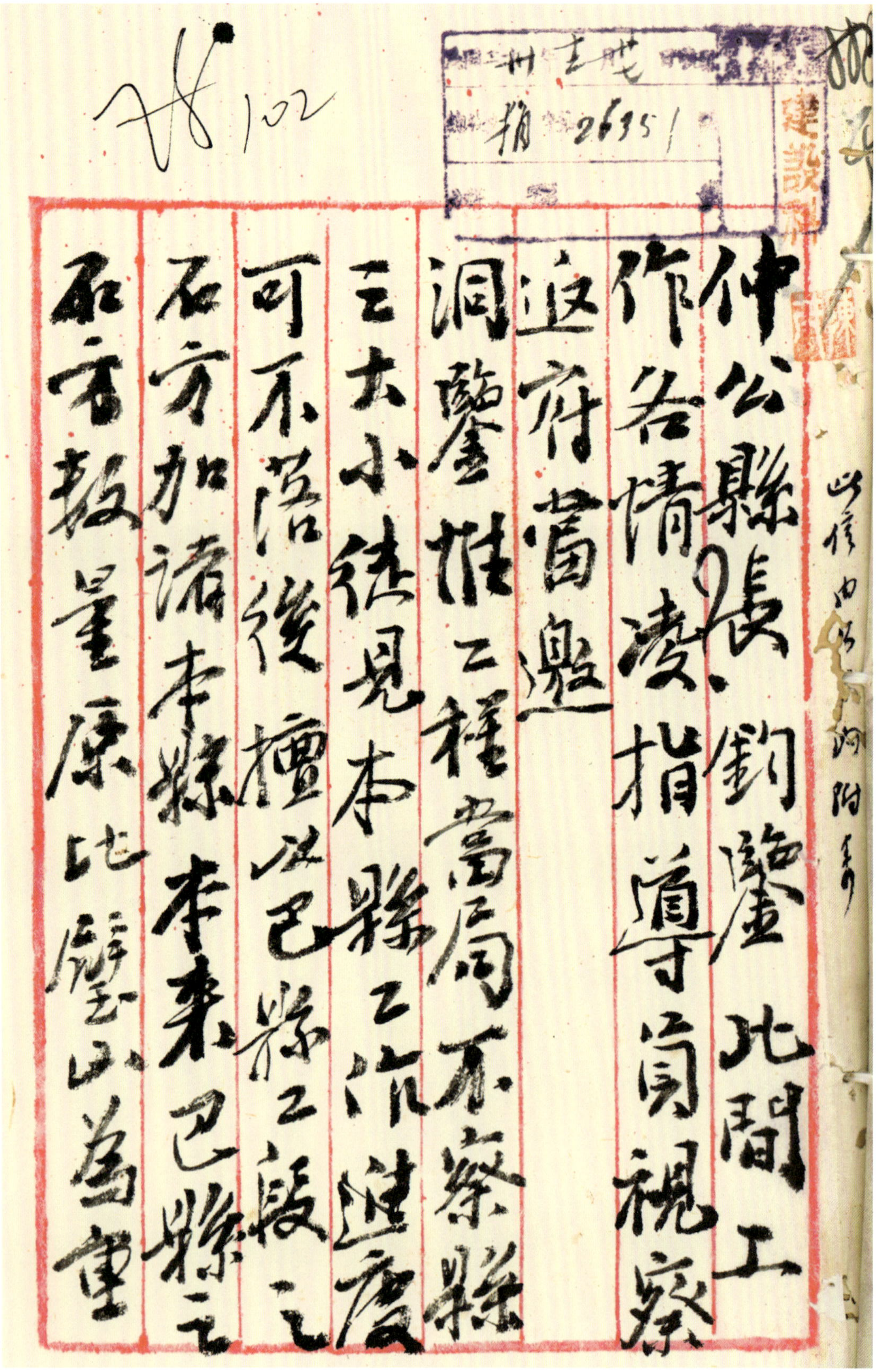
仲公縣長鈞鑒：比聞工作各情，諒指導員視察政府，當邀洞鑒。據工程當局不察縣之大小，徒見本縣工作進度可不落後，擅以巴縣之段石方加諸本縣，本來巴縣之石方報量原比璧山為重

103

且繼担任新增巴縣段之石
方，辭去亦有依限先完工之
可能，而卒允與否，勞逸均
屬不能，合建築之困難
惟任意是專，事關軍事
動輒遺貽誤戎機，工程
盡職負責，係青年故
特呈文請示 祗懇

亮察　肅頌

鈞安

技士　杜世銘謹上

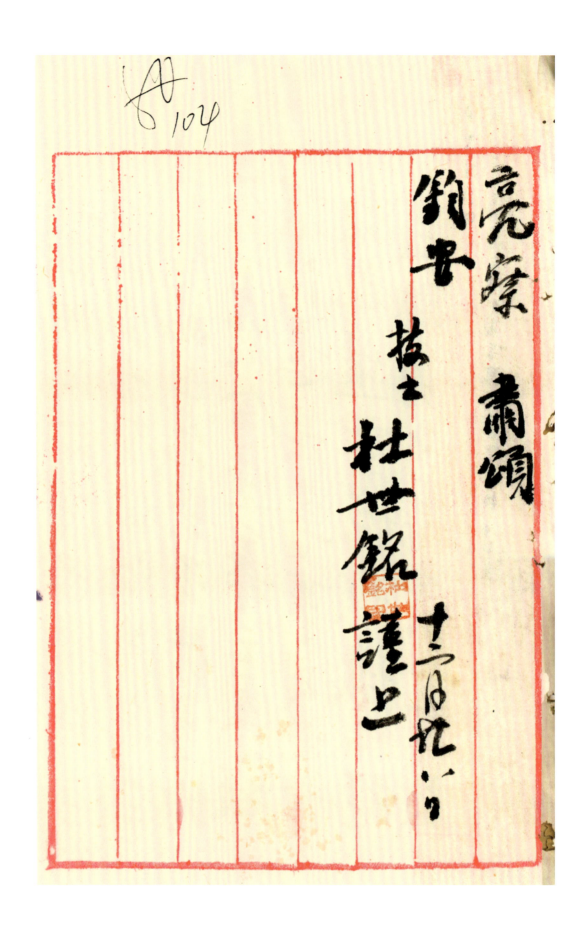

十二月廿八日

白市驿机场工程处璧山县民工总队部关于呈报一九四一年八月二十五日至十一月底工作进度表及民工名册致璧山县政府的呈（一九四一年十二月三十一日）

簽呈　三十年十二月三十一日

璧山縣民工總隊部

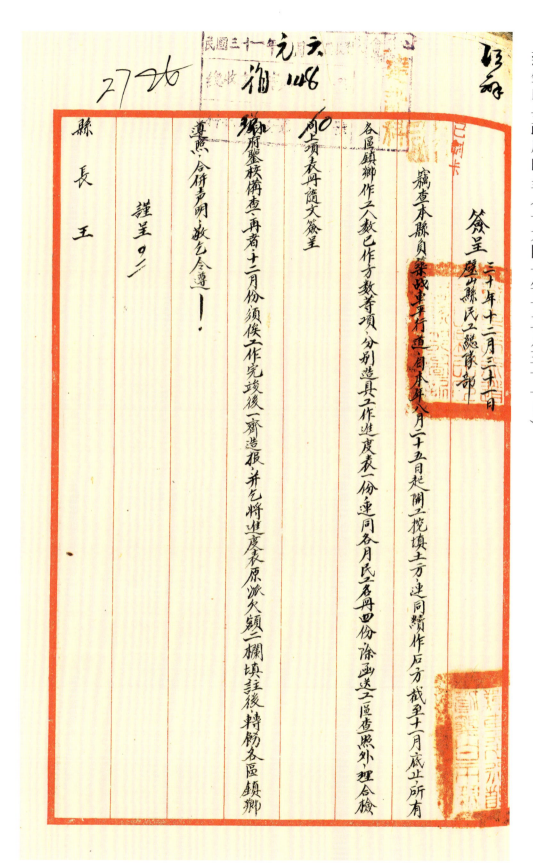

竊查本縣負築戰車平行道，自本年八月二十五日起開工挖填土方，連同續作石方，截至十一月底止所有各區鎮鄉作工人數、已作方數等項，分別造具工作進度表一份，連同各月民工名冊四份，除函送工區查照外，理合檢同上項表冊隨文簽呈

鈞府鑒核備查。再者，十二月份須俟工作完竣後一齊造報，并乞將進度表原派、欠額二欄填註後，轉飭各區鎮鄉遵照，合併聲明。敬乞　令遵！

謹呈

縣長　王

28

附呈八月二十五日起至十一月底止工作進度表一份、民工名冊每月一份（共四份）

璧山縣民工總隊兼總隊長王仕悌（代）

總隊附杜世銘

附：修筑白市驿战车平行道璧山县民工总队部造报自八月二十五日起十一月底止各区镇乡挖镇土方及石方进度表

2927

修築白市驛戰車平行道璧山縣民工總隊部造報自八月廿五日起十一月底止各區鎮鄉挖填土方及石方進度表

區別	鄉鎮別	雜工人數	作工人數	總工人數	工天	原派額土方	[illegible]土方	[illegible]石方	不足額工	不足額方	備攷
1	城中鎮	92	948	1040	43	1935	1500	/		435	
	城東鄉	/	/	/	36	1620	/	/		1620	完全未派人來部工作
	城南鄉	85	917	1002	54	2430	1400	/		1030	
	城西鄉	67	768	835	48	2160	1200	/		960	
	城北鄉	114 32 146	1096 253 1349	1212 285 1497	47	2115	1054 191 1245	/ 18		1061	
2.	丁家鄉	102	978	1080	73	3285	1500	/		1785	
	虎林鄉	77	618	695	32	1440	696	/		744	
	龍鳳鄉	62	738	800	31	1395	507	/		888	

橦潼鄉	大兴鄉	太和鄉	丹鳳鄉	中兴鄉	正兴鄉	鹿鳴鄉	来鳳鄉	三合鄉	廣普鄉	健龍鄉
65	81	51	126 8 134	36	56 30 86	25	112	62 0 [illegible]	46	116
699	1106	676	996 54 1050	264	508 249 757	175	1018	458 250 708	739	913
714	1187	727	1122 62 1184	300	574 279 853	200	1130	520 270 790	785	1039
34	47	40	63	46	63	34	56	40	53	42
1530	2115	1880	2835	2070	2880	1530	2520	1800	2385	1890
718	737	698	772 48 820	263	484	250	1600	450 216 666	1200	709
/	/	/	/	100	93	100	/	/	100	/
812	1378	1182	2063	1807	2396	1280	920	1350	1185	1181
				石方人数另表填列		石方人数另表填列			石方人数另表填列	

馬嘶鄉	獅子鄉	3. 全區	合計
29	113	508	1997
258	1037	8030	22940
287	1150	8538	24937
48	49		1559
2160	2205		70155
300	1500	10827	28365
200	/	1500	2000
1860	705	\	26642

附註

一、本表因本部無底案可稽，故於原派額及欠額兩欄未列出。

二、本表各區鎮鄉雜工作工人數欄，係由本部人事登記簿累積分別填列，內雜工人數係各該管鎮鄉管理員、班長、伙伕、病工等非作工人數，係實際作工人數，雨天空襲人數不在此內，至本部人事登記簿逐日均由各該管中隊長暨各該管理員核對無訛。

三、本表所列已做土石方數及工數，業由本部每旬分別填具請驗單花名清冊送

軍政部城塞

局前白市驛工區暨工程處查照有案，但現尚未遞驗收、

四、本表各區鎮鄉已做土石方數欄，係照各該鎮鄉到場工人之先後開多寡，實際工作效率填列、石方分石谷、堅石各兩種，本部續做土石方，依據縣府原攤派方額，遵照省頒征工辦法與土方為一二三之比例計算、

中華民國三十年十一月　日

兼總隊長王仕悌 代

總隊附杜世鉊

杜世铭关于征工修建白市驿机场问题致王仕悌的函（一九四二年一月三日）

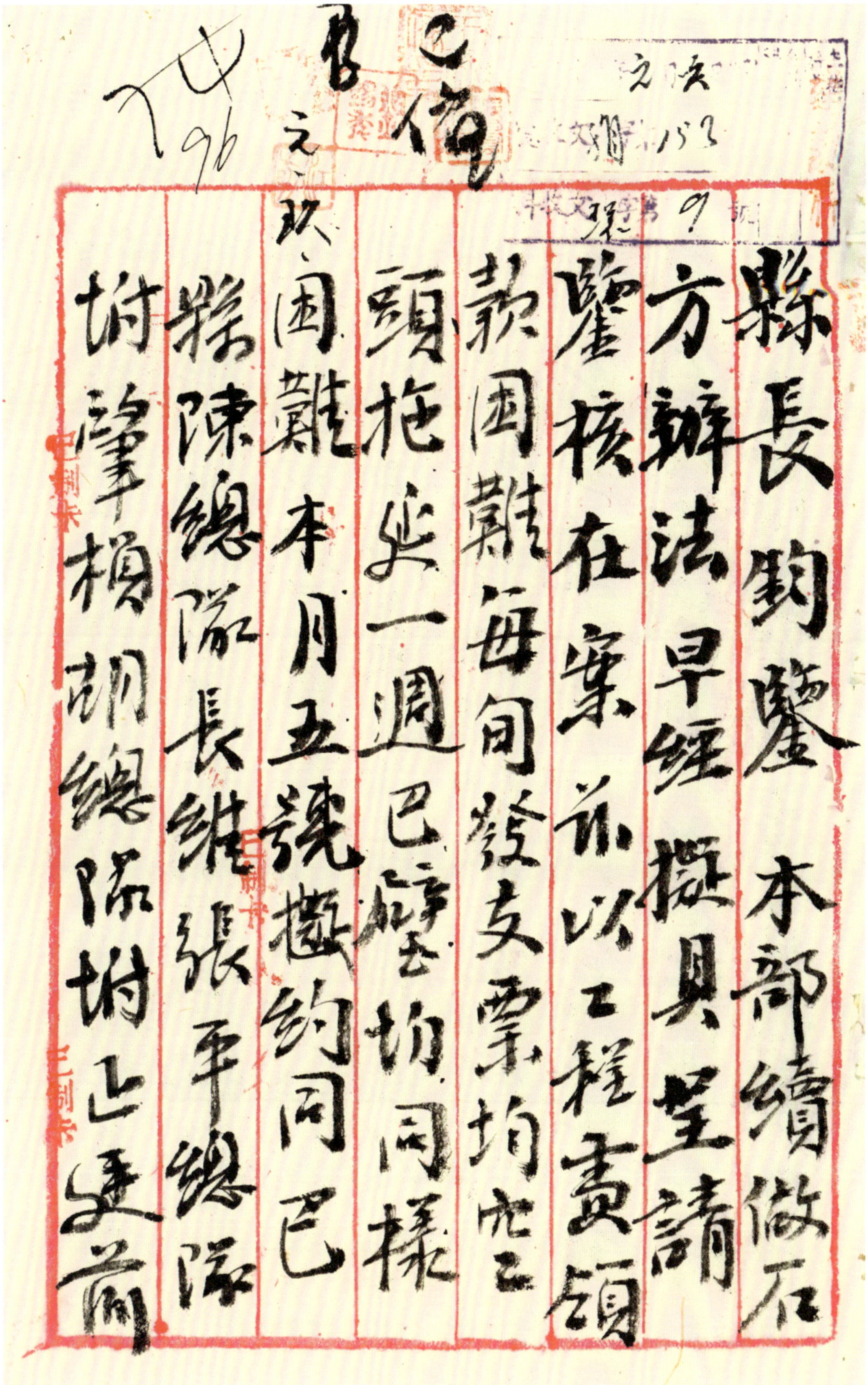
縣長勛鑒：本部續做石方辦法，早經擬具呈請鑒核在案。祈以工程責領款困難，每旬發支票均宕之頭拖延一週。已飭同樣困難。本月五號擬約同巴縣陳總隊長繼張副總隊附肇楨、胡總隊附正趕前

7497

往工程處會商解決方法歲暮
天寒勞苦工人時虞斷炊未
收精號前所挖之石收措施後
變換工程負責局雖面允收
方治救當來漸文希根據
勸村五號向協收會議各
鄉鎮長咸集故特派本
部大隊長伍焉生遠帶

98

民工名冊四份各區工作進度表
面呈
鈞座以備諮詢并懇將工作進
度於會場公佈藉作宣傳原
案辦理以濟軍用而昭平允
毋任盼禱
敬祝
崇安
職杜蘇謹上
三十年八月二十日

姜荣基关于征工修建白市驿机场问题致王仕悌的函（一九四二年一月）

刪。沿機場召見 閔子城中鎮徵調征工代表 徐指導員雄徵 存 重並請

仕悌縣座鈞鑒：查白驛機場工程已於卅年十二月底告一結束，所有民工於三十號遣散返鄉，其有場面壞壓未完工程，已由專署令調白市驛搶修隊於每晴日加緊工作，各縣大致不能再担負整理工程。至於開工迄現在賬目，正結算其中，不過因工料未將卅年六月以後各縣所作方數清算公佈，祇得暫時將卅年六月底止應得各項經費清理結算，各款是否如數核發，尚不能定。會同在工程處呈報，航委會預算尚未核准，土石方超方問題亦未解决，將來紛爭尚多，不知何時正式結賬。職本擬早日返縣聽供驅策，惟以

三

清理賬目關係，恐在一月半間方能回城。前日購置各項炊具已陸續運回，送交縣財委會查收。中隊結束，僅總部留存二三人，而已再有請者。卅年十二月在場民工僅有六人，工作無法維繫。職斟酌情形，并受城中鎮長王良貴之函託，即將前日六塘鄉所雇民工拾餘名代作城中鎮（六塘、城中鎮前日征工困難，已函呈說明，并蒙允許）之欠工四百四十二工，以維工作進行，每工仍以不超過五元為準。職當即函告城中鎮長王良貴，請將代金每工以五元計算送交本部，并派員來場監工去訖。現已一再函告，毫無信息，是否城中鎮長易人，職并不知。各工應得工資因遣散在即，迫職已挪借墊支。特此函呈

鈞座鑒核，懇予轉飭遵照，實為公便。謹此書呈，敬祝

年禧

職姜舉基拜呈　卅一、一

白市驿机场工程处璧山县民工总队部关于呈报一九四一年一月至十二月底各乡镇欠做工数及超工数目清册致璧山县政府的呈（一九四二年二月八日）

附：一九四一年一月起至十二月止各乡镇欠做工数及超工数目清册

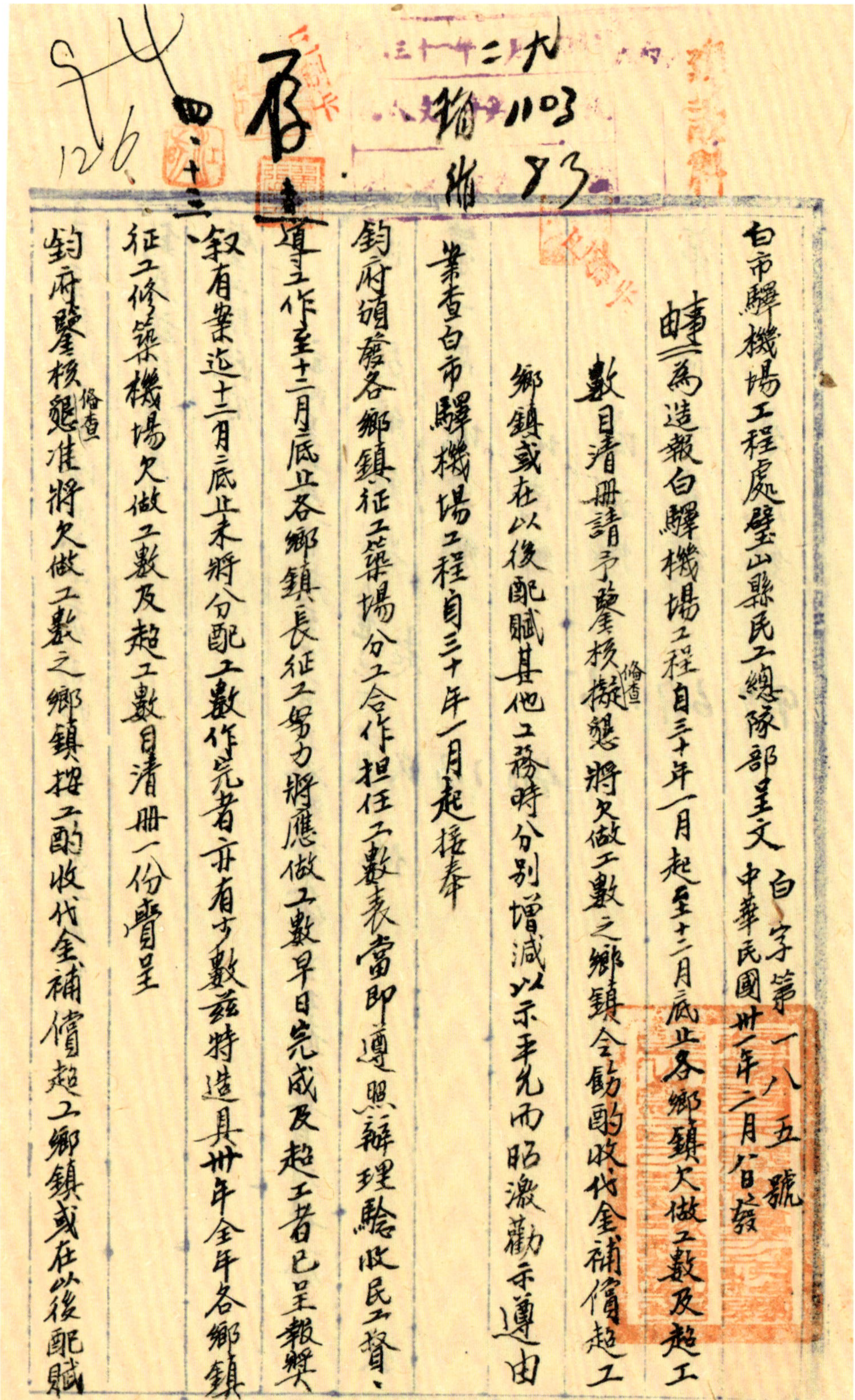
白市驛機場工程處璧山縣民工總隊部呈文　白字第一八五號
中華民國卅一年二月八日發
事由：為造報白驛機場工程自三十年一月起至十二月底止各鄉鎮欠做工數及超工數目清冊請予鑒核擬懇將欠做工數之鄉鎮令飭酌收代金補償超工鄉鎮或在以後配賦其他工務時分別增減以示平允而昭激勸示遵由
案查白市驛機場工程自三十年一月起接奉
鈞府頒發各鄉鎮征工築場分工合作担任工數表當即遵照辦理驗收民工督飭導工作至十二月底止各鄉鎮長征工努力將應做工數早日完成及超工者已呈報獎敘有案迄十二月底止未將分配工數作完者亦有少數茲特造具卅年全年各鄉鎮征工修築機場欠做工數及超工數目清冊一份賫呈
鈞府鑒核懇准將欠做工數之鄉鎮按工酌收代金補償超工鄉鎮或在以後配賦

127

其他工務時分別增減以示平允而昭激勸是否之處伏乞

鈞裁施行謹呈

璧山縣政府

計附呈卅年一月起至十二月止各鄉鎮欠繳工數及超工數目清冊一份

區別	鄉鎮別	全年已繳工數 超	全年已繳工數 欠	備攷
第一區	城東鄉		113	
	城南鄉		400	
	城北鄉	156		
第二區	丁家鎮	641		
	來鳳鎮	917		

128

第三區

健龍鄉	62	
獅子鎮	125	
正興鄉		511
太和鄉		117
六塘鄉		351
青木鄉		106
河邊鎮		178
依鳳鄉	174	
大路鎮	180	
臨江鄉	523	

八塘鄉	172
轉龍鄉	165
蒲元鄉	352
接龍鄉	85
合計	3552 1776
說明	以上各鄉鎮欠工及超工數目均係依照頒發各鄉鎮担任工數表總數迭除全年已做工數計算合併申明

璧山縣民工總隊長王仕悌 已制卡

總隊附姜榮基 已制卡 姜榮基印

四川省政府关于转令巴、璧两县征工负责运输条石工作致璧山县政府的代电（一九四二年四月三日）

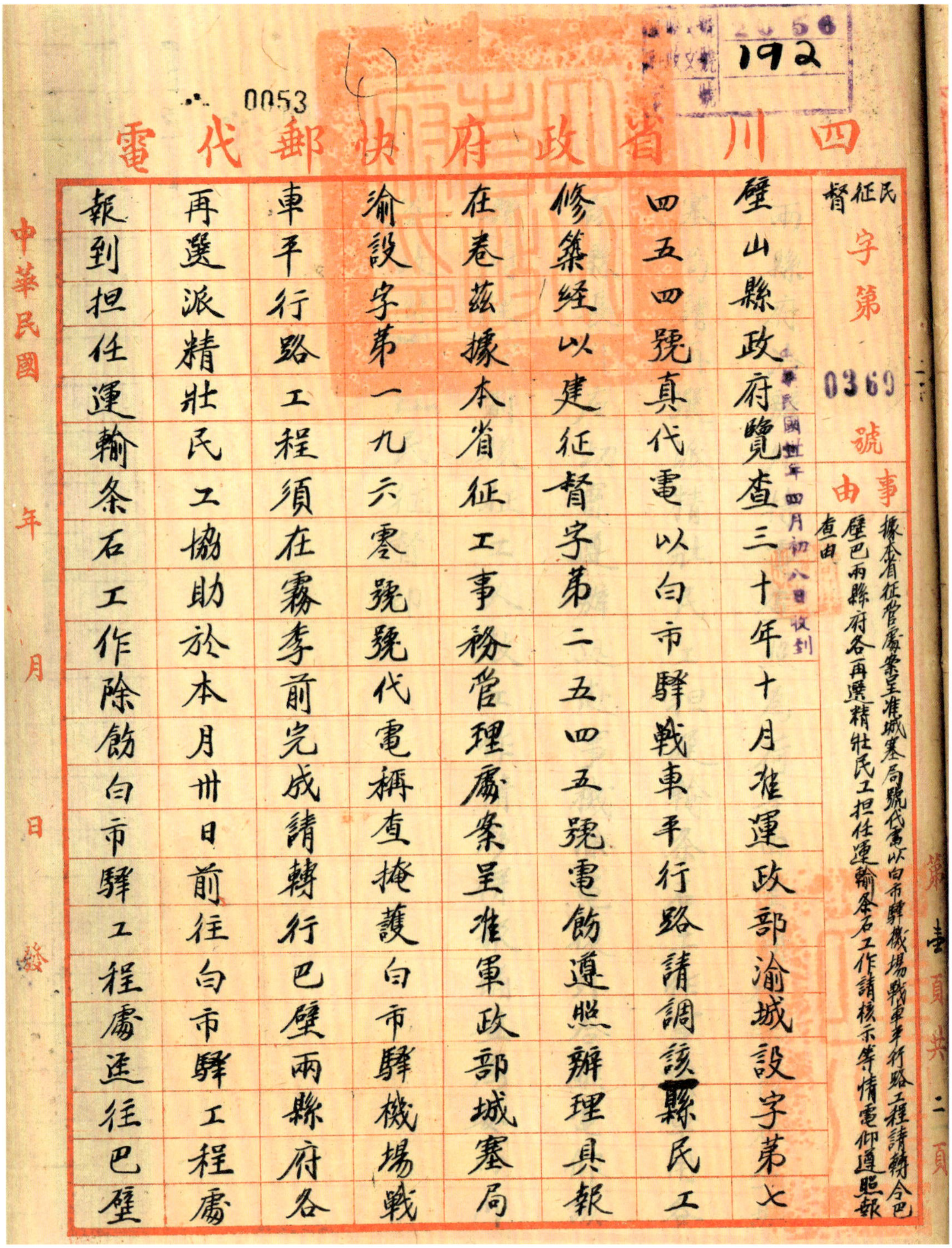

192

0053

四川省政府快郵代電

民征督字第0369號

事由：據本省征管處案呈准城塞局號代電以白市驛機場戰車平行路工程請轉令巴璧兩縣府各再選精壯民工担任運輸条石工作請核示等情電仰遵照報查由

中華民國卅一年四月初八日收到

壁山縣政府覽查三十年十月准運政部渝城設字第七四五四號真代電以白市驛戰車平行路請調該縣民工修築經以建征督字第二五四五號電飭遵照辦理具報在卷茲據本省征工事務管理處案呈准軍政部城塞局渝設字第一九六零號號代電稱查掩護白市驛機場戰車平行路工程須在霧季前完成請轉行巴璧兩縣府各再選派精壯民工協助於本月卅日前往白市驛工程處報到担任運輸条石工作除飭白市驛工程處逕往巴璧

中華民國　年　月　日發

第壹頁共二頁

0054

四川省政府快郵代電

字第　號

事由

兩縣府洽辦外特電查照為荷等由呈請核示前來查城塞局請再選派精壯民工担運輸条石工作事關軍用各該縣長自應切實遵辦迅赴事機除電復外合亟電仰該縣府連同前後征工人數工作情形併報備查為要四川省政府卯江民征督印

中華民國三十一年四月　日

中華民國卅一年四月　日發出

監印李竹溪

白市驿机场工程处璧山县民工总队部关于拟具抬运桥涵条石办法致璧山县政府的呈（一九四二年四月二十五日）

0059

總收文號 4033
科收文號 Z67
檔號

事由	擬辦	決定辦法	備考
為准函擬具抬運橋涵條石辦法呈請業核示遵由			

附件

中華民國三十一年四月二十五日收到

呈　字第　號　年　月　日　時到

收文　字第　號

璧山縣民工總隊部　呈文

璧總字第一九　号

中華民國三十一年四月二十五日

案准軍政部白市驛工程處白技字第八九三号函開：

「案查戰車平行道橋涵石料業經本處呈准交由巴璧兩縣民工承運茲以各縣民工到工在即特將各縣担任工作分別列表隨函附上即請於民工到達時按照表列各項開始起運并希將起運日期函復備查為荷」

等由；附寄戰車平行道橋涵条石分配表一份准此查此項指工係屬技術工人之精壯者方能指運普通徵工法令規定為乙級壯丁故多丁而不壯必遭貽累惟查霧季已過白市驛機場完工本路同時有相當重要貽誤戎機其誰負責茲准案表函（表雖無印未便停擱）僅理合抄表擬具辦法呈請

鑒核示遵　謹呈

璧山縣政府縣長彭

抄呈戰車平行道橋涵條石分配表乙份徵工辦法乙份

兼總隊長彭心明（代）

總隊附杜世銘

中華民國三十八年四月二十五

附：璧山县民工总队部拟具抬运车道桥涵条石办法

0063

璧山縣民工總隊部擬具抬運車道橋涵條石辦法

一、本縣又段條石抬運約依法需二百名抬工十二天晴天（無霜霧無雨）始可運完外加伙夫每天十名病工每天約十名共計約需二千六百四十工

二、抬工係屬技術工人擬每行政指導區担負一棚每棚十二名伙伕一名管理員一名共十四名抬工由各指導區選徵抬工之優待伙食按照保救

平均負担

三、抬工之優待伙食每工暫定十元伙夫每工五元如能幸超过規定規定待遇悉給該工以資獎勵

四、所需繩索杠子由各指導區自備每區設管理員一人但須限定技術熟練堪作抬工該比方為合格待遇同抬工

璧山县青木乡公所关于限日征工抬运条石致璧山县政府的呈（一九四二年五月二十日）

6

0081

5857
2484

璧山縣青木鄉公所呈

中華民國卅一年五月貳拾□日收到

事由　為限日征工前往抬運由

青民字第四十七號

民國三十一年五月二十日發

案奉

鈞座建字一八六號訓令略開「本縣負擔抬運工程約計四千工遵照規定每工每日運石三十公斤行程十七公里該鄉計七保每保應征精壯抬工一名共計七名自備繩槓並派管理員一名前往

巴縣丞谷鄉本縣民工總隊部報到工作云云」

等因奉此職鄉共計六保遵於限日征集精壯抬工六名管理員一名率領前往丞谷鄉張家院

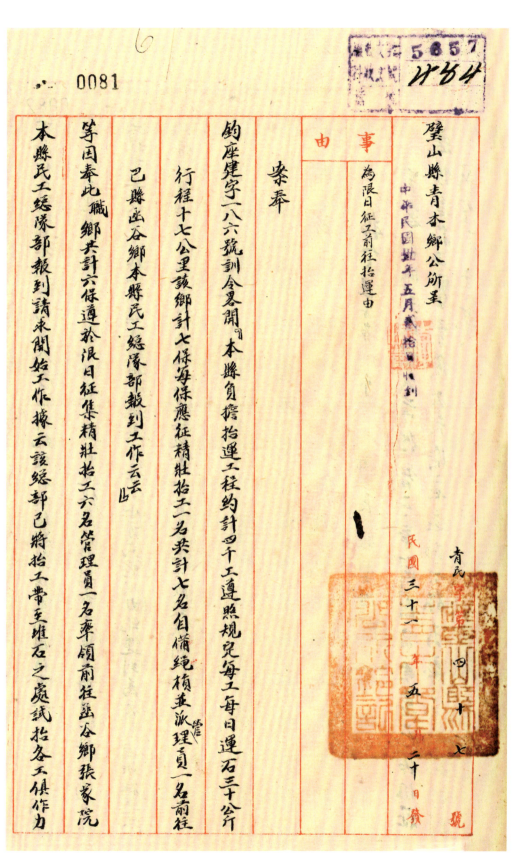

本縣民工總隊部報到請求開始工作據云該總部已將抬工帶至堆石之處試抬各工俱作力

0082

不勝任之壯總部不查其偽遽令各工田鄉繩槓存放總部等情查為國防重要工程當然征調精壯前往擡運稍具天良決不以羸弱敷衍塞責適值農忙時期去來虛費時日貽誤非淺當茲工程重要農事正忙之際請求兩相兼顧其石條大小方式總以力能運到為原則因所征之工均係農業頗難尋征專司擡槓之工並望總隊嚴加督責庶不致誤伏祈

鈞座俯賜鑒核示遵

謹呈

縣長 彭

鄉長 鍾英階

指令建字第 號

呈悉。已派建設科長前往督工。事關國防重要工作，仍仰迅催速抬工程等項，不致偏廢，速竣工作為要！

此令。二、五、燕

璧山县政府关于限日征送抬工石工完成战车平行道工程致各乡镇长的代电（一九四二年五月二十日）

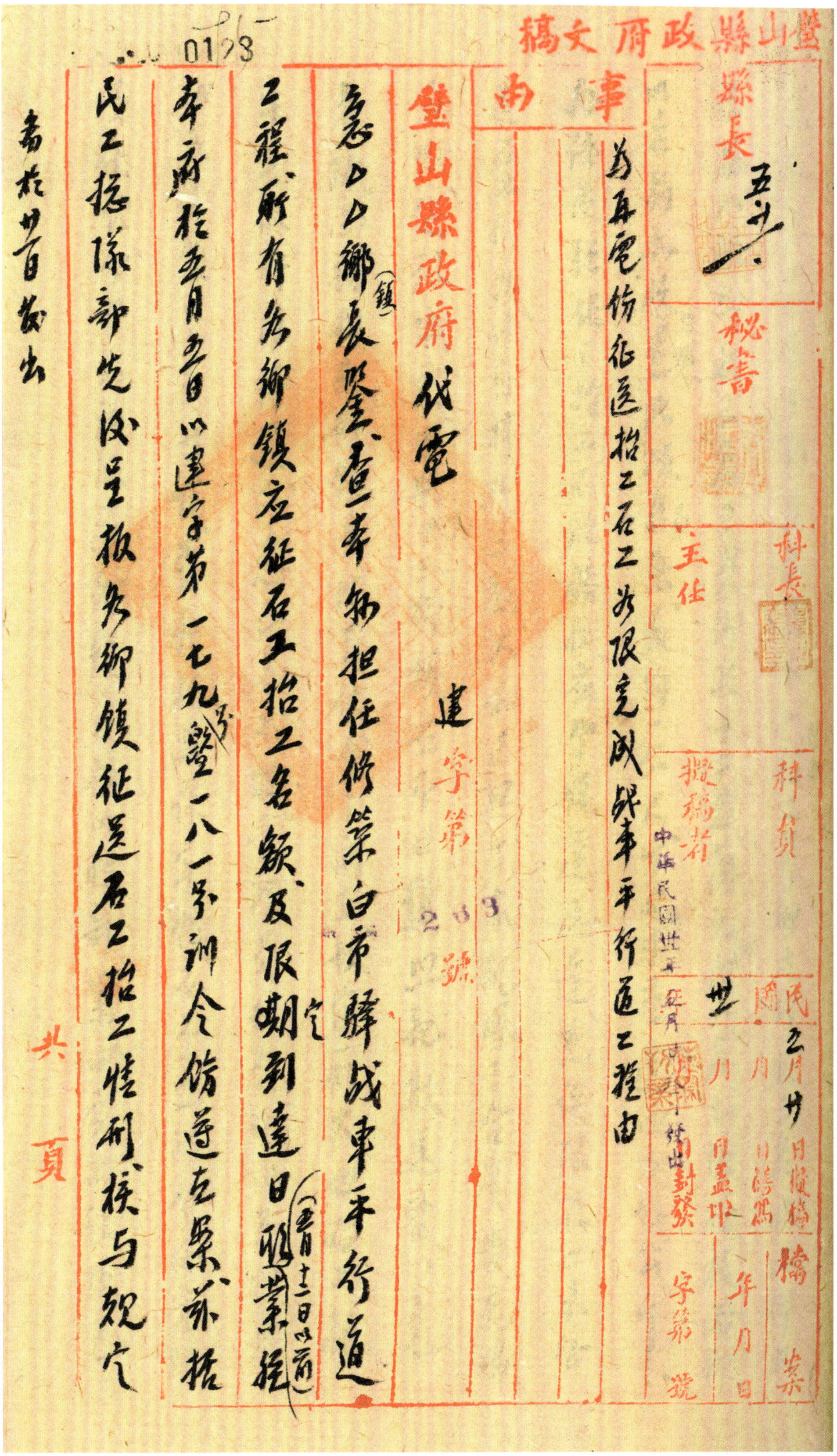
璧山縣政府文稿

縣長 五廿
秘書
科長　主任
科員　擬稿者
中華民國卅一年五月廿日擬稿　月　日繕寫　月　日蓋印　月　日封發
檔案　字第　號　年　月　日

事由：為再電飭征送抬工石工務限完成戰車平行道工程由

璧山縣政府代電　建字第263號

急。○○鄉（鎮）長鑒：查本縣担任修築白市驛戰車平行道工程，所有各鄉鎮應征石工抬工名額、及限期到達日期（青十二日以前）業經本府於五月五日以建字第一七九號暨一八一號訓令飭遵在案。茲據民工總隊部先後呈報各鄉鎮征送石工抬工情形，核与規定

共　頁

希於廿日發出

兹有未尽事分别指示于下：(一)抬工仅乡丁乡收三名、临江乡收五名、八块乡收三名、正兴乡收十二名、蒲元乡收八名、七块、福禄两乡、以老弱未收等情，查此项石条长约一公尺，方四公寸，重达四百余公斤，非体质强健之抬工不能胜任，应即慎选送达，免误限期。(二)未经选石工乡镇计有梓桂、三教、太和、正兴、丁家、龙凤、三合、广普、鹿鸣、马嘶、健龙、城东、中兴等十三乡镇，应即日遵照配数选齐，以竟事功。(三)抬拔各乡镇发放员伕食之开支，数字庞大，因抬工能辛甚低，所得待遇尚恐己身不敷，发放员伕食，殊难负担，请由各乡镇负责等情，查所称尚系实情，应予照准，令仍发放员伕食即由各该派遣乡镇自备，以轻负累。(四)完工期限已

屆，尚有多段御鎮未運，今飭運指工石工，如再稽延誤，限期一律

有貽誤戎機之處，應由遲限送工御鎮自負，以上四項，除分電

外，合再電仰遵照，務須慎選指工石工素質，并段漏底送往

工作，依限完成，勿忽為要。蔣長亥○○

遣印

璧山县第二区三教乡公所关于完工备查致璧山县政府的呈（一九四二年五月二十八日）

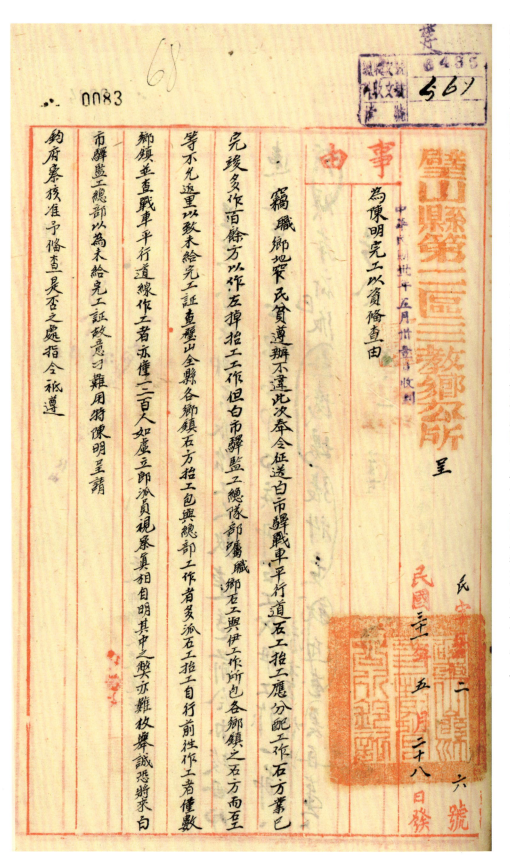

璧山縣第二區三教鄉公所　呈　民字第二六號

民國三十一年五月二十八日發

中華民國卅一年五月卅壹日收到

事由：為陳明完工以資備查由

竊職鄉地瘠民貧遵辦不違此次奉令征送白市驛戰車平行道石工指工應分配工作石方業已
完竣多作百餘方以作左掉指工工作但白市驛監工總隊部囑職鄉石工與伊工作所包各鄉鎮之石方而互
等不允返里以致未給完工証查璧山全縣各鄉鎮石方指工包與總部工作者多派石工指工自行前往作工者僅數
鄉鎮並查戰車平行道線作工者亦僅一二百人如虛立郎派員視察真相自明其中之弊亦難枚舉誠恐將來白
市驛監工總部以為未給完工証故意刁難用特陳明呈請
鈞府察核准予備查是否之處指令祇遵

謹呈

璧山縣縣長彭

三教鄉鄉長凌達華

呈悉。查該鄉應派抬工人數，速遵前令辦竣，毋得遲延干咎。至稱總部將該鄉石工代伊工作一節、應候本府已派赴機場張科長就近澈查，俟其查覆再奪。此令

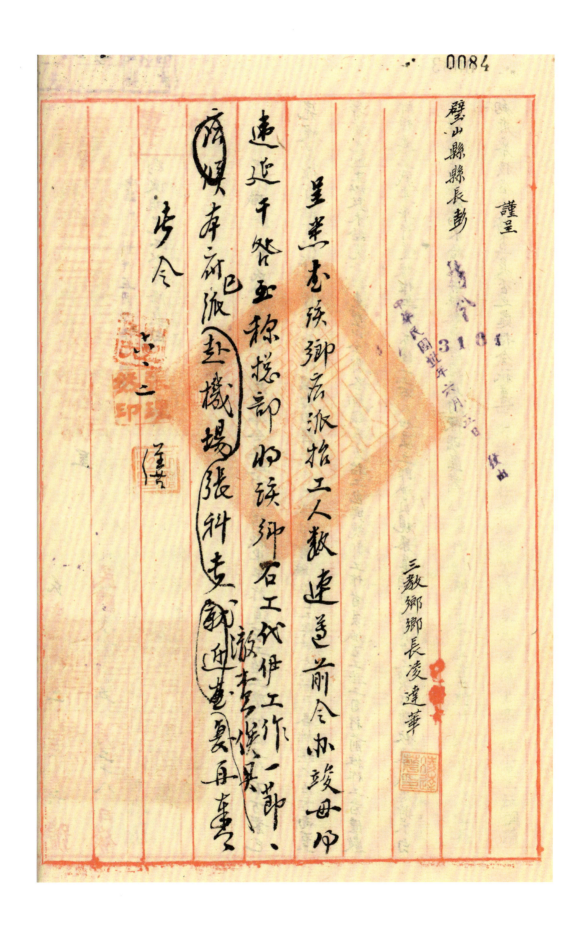

六、二

杜世铭关于征工修建白市驿机场问题致王仕悌的函（一九四二年五月三十日）

（科510）

0129

縣長鈞鑒 此間土石方工作業已完成
百分之九五 本縣段如非橋涵阻隔
六月一號已可通車 路拱已開始工作
萬無貽誤 擬請
鈞座於下月行政會議 率領士紳
鄉鎮代表前來視察 藉資指導
因工程處方面若派信使 恐失真
象 工程處會同洋達人員便談云 職
於

他聯固不敢好勇鬬很恐誤要公也
橋涵條石之搬運只有蒲元馬斷
城中三鎮鄉有人未完工者鄉子太
和轉龍依鳳七塘八塘接龍臨江
六塘此心送來未蓋收不來繼續徵送
者有大路福祿其修築未徵送據義收
好處成績尚有可觀該對於各鎮鄉保
之送來者生活方面日給米六合錢

已將各保派民工五名石工也由民工做指
工也由民工做每日抽出已徵之壯
鷄犬不得寧焉實事倍而功半日
常三百餘人土石方整補尚未開始本
縣五月份日有百餘人說到已減
至百人以下人多困苦民窮財乏
本縣擬先將條展遂完對於路面再加以
整理總緩治時覺事半而功倍國

0132

一元蒞十日即昔根據之建國以昭功令之
為本縣自有徵之以來優待民之定之前
以副
鈞座誥念民之生活之戚懷此種如將
來稍有超支本縣殷已可備之事擬將
一部分東運瀛館以資補注此刻同
題在指之不在土石之矣即指之鈞府
再下一條令足矣詳不落臣縣之從

縣政府

本部隊長之人多久從事工作，當能

自不敢倫之決不至稍之也。為此奉

陳，敬叩

章安

職 杜世銘謹上

四、卅。

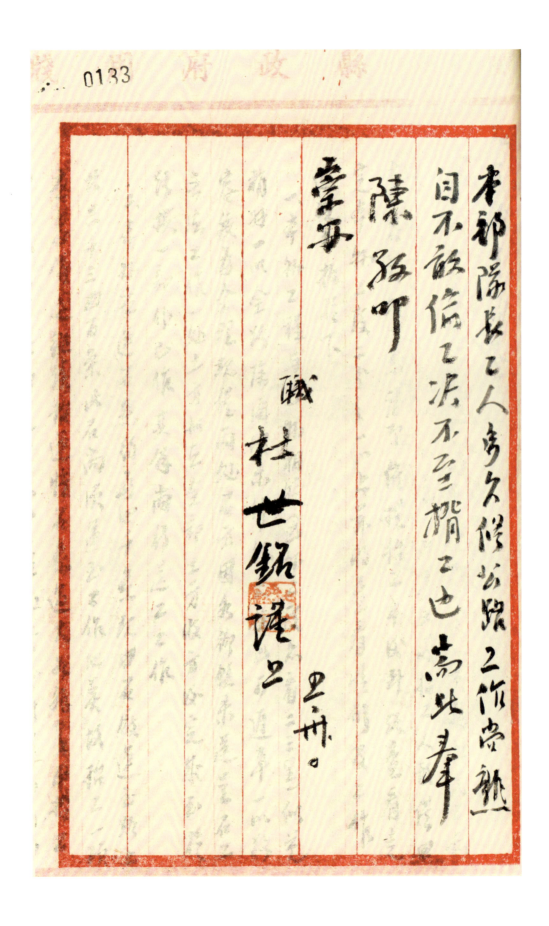

杜世铭关于征工修建白市驿机场问题致王仕悌的函（一九四二年六月九日）

特（627）

0152 127

亮公縣長　此刻工作情形張科長返縣

當邀

洞鑒茲有懇者（一）由鈞府出公函二份借領

一份為數伍萬元交由來人伍書記希能帶

部此二份公函一向城塞局請飭工程處照借一

致工程處並付印領請其照借以維工程刻已

縣已如此辦理（二）指工已將已送徵各鎮鄉開

具清單交張科長隼呈其未徵送及徵送

未有各镇乡请即催缴免误限期至板车路(九)日已交涉十乘但尚未到路正催促中(三)石工方面已无问题(四)工程处尚须做路拱我们已做者约一半但经雨冲车压已與舊路基打成一片工程处尚须新做路心高三公寸此种情形当张科长所知

(批)对于现时需要民工概数拟城东乡征五十名中兴乡广普乡各征五十名已有余裕十日即可完成

此乡交涉出手续

两乡于十日上午由科通知

0154

兹接工程處代電一份除分電各大債鄉
未徵送指工者外特電奉陳敬叩
鈞安
職 杜世銘謹上 六、九、
附代電一份
外致城塞局公函一件請郵寄小龍坎紅糟坊
卅六、六、十六

杜世铭关于征工修建白市驿机场问题致王仕悌的函（一九四二年六月十三日）

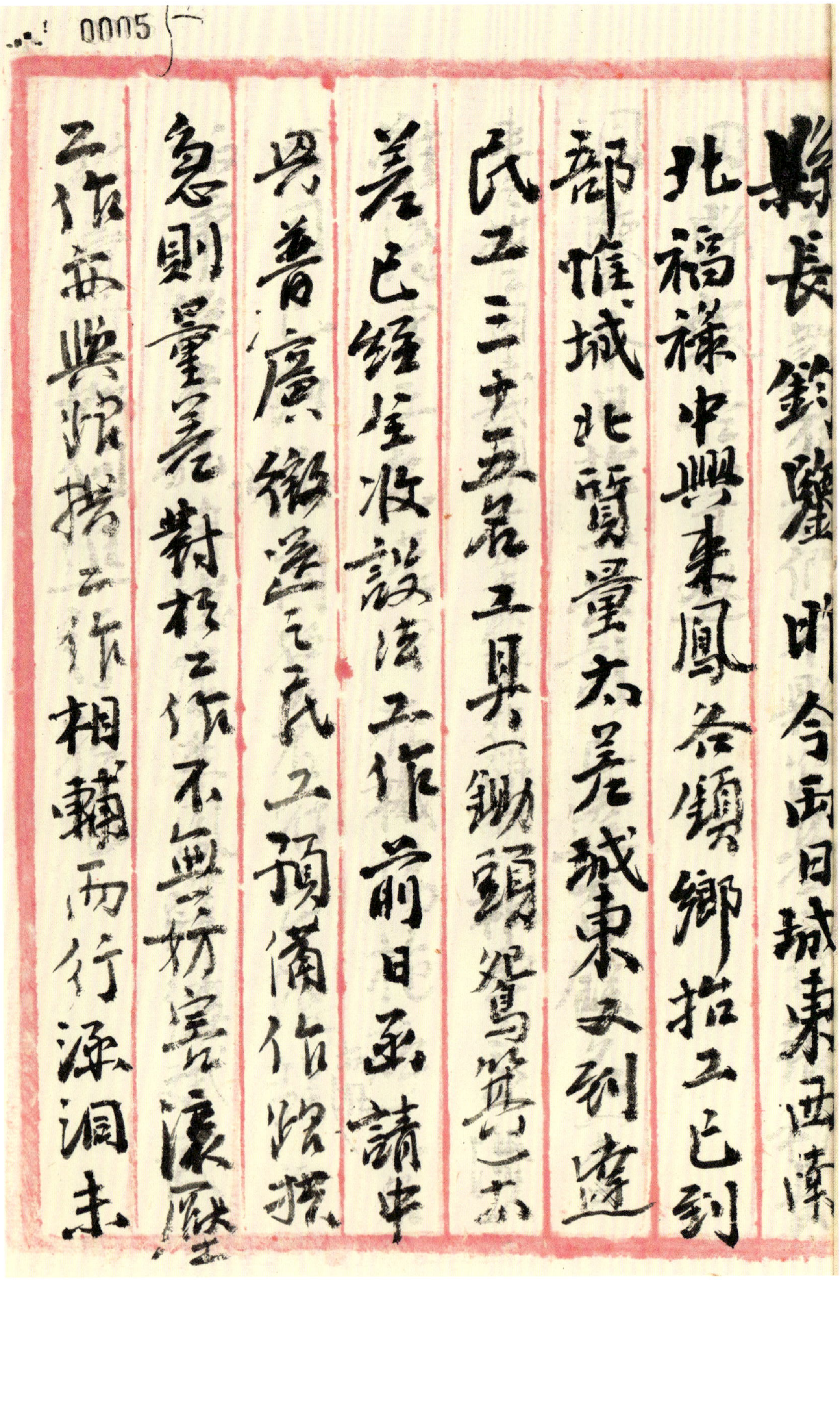

0005

縣長鈞鑒：昨今兩日城東西南
北福祿中興來鳳各鎮鄉指工已到
部，惟城北質量太差，城東又到達
民工三千五百名，工具（鋤頭、鴛篼）亦
差。已經從嚴設法工作。前日函請中
央普廣徵選民工，預備作點撥，
急則量差，對於工作不無妨害。讓壓
工作與泥搭工作相輔而行，涵洞未

完工作，劉縣施救作本縣灌溉工作。張科長

四縣報告旱災

洞鑒。本日招工共計已達百餘名（本日

來之招工因未試用，未定去取，故未計入數），板車亦涉

難得。李主允諾，但在機場拖磙兩架一千名

公司已加派商警不准出境接洽

柏東係本縣試再後康李鳳譯傳試武

杜青竹如何進行，敬乞

鴻裁　虔請

鈞安

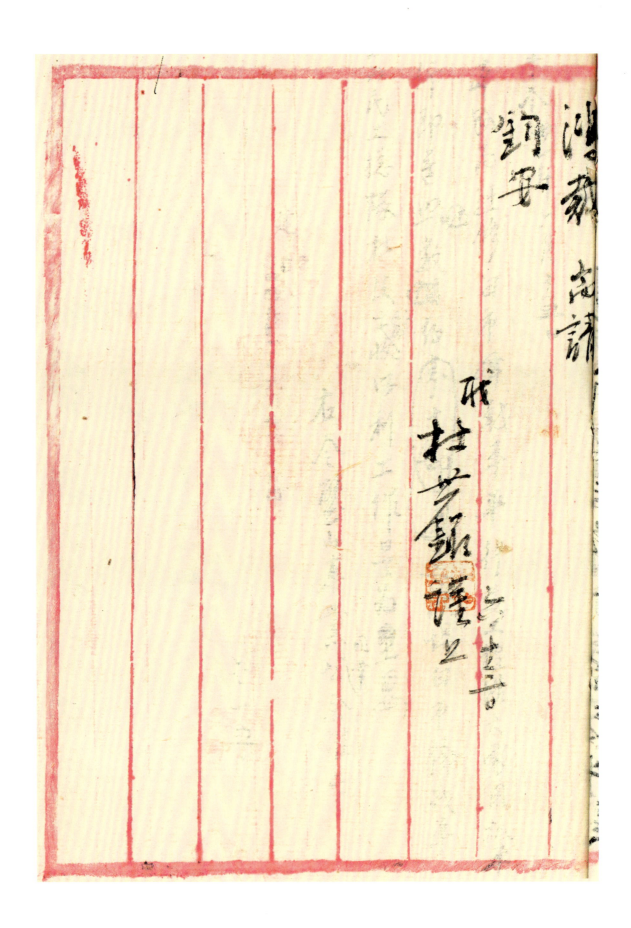

職　杜芳錕謹上　六、十三日

璧山县龙凤乡公所关于呈报完成白市驿机场战车平行道路基石方工作致璧山县政府的呈（一九四二年六月十四日）

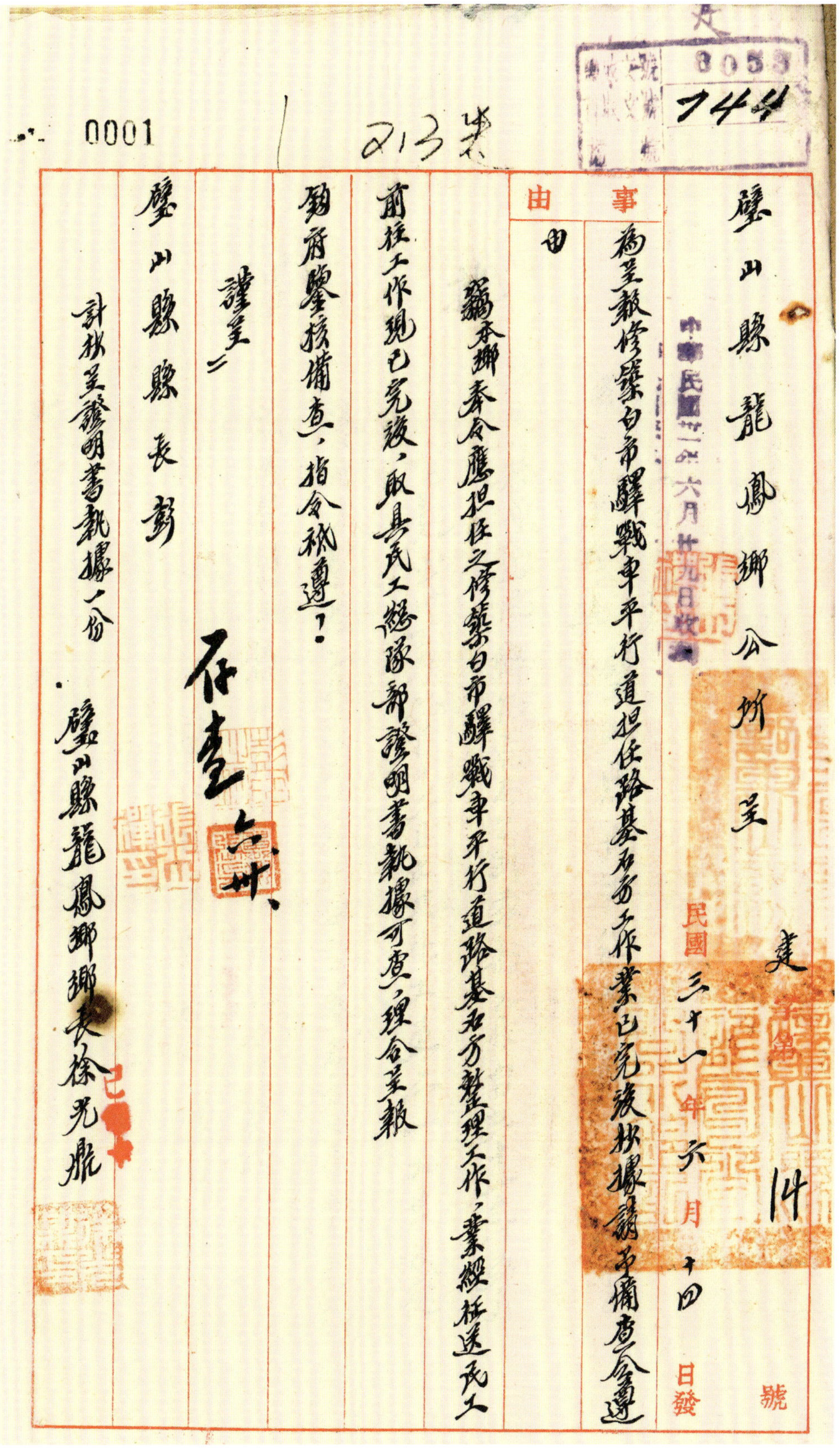
0001

璧山縣龍鳳鄉公所呈　建字第　號

事由：為呈報修築白市驛戰車平行道担任路基石方工作業已完竣抄據請予備查令遵由

民國三十一年六月十四日發

竊本鄉奉令應担任之修築白市驛戰車平行道路基石方整理工作，業經抽送民工前往工作，現已完竣，取具民工總隊部證明書抄據可查，理合呈報鈞府鑒核備查，指令祗遵！

謹呈

璧山縣縣長彭

計抄呈證明書抄據一份

璧山縣龍鳳鄉鄉長徐光鼎

收文 建字

0002

乙

執據

修築甘市驛

戰車平行道璧山縣民工總隊部證明書

茲有飛鳳鄉派送民工到本部工作自三十一年五月

十日起至卅一年六月十二日止共作工五二一工共做路

基石方整理工作公方應担任路基石方工作業已完

竣除截留存根外特此發給證明書爲據

兼總隊長彭必昭章（印）

總隊附程世驤章

中華民國卅一年六月十二日（印）

璧山县政府关于抄发各矿招工办法致璧山县临江乡公所的训令（一九四三年五月）

附：招工办法

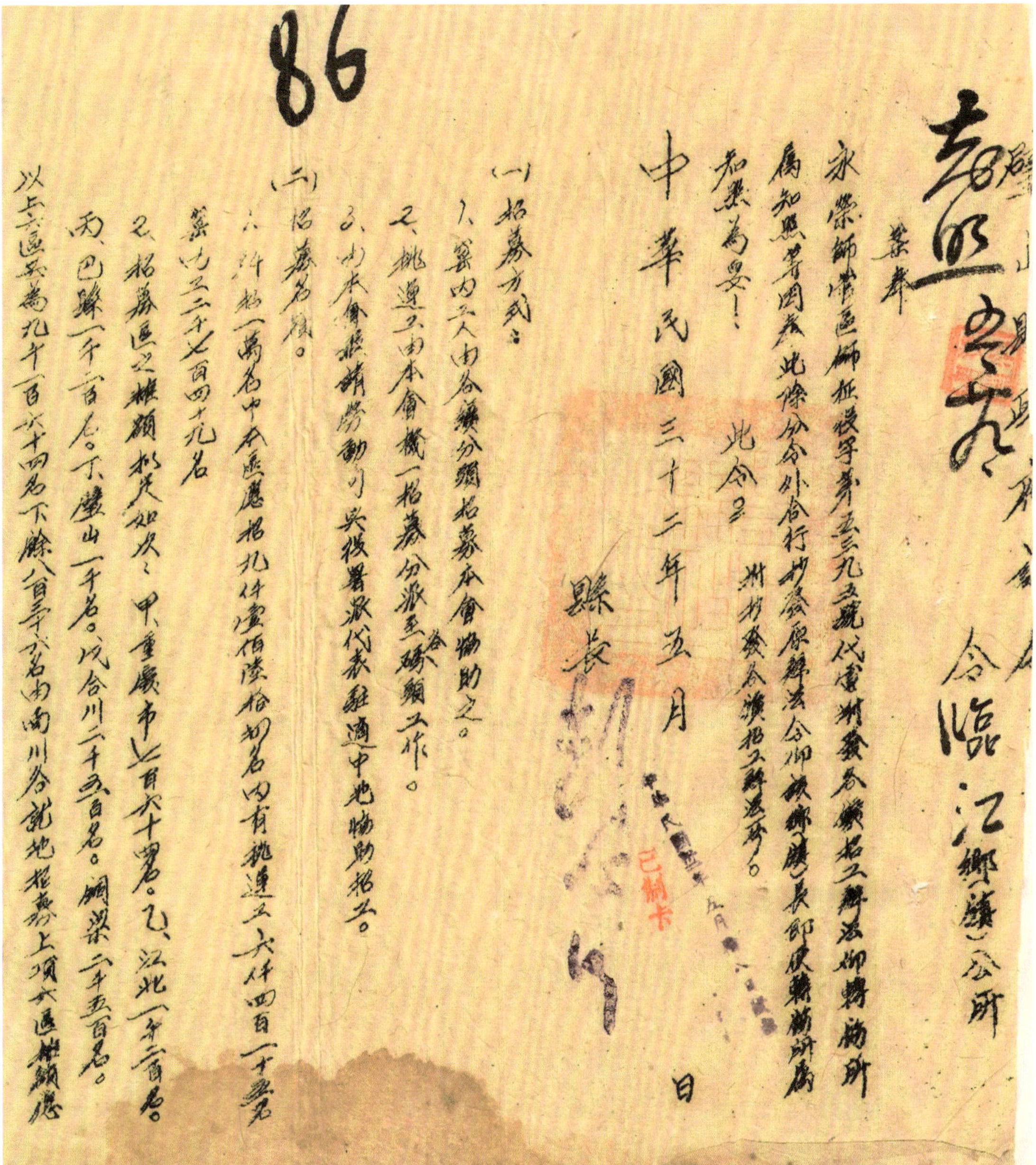

璧山縣政府訓令

令臨江鄉（鎮）公所

案奉

永榮師管區師征役字第五三九五號代電，以奉發各礦招工辦法，仰轉飭所屬知照等因。奉此，除分令外，合行抄發原辦法，令仰該鄉（鎮）長即便轉飭所屬知照為要！

此令。

計抄發各礦招工辦法乙份。

縣長

中華民國三十二年五月　日

已制卡

中華民國三十二年五月

（一）招募方式：

1、礦內工人由各礦分頭招募，本會協助之。

2、挑運工由本會統一招募，分派至各礦工作。

3、由本會呈請勞動司兵役署派代表駐適中地協助招工。

（二）招募名額：

1、計招一萬名，中本區應招九千壹佰陸拾捌名，內有挑運工六千四百一十九名，礦內工二千七百四十九名。

2、招募區之配額如次：甲、重慶市七百六十四名。乙、江北一千二百名。丙、巴縣一千二百名。丁、璧山一千名。戊、合川二千五百名。己、銅梁二千五百名。

以上六區共為九千一百六十四名，下餘八百三十六名由四川各就地招募，上項六區配額應報保管區核定之。

（三）招募人員編組。

1、招募人員共分六組，每區派一組，負招工接洽事宜。

2、每組設招工員三人至五人，由各辦事處其各級兵所派員擔任。

3、每組設招工工頭若干人，由各縣分派，工頭擔任必要時得由辦事處加派之。

4、各區招工員之分派如次：

甲、重慶區由璧川、興隆兩縣暨南岸辦事處各派一人。

乙、巴縣區由歌樂山、鵝冠、北碚三辦事處各派一人。

丙、江北區由天府、三才生二礦暨獅子口、水土、黃桷樹三辦事處各派一人。

丁、璧山由二岩二礦與璧川暨安樂溪辦事處各派一人。

戊、合川區由草街子、麻柳坪、龍洞口四辦事處共籌派各派一人。

己、銅梁區由華蓥、寶珠二礦暨鹽井峽、鐵扇子、金剛碑三辦事處各派一人。

以上各組各置一人由本會指定，又總務與財務各一人由各組公推之。

（四）各組所招工人之輸送：

1、各組應切取聯絡並隨時將招得人數報本會分配，以在指定區內民為限，其不能招足定額者亦得報由本會商請兵役署勞動局代就地區添招。

2、各組之招工集中地以距礦場不超過一百里為原則，俾工人招得後當日可以達到礦場。

丙、又承招各工應隨時由工頭率領出發前往礦場，並於未出發時將名冊 呈報
以工頭率領之人於途中若遇阻力應即停止前進，飛報組長商請吳縣長並
勞動局代表協助，以便之。
丁、請吳縣長與勞動局於[illegible]兩縣招工各區，並各派代表一人以便
請求協助招工。
(四) 招工費之負擔法。
甲、凡在本區內經灌縣礦局代招之工，應分別負擔，但仍須由本局先
行付清上項負擔額，以招挑運夫限其各區內招收各礦分別負擔。
其擔負標準，以三十二年十二月份每日平均產量或營業量為準。
甲、經營礦場者，每產重一噸擔五十元。
乙、經營炭場者，每經營一噸擔二十元。
招工員每日旅費五十元，組長一百元，專顧費用另開支。 招工之旅途
費由本局照料給發。
上項費額不足時再撥，有餘則由各分處長案陳存作次招工費用。
(五) 招工員之出發日期：
甲、各礦所派工頭，應即日出發。
乙、招工員之由本局礦派出者於二月二十三日（即正月二十日）以前出發，其由各
處所派者於三月五日（即正月底）以前出發。
(六) 各礦應將其所需挑運夫額準備工人名冊以資接替而便於挑運夫
[illegible]理規時由理事會另行之。

四、征兵与优待征属

四川省第三区行政督察专员公署关于征募新兵应照名额分配各联保并切实督饬征调致璧山县政府的训令（一九三七年十月九日）

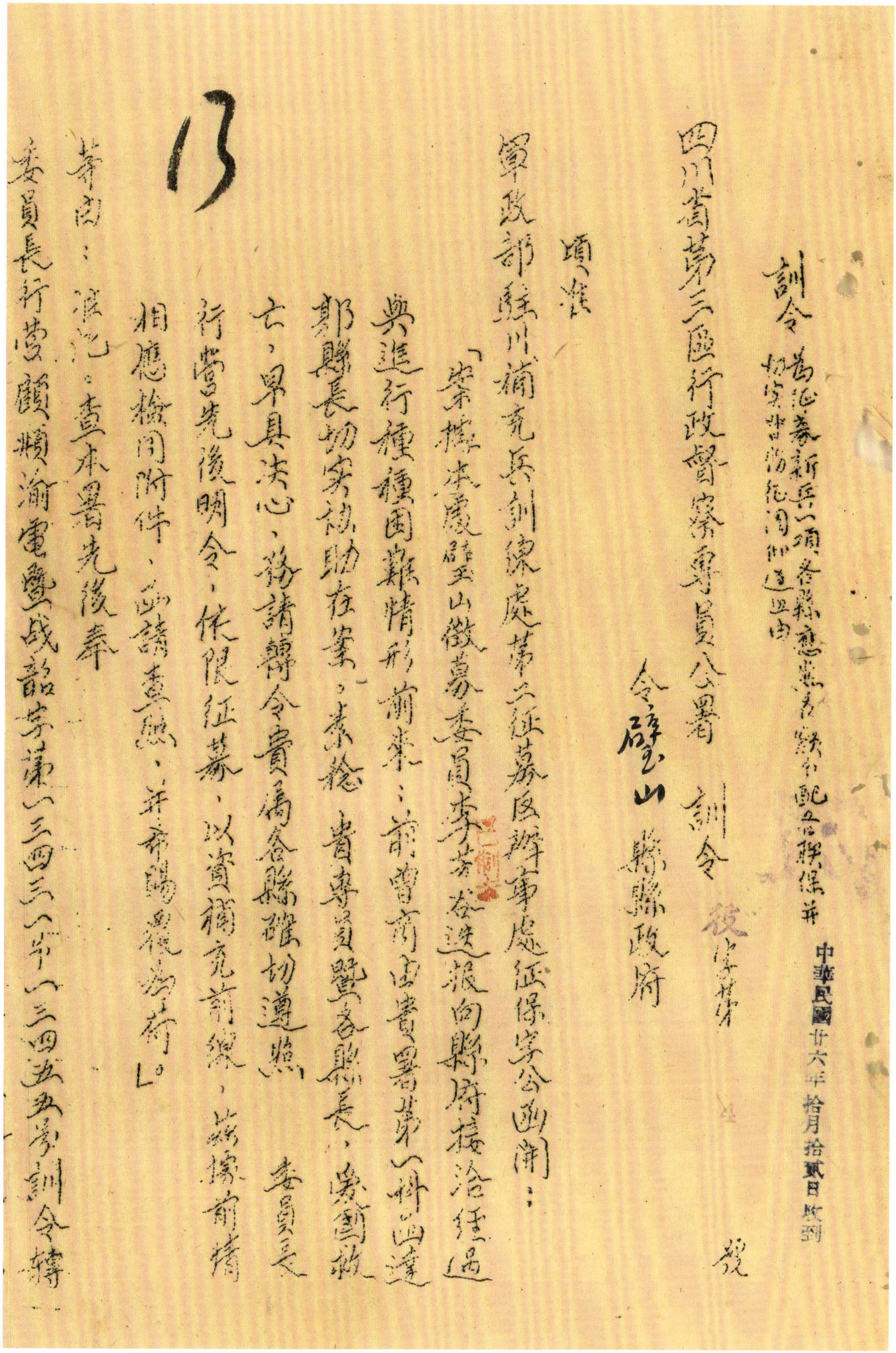

訓令　爲征募新兵一項，各縣應照名額分配各聯保并切實督飭征調迅速由

中華民國廿六年拾月拾貳日收到

四川省第三區行政督察專員公署　訓令　役字第　號

令璧山縣政府

頃准

軍政部綦川補充兵訓練處第六征募區辦事處征保字公函開：

「案據本處璧山徵募委員李芬蓀送報向縣府接洽經過與進行種種困難情形前來；前曾商由貴署第三科函達鄒縣長切實協助在案。素稔貴專員暨各縣長，負責救國，早具決心，務請轉令貴屬各縣確切遵照委員長行營先後明令，依限征募，以資補充前線。茲據前情相應檢同附件，函請查照，并希賜飭爲荷」。

等因；准此。查本署先後奉委員長行營顧、賀順渝電暨戌韶字第一三四三八號、第一三四五五號訓令轉發協助征募新兵辦法，并通知沈陳侯西為第二征募區征募主任，飭即轉飭所屬切實協助，如限征募足額，并經分別轉行遵照各在案。查此次征募新兵，急如星火，不容稍緩。倘用招募辦法，必致曠日廢時，貽悞大事。應由各該縣政府切實負責，依規定征募數，就全縣聯保，按額分配，督飭各區聯保主任如限征調足額，各縣征募委員，除一面仍應盡量招募外，並須親赴各區聯保監收新兵，庶免往返中途跋涉之勞，征募事宜，得以早日集事。須知此次征募新兵，關係整個抗戰大計，縣府與徵募委員應各盡責職，不得互相推諉，致誤國事。准函前由，除將縣府與征募委員分別負責不得互相推諉各情形，轉函

第二征募區辦事處查照，並分令外，合亟令仰該府遵照切實辦理為要。此令。

中華民國二十六年十 月 日

專員 沈鵬

中華民國廿六年拾月九日

監印 高青雲

璧山县政府第三区区署关于转呈申送壮丁积弊请予通令纠正以利役政致璧山县政府的呈（一九三八年八月十一日）

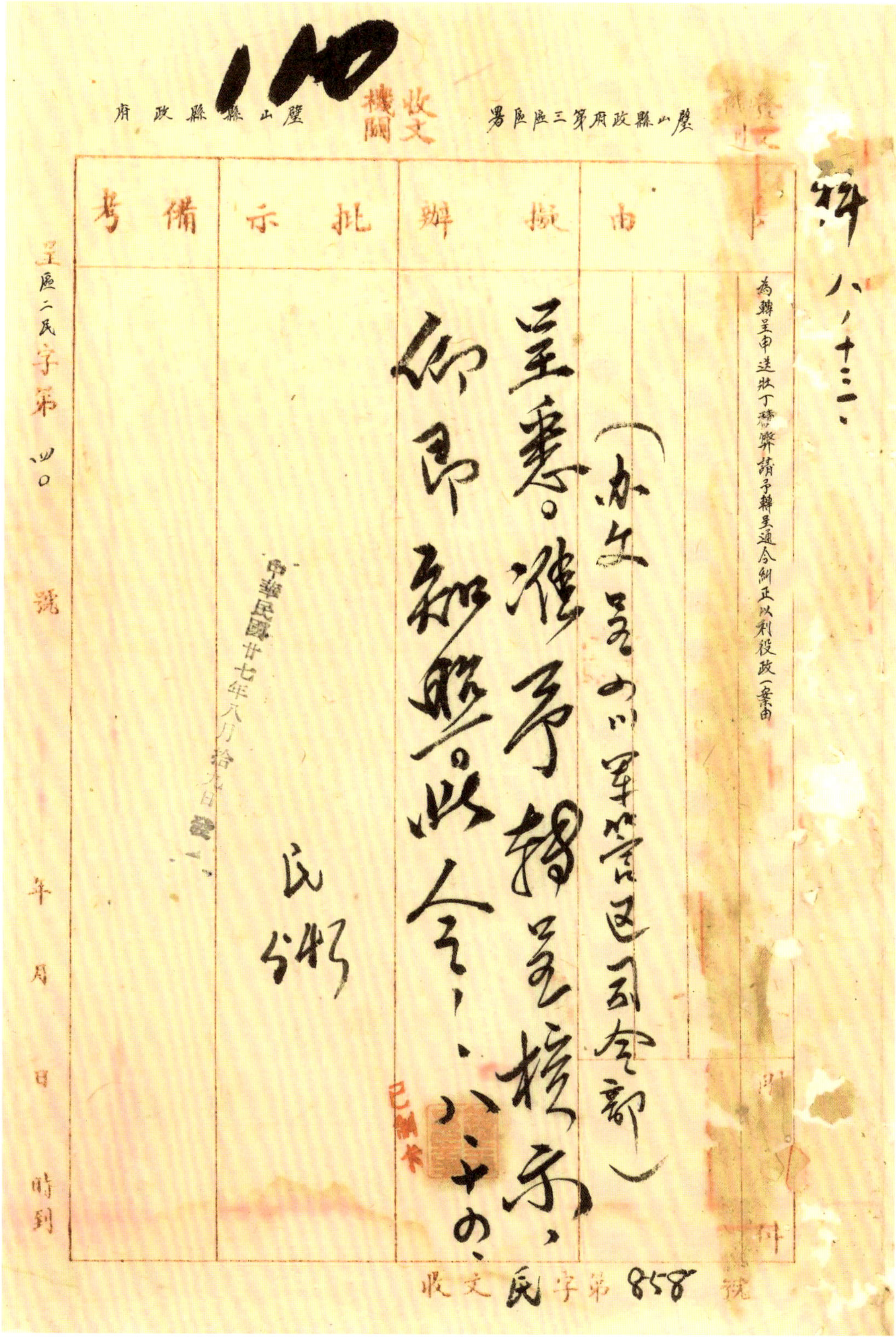

1104

八月十日，案據本區依鳳鄉聯保書記張福賢呈稱：

「呈為縷陳積弊，妨碍役政，遺誤戎機，懇予轉請查禁，并懇對於未收壯丁給證遣歸事：竊查各鄉願征送義勇壯丁，遵照 上峯明令辦理，并籌欺慰勞，作壯丁安家及在途用費（每名數元至十餘元不等），以壯行色，護送至指定地驗收取據，殊於轉送途間，有不肖員兵，故為恐嚇，謂前方如何危險，去無生還，壯丁智識薄弱，受其欺誆，要求賣放，該護送員兵即乘機詐索，得賄縱逃，乱放行人充數，致到達驗收處時，多有老弱病廢及姓名年齡籍貫不符者，均蒙遣歸，而賄逃壯丁返家，經查詢其未被驗收原因，黠者狡稱身有隱疾，或體力過弱，沐驗未收，樸者直稱途中行賄放回，等語，其所謂兵販子者，遂得乘機售其故技，每次詐取多金，中途賄逃，執以為業，其妄圖規避兵役者，又從而效尤，雖奉 上峯令飭補送，補送仍同前情，終難補送足額，致民怨沸騰，斯有丁無從征，款無從籌之虞，保甲人員辦理困難，無奉委任，咸畏縮不肯就職，影响抗戰前途，伊于胡底，是則該護送員兵之賄賣放逃，其妨害役政遺誤戎機之罪，實較漢奸禍國為尤甚，應請澈底查禁，處以極刑，以昭炯戒而維役政。嗣後各級驗收機關，對於已驗未收壯丁，請個別發給已驗未收証，註明未收原由，以資証明，其無証返家者，即係歸途潛逃，准當地保甲照逮捕逃兵例補送請究，以除積弊，其有証返家者，持証向保甲登記，以資保障，俾

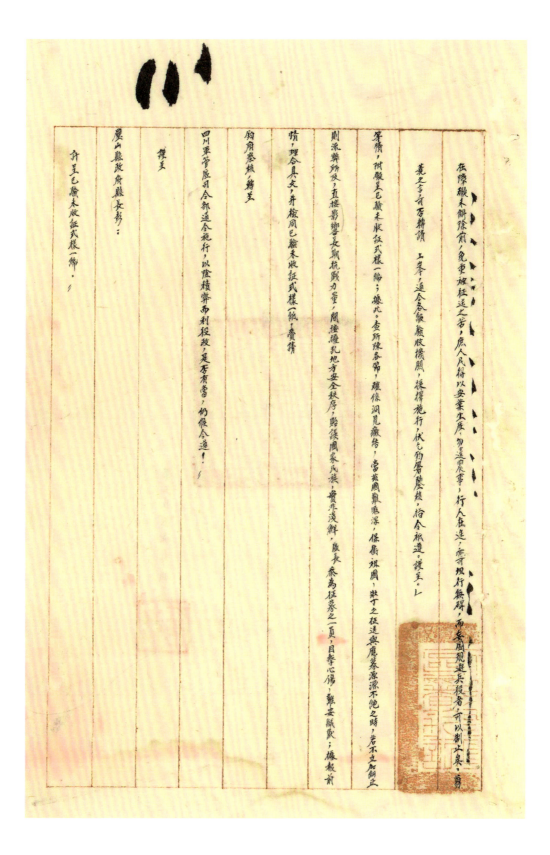

在隊職未解除前，免重被征送之苦，庶人民得以安業生產，勿遠農事，行人在途，亦可坦行無碍，而妄圖規避兵役者，亦以制止矣。翦莠之言可否轉請

上峯，通令各級驗收機關，採擇施行，伏乞鈞署鑒核，俯令祇遵。謹呈。」

等情，附繳呈已驗未收証式樣一紙；據此。查所陳各節，確係洞見癥結，當茲國難嚴深，保衛祖國，壯丁之征送與應募源源不絕之時，若不立加制止，則流弊所及，直接影響長期抗戰力量，間接擾亂地方安全秩序，貽誤國家民族，實非淺鮮，區長忝為征募之一員，目擊心傷，難安緘默；據報前情，理合具文，并檢同已驗未收証式樣一紙，賚請

鈞府察核，轉呈

四川軍管區司令部通令施行，以除積弊而利役政，是否有當，仍候令遵！

謹呈

璧山縣政府縣長彭

并呈已驗未收証式樣一紙。

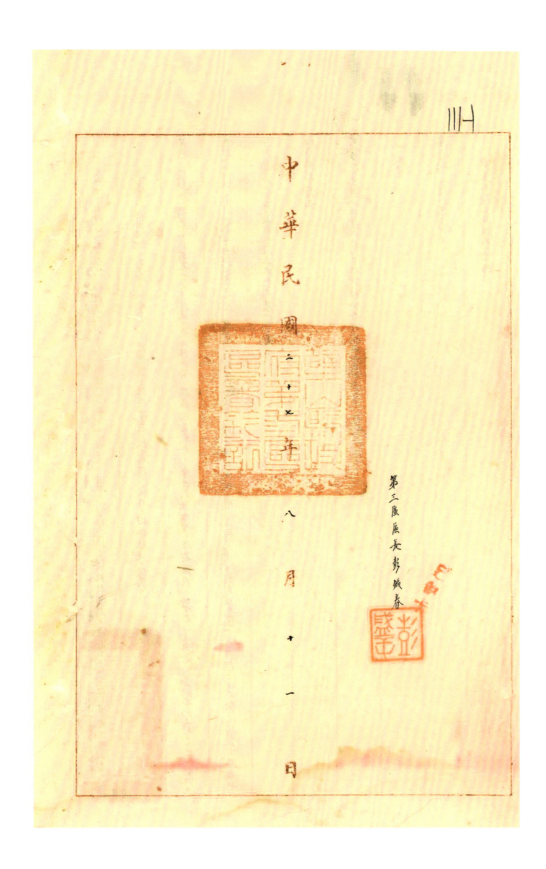

中華民國二十七年八月十一日

第三區區長彭鋮春

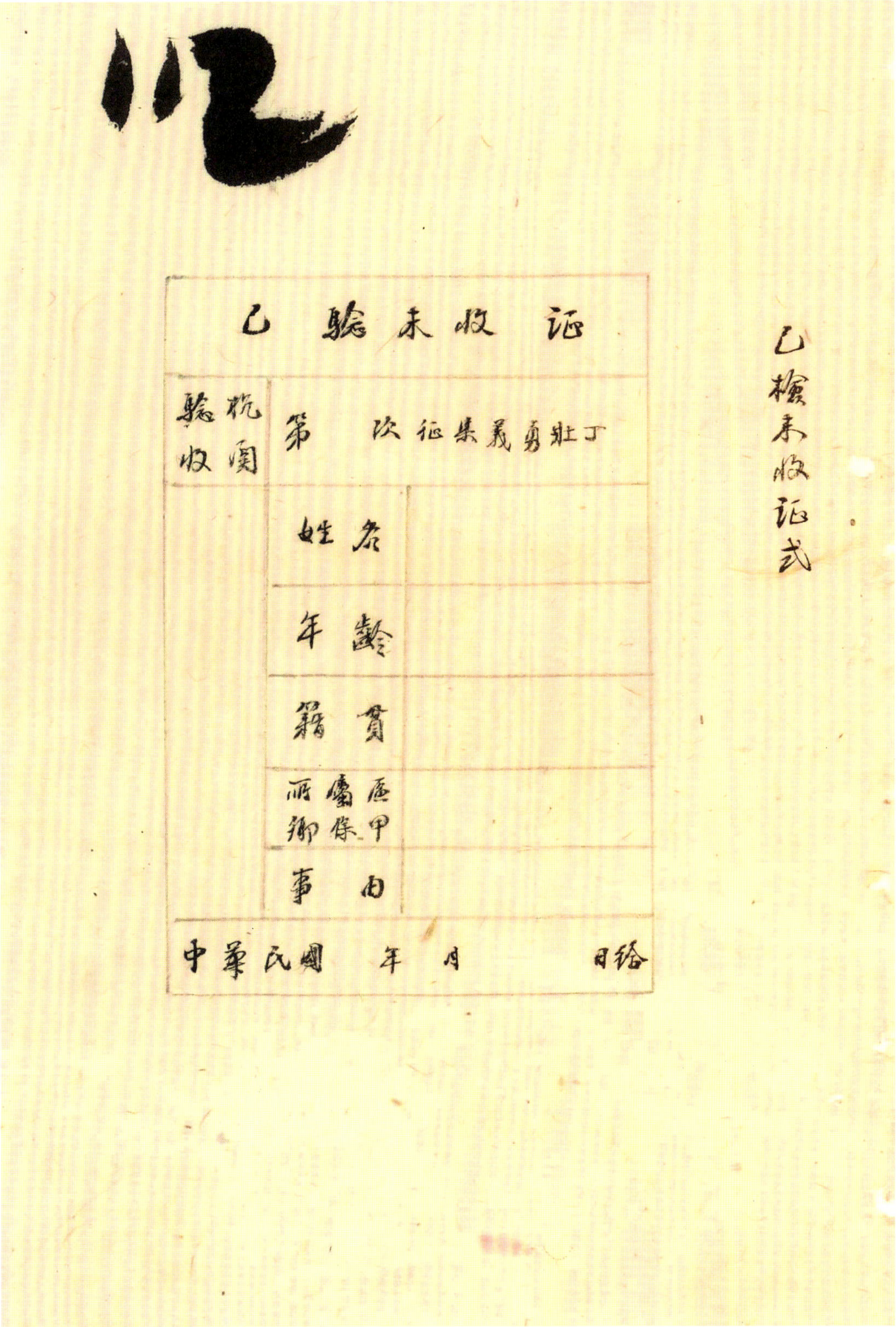

已

已驗未收証

杭関驗收	第　次征集義勇壯丁	
	姓名	
	年齡	
	籍貫	
	所屬區鄉保甲	
	事由	

中華民國　年　月　日給

已檢未收証式

附：已验未收证式样

璧山县政府第一区区署关于解送逃丁家属封长安、郑银山恳予法办致璧山县政府的呈（一九三八年十一月）

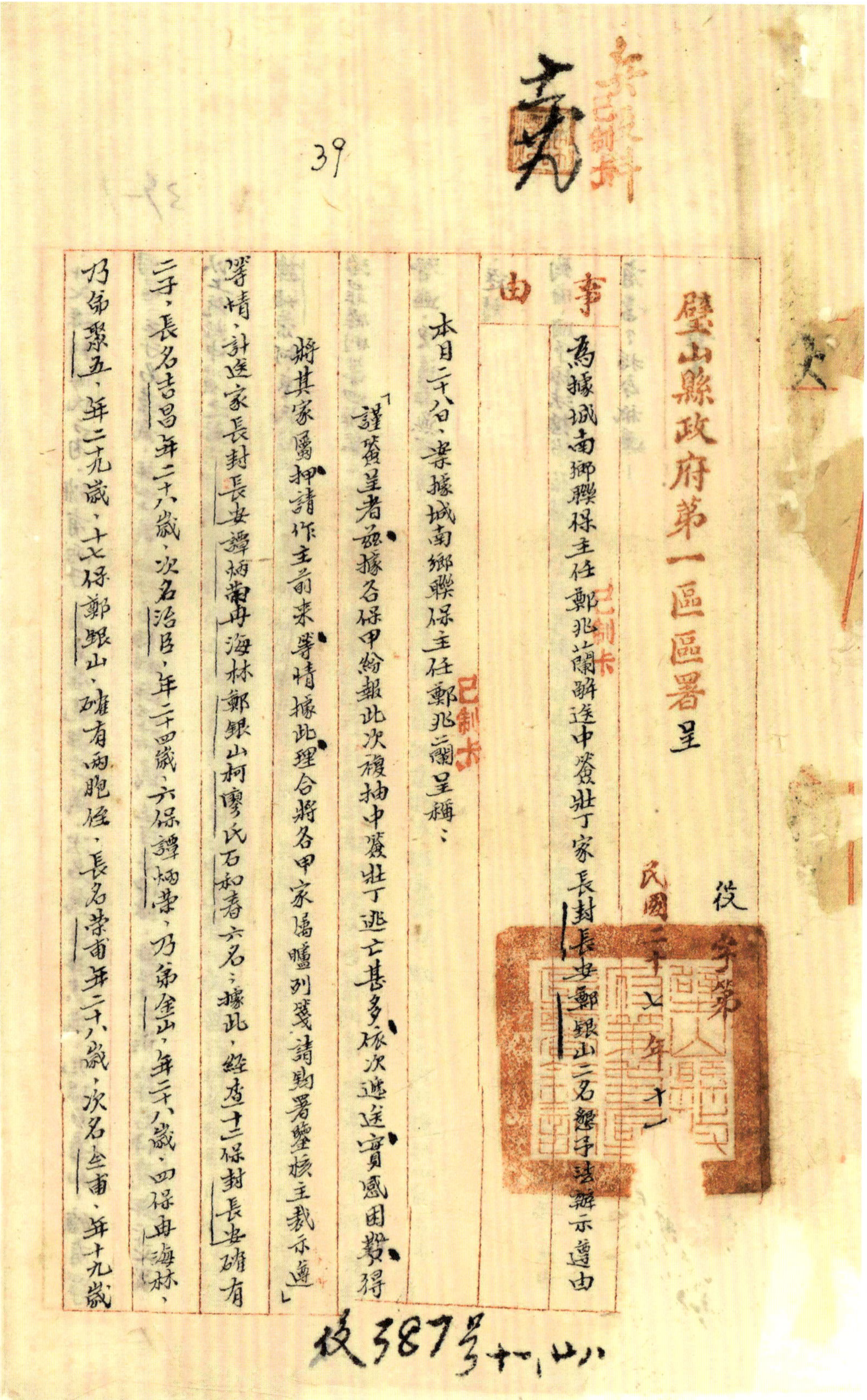
璧山縣政府第一區區署 呈

役字第　號

民國二十七年十一月

事由：為據城南鄉聯保主任鄭兆蘭解送中簽壯丁家長封長安、鄭銀山二名懇予法辦示遵由

本月二十八日，案據城南鄉聯保主任鄭兆蘭呈稱：

「謹簽呈者，茲據各保甲紛報此次複抽中簽壯丁逃亡甚多，依次遞送，實感困難，得將其家屬押請作主前來。等情。據此，理合將各甲家屬臚列簽請鈞署鑒核主裁示遵。」

等情。計送家長封長安、譚炳棠、冉海林、鄭銀山、柯廖氏、石和春六名。據此，經查十二保封長安確有二子，長名吉昌，年二十八歲，次名治臣，年二十四歲；六保譚炳棠，乃弟金山，年二十八歲；四保冉海林，乃弟聚五，年二十九歲；十七保鄭銀山，確有兩胞侄，長名榮甫，年二十八歲，次名全甫，年十九歲

役587號 十一、卅

39-1

十七保柯廖氏户内、雖有兩子、長名榮先年二十歲、次名愈厚年十八歲、九保石春和、雖有四子
同居、三子名榮武、年四十歲、四子名炳祥年三十六歲、五子名仲林、年三十二歲、六子名仲堯年二十七歲
以上既經中黨之封治區譚全山冉聚五鄭全甫柯愈厚石仲堯等六名、忽於征集時逃匿、除石和春
譚炳榮柯廖氏自願取保交人外、所有封長安鄭銀山、不應縱使其子侄逃颺、適觸犯違反兵役法
治罪條例第四條第二款之規定、惟冉海林於該鄉傳達甫送至區署門前、觀衆擁擠之際、乘機
潛逃、更屬罪無可逭、若不懇請究辦、役政恐難推行、據呈前情、理合具文連同鄭銀山封長安二名
送請
鈞府、俯予依法懲治、並懇通令緝究封治區冉聚五冉海林鄭全甫等四名、以維役政、而伸法紀、是否
有當、乞指令祇遵！

謹呈

40

璧山縣縣長彭

計送封長安鄧銀山二名

第一區區長尹大猷

已制卡

41

點鄭銀山叫

問鄭銀山你是靈山縣保長是一我是了十七保保長向你

有幾個兒子？我共兒子兩個，我足的他大兒十九歲，次去吃

糧去，我抱他的乙兒有十二三歲，那時抽籤後他們還去一個

我並非規避兵役，限五日內找尋回來服兵役就是

後問鄭銀安你大兒子廿八歲，次兒廿戌歲，你無故亂說，限

你六日內將大兒榮甫次兒全甫交出回案，否則押（柚）禁

處罰，並着取保交你兒子出來云

點封長庚叫

問封長庚你為甚麼支使你的兒子規避兵役你

41-7
~~廿二~~

你某保某甲差人名祇苗兄保，只知周保長、甲長郭海令我抽第二十二号，鐵在縣保由甲長代抽第四十九號，不料現在要兵出門，我本未家，大兒封喜自三十二岁，二兒三十岁，在鄉種土及販騾貿小生易以救我，兒下力謀生活。現在我听聞我兒去挑布去了，聞你的兒子規避兵役，着限六日交出，若我道請只抽一个与我留一个兒，我承認交出，假我二的个兒子出来服兵役，同着印取保，限你十天之内交出你的兒子完案云云。

鄭銀山十

封長發

十一月廿九号

璧山县第一区区署关于请求通令嘉奖丹凤镇罗章华自愿弃商从军致璧山县政府的呈（一九三八年十二月十四日）

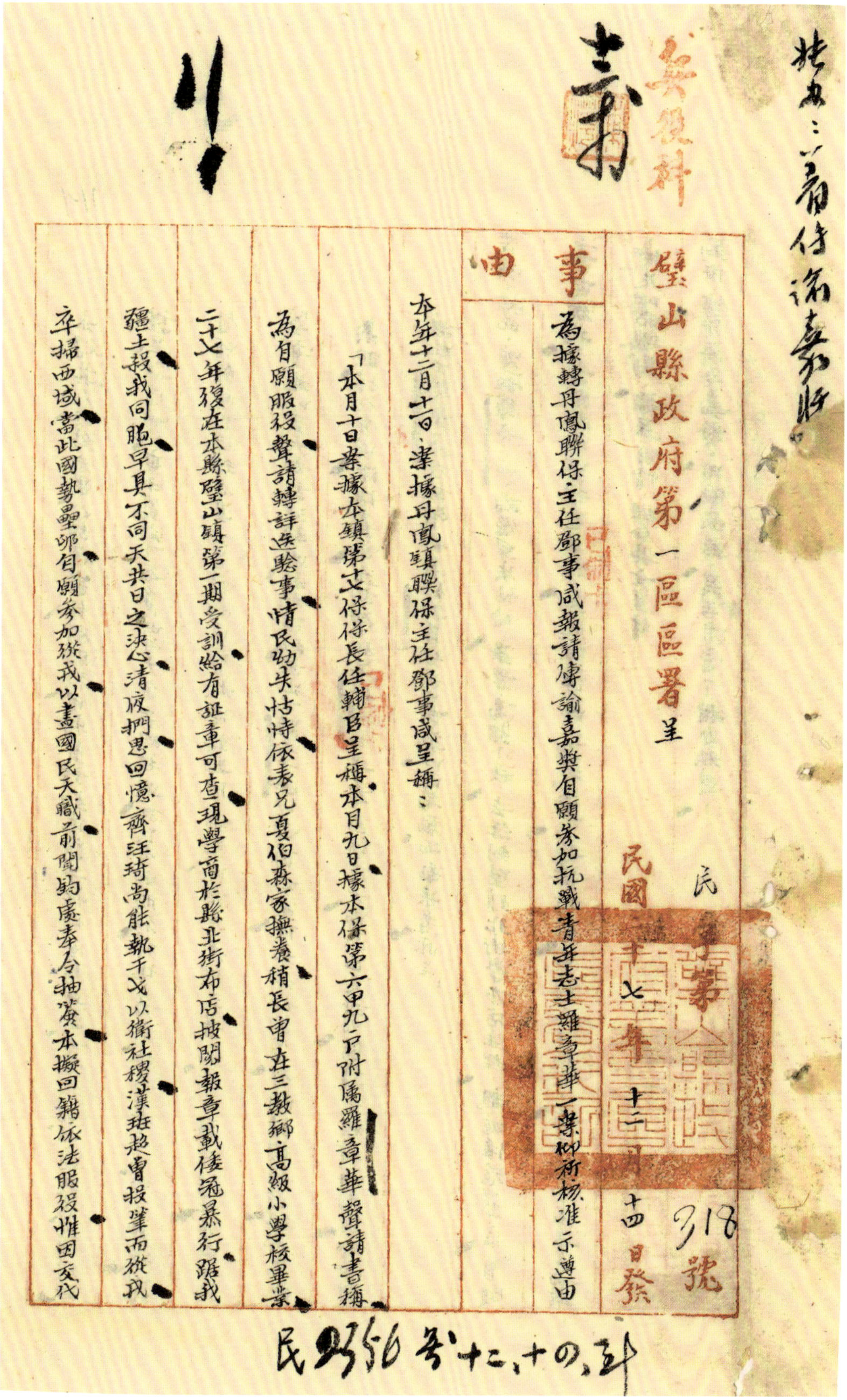

兵役科　嘉

[illegible]傳諭嘉獎

璧山縣政府第一區區署　呈

民國二十七年十二月十四日發　民字第318號

事由：為據轉丹鳳聯保主任鄧事咸報請傳諭嘉獎自願參加抗戰青年志士羅章華一案仰祈核准示遵由

本年十二月十日，案據丹鳳鎮聯保主任鄧事咸呈稱：

「本月十日案據本鎮第七保保長任輔臣呈稱：本月九日據本保第六甲九戶附屬羅章華聲請書稱：為自願服役，聲請轉詳送驗事。情民幼失怙恃，依表兄夏伯森家撫養，稍長曾在三教鄉高級小學校畢業，二十七年復在本縣璧山鎮第一期受訓，給有證章可查。現學商於縣北街布店，披閱報章，載倭寇暴行，踏我疆土，殺我同胞，早具不同天共日之決心。清夜捫思，回憶齊汪琦尚能執干戈以衛社稷，漢班超曾投筆而從戎，卒掃西域。當此國勢壘卵，自願參加從戎，以盡國民天職。前聞鄉處奉令抽簽，本擬回籍依法服役，惟因交代

民[illegible]號　十二、十四、到

11-1

未得其人，以致未果。今辞還家，自願服役，用特聲請鈞處，懇予據情層轉遞驗，如蒙允請，以遂我志，而維役政。
謹呈等情。據此，查中簽壯丁每多昧于大義，畏縮規避，該民自願服役，殊堪嘉許，俟召集令下，即予轉送。似此
自願聲請服役，理合具文呈請鈞處鑒核，層轉縣府嘉獎，以爲有志從戎者勸。此呈等情。據此，查壯丁抽
簽實施以來，大都設法規避，拒絕應征，該壯丁羅章華以學商未家，原未參加抽簽，自願請纓殺敵，似此忠肝
義胆，情切愛國，深堪嘉許。至該管保長任輔臣平素宣傳有方，即此已足証明，應請鑒核，轉詳縣府，即予將
該壯丁羅章華及該管保長任輔臣分別嘉獎，以昭激勸，而勵來者。此呈」
等情。據此，查該羅章華，雖係早失怙恃，畢業高級小校，去年到璧鎮北街學布店生理，覩茲倭寇暴虐，自願
棄商從戎，業經驗收處撿查合格，足見該章華青年志士，報敵情般，愛國亦不後人，若不懇予名譽嘉獎，
何足以昭激勸。據呈前情，理合具文呈請
鈞府俯予通令嘉獎，用勵來茲。是否有當？指令祗遵！

12

謹呈

縣長彭

第一區區長尹大猷

璧山县一九三八年度第一次征兵预定抽签地点时间分配表（一九三八年）

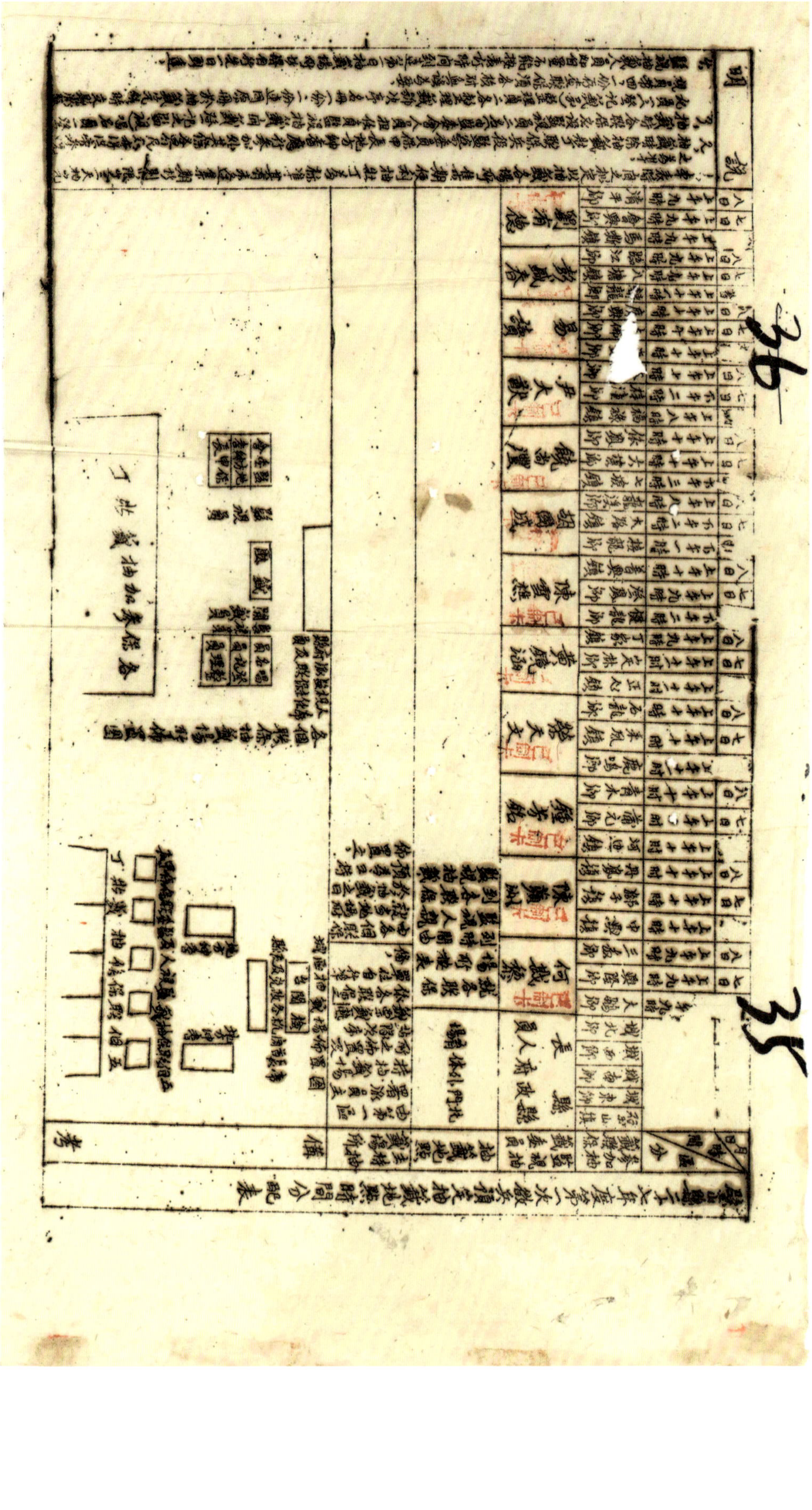

永川团管区司令部关于转饬严禁虐待壮丁致璧山县政府的快邮代电（一九三九年一月十一日）

永川團管區司令部快郵代電

已制卡

國字第170號

事由：為奉令據川東公民張德宣等請嚴禁虐待壯丁飭屬知照等因特電知照由

璧山縣長勛鑒：案奉渝酉師管區司令部師字第950號訓令內開：案奉軍管區司令部軍法字第78號訓令開：案准川康綏靖主任公署二十七年綏法簽字第6508號函開：據川東公民張德宣等呈請通令嚴禁虐待義勇壯丁一案，到署，除以呈悉，仰候函請四川軍管區司令部查核辦理。此批，等語揭示外，相應抄同原呈，函請貴部查核辦理為荷。此致，等由，計抄送原呈一件。准此，除分令外，合亟抄發原呈，令仰該司令嚴禁所屬虐待壯丁，并飭屬一律知

中華民國廿八年元月十一日發

發194号 一、十三

19

永川團管區司令部快郵代電

字第　號

事由

照菁因計抄發原呈一件奉此除分令外合亟抄發原呈令仰該司令嚴禁所屬虐待壯丁并飭屬一体知照菁因附抄發原呈一件奉此除分電外用特抄發原件電達查照并希飭屬嚴禁虐待壯丁為要永川團管區司令部警代部務中校主任部員陳國禄真附抄發原呈一件

已制表

中華民國　年　日發

第　頁共　頁

20

照抄張德宣等原呈

呈為協恳通令嚴禁虐待義勇華丁并請多咭佈告以警
殘感事緣拉派義勇華丁之慘係甲之屬之詐擄至署對
府之轅轄中解其弊實之甚早在鈎座洞鑒之中不
待繁贅惟義丁啟程時父母妻孥族戚親友之際生一死
別頭各贈酒食費洋一二元不等多者可積二三元者八
元數角此亦鄉村分貧民人情之常各地皆然該丁
藏為衣以備途間急需之用殊近聞多數人云押送回之壯丁
言各縣送義丁赴省押解之員司種種虐待沿途攔截
待非人類吞餓必食不得一飽剋扣路費使其露宿生活
等于牛馬待遇如同罪囚至省報收後復復前進前至上船
時又被頭目檢查周身搜索義丁積積之洋為被搬去奉
長官命令不許義丁携帶分文而義丁被搜索後驚飛吊銀
如啞如癡其傷心慘目之狀不忍言述沒多處撫痛萬分
此次搜索是否係奉官命或非局外人可得而知不過
又勇丁係在國難以期內之驅與敵抵敵保我疆土喪
我民族聯荷在外待遇仍徒優厚待果有上述情事殊屬
不情應請鈞座嚴密查虐實在嚴令禁止不許虐待丁役
並請將事令多咭佈告以警將來俾窮鄉僻壤皆知政
府之寬仁庶人心鼓定並福無量謹呈

璧山县政府第三区区署关于转发璧山县应征壮丁贫苦家属募捐救济暂行办法致临江镇联保的训令（一九三九年二月六日）

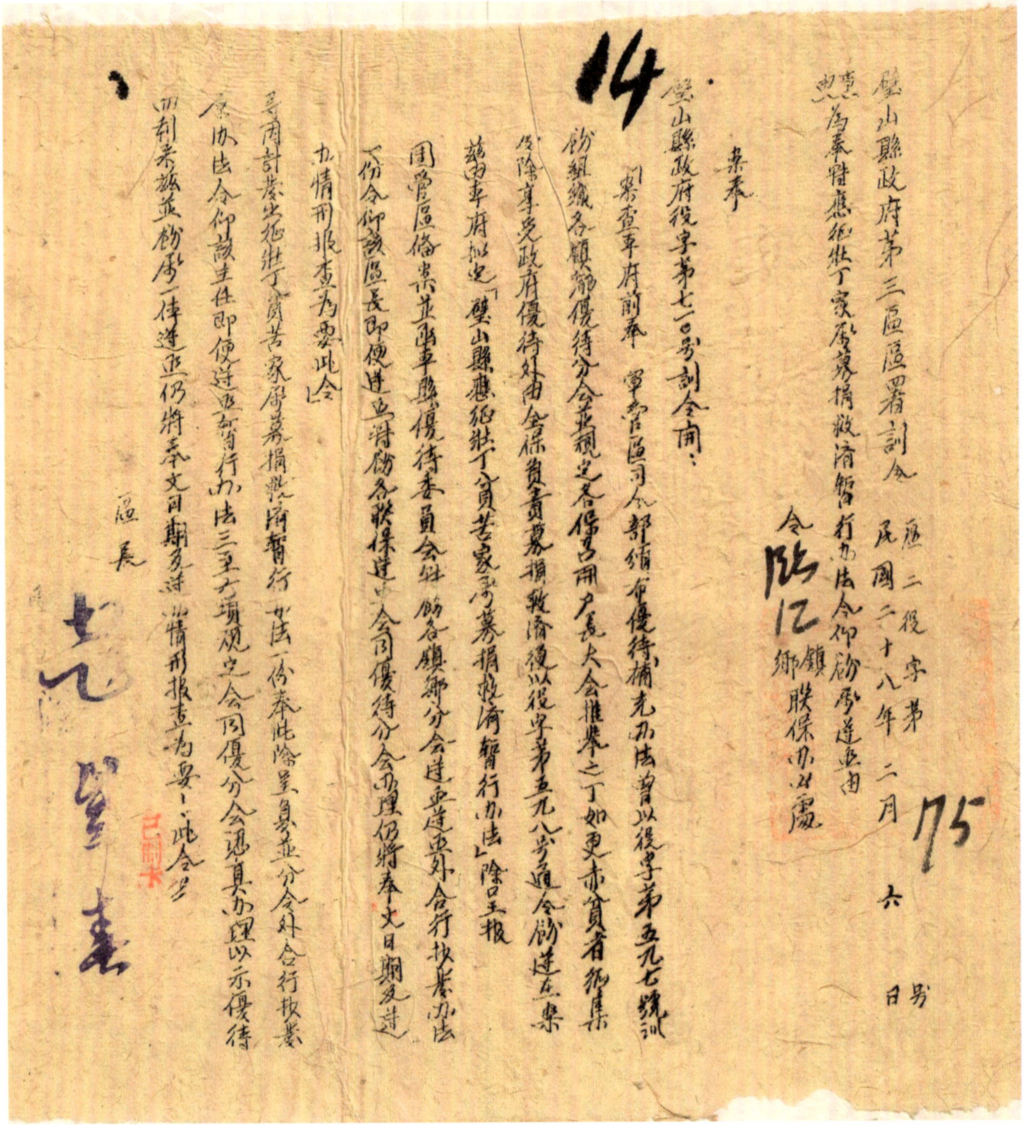

璧山縣政府第三區區署訓令 區二役字第 號
民國二十八年二月六日
令臨江鎮鄉聯保辦公處
事由：為奉轉應征壯丁家屬募捐救濟暫行辦法令仰飭屬遵照由

案奉
璧山縣政府役字第七一〇號訓令開：
"案查本府前奉 軍管區司令部頒布優待補充辦法，曾以役字第五九七號訓
飭組織各鎮鄉優待分會，並規定各保甲用戶長大會推舉之丁，如更赤貧者，須集
會除享受政府優待外，由全保負責募捐救濟，復以役字第五九八號通令飭遵在案。
茲由本府擬定「璧山縣應征壯丁貧苦家屬募捐救濟暫行辦法」，除呈報
軍管區備案並函本縣優待委員會外，飭各鎮鄉分會遵照並分令外，合行抄發辦法
一份，令仰該區長即便遵照，並轉飭各聯保遵照，會同優待分會辦理，仍將奉文日期及遵
辦情形報查為要。此令。"
等因，計發出征壯丁貧苦家屬募捐救濟暫行辦法一份。奉此，除呈復並分令外，合行抄發
原辦法，令仰該主任即便遵照，前項暫行辦法三至六項規定，會同優待分會認真辦理，以示優待
而利兵役，並飭屬一律遵照，仍將奉文日期及遵辦情形報查為要。此令。

區長 [illegible]

附：璧山县应征壮丁贫苦家属募捐救济暂行办法

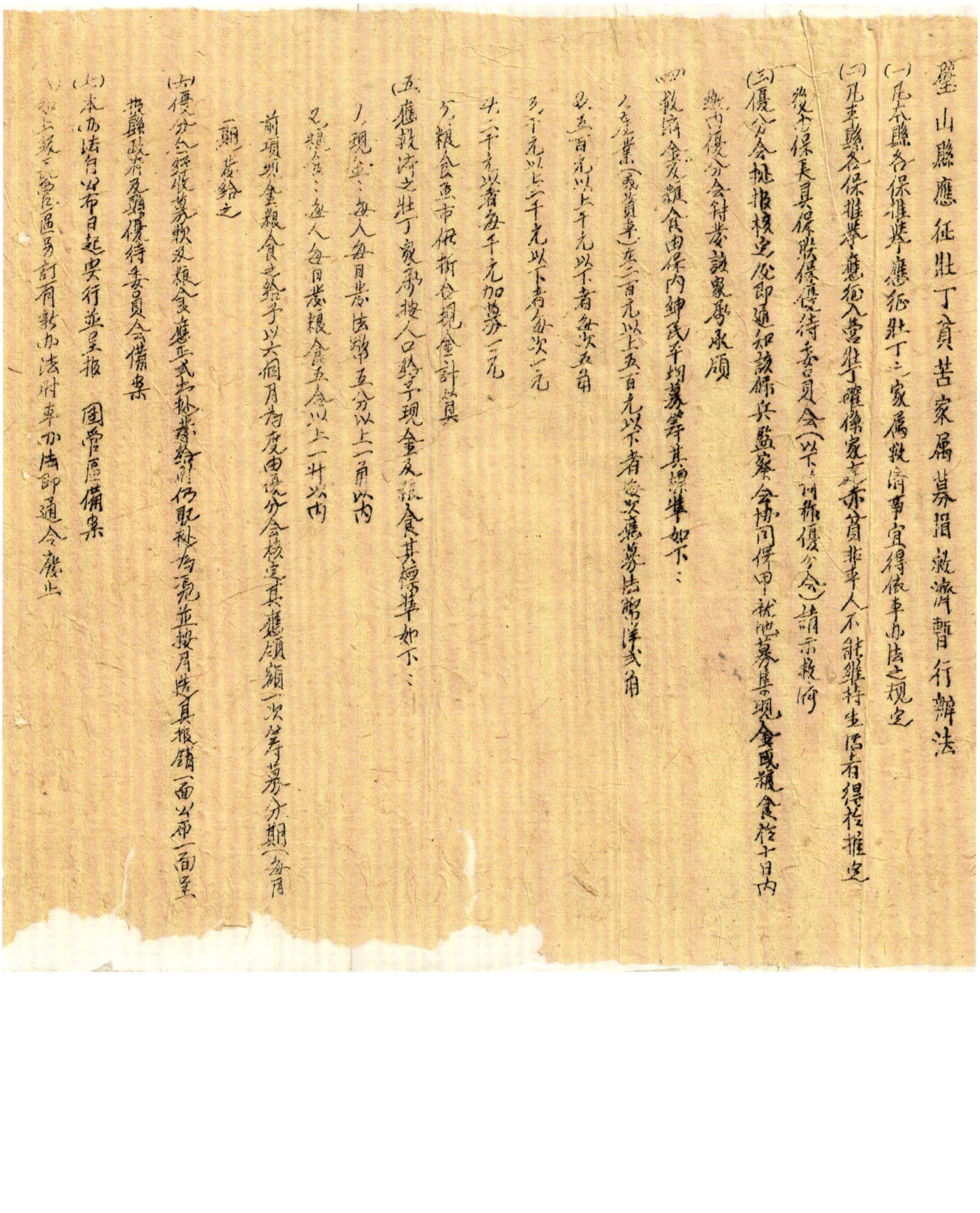

璧山縣應征壯丁貧苦家屬募捐救濟暫行辦法

（一）凡本縣各保推舉應征壯丁之家屬救濟事宜得依本辦法之規定

（二）凡本縣各保推舉應征入營壯丁確係家境赤貧非本人不能維持生活者得於推定後由該保長具保呈請優待委員會（以下簡稱優分會）請求救濟

（三）優分會據報核定後即通知該師兵監察會協同保甲就地募集現金或糧食於十日內繳由優分會轉發該家屬承領

（四）救濟金及糧食由保內紳民平均募籌其標準如下：

1、產業（或資本）在二百元以上五百元以下者每次應募法幣洋貳角

2、五百元以上千元以下者每次五角

3、千元以上二千元以下者每次一元

4、二千元以上者每千元加募一元

5、糧食照市價折合現金計算

（五）應救濟之壯丁家屬按人口給予現金及糧食其標準如下：

1、現金：每人每月發法幣五分以上一角以內

2、糧食：每人每日發糧食五合以上一升以內

前項現金糧食之給予以六個月為度由優分會核定其應領額一次籌募分期（每月一期）發給之

（六）優分會將收募款及糧食應正式出據並給册仍取收據為憑並按月造具報銷（一面公布一面呈報縣政府及縣優待委員會備案

（七）本辦法自公布日起實行並呈報　國管區備案

（八）如上級主管區另訂有新辦法則本辦法即通令廢止

璧山县第一区区署关于请从优奖叙自愿服役的赖普云、罗德荣致璧山县政府的呈（一九三九年三月二日）

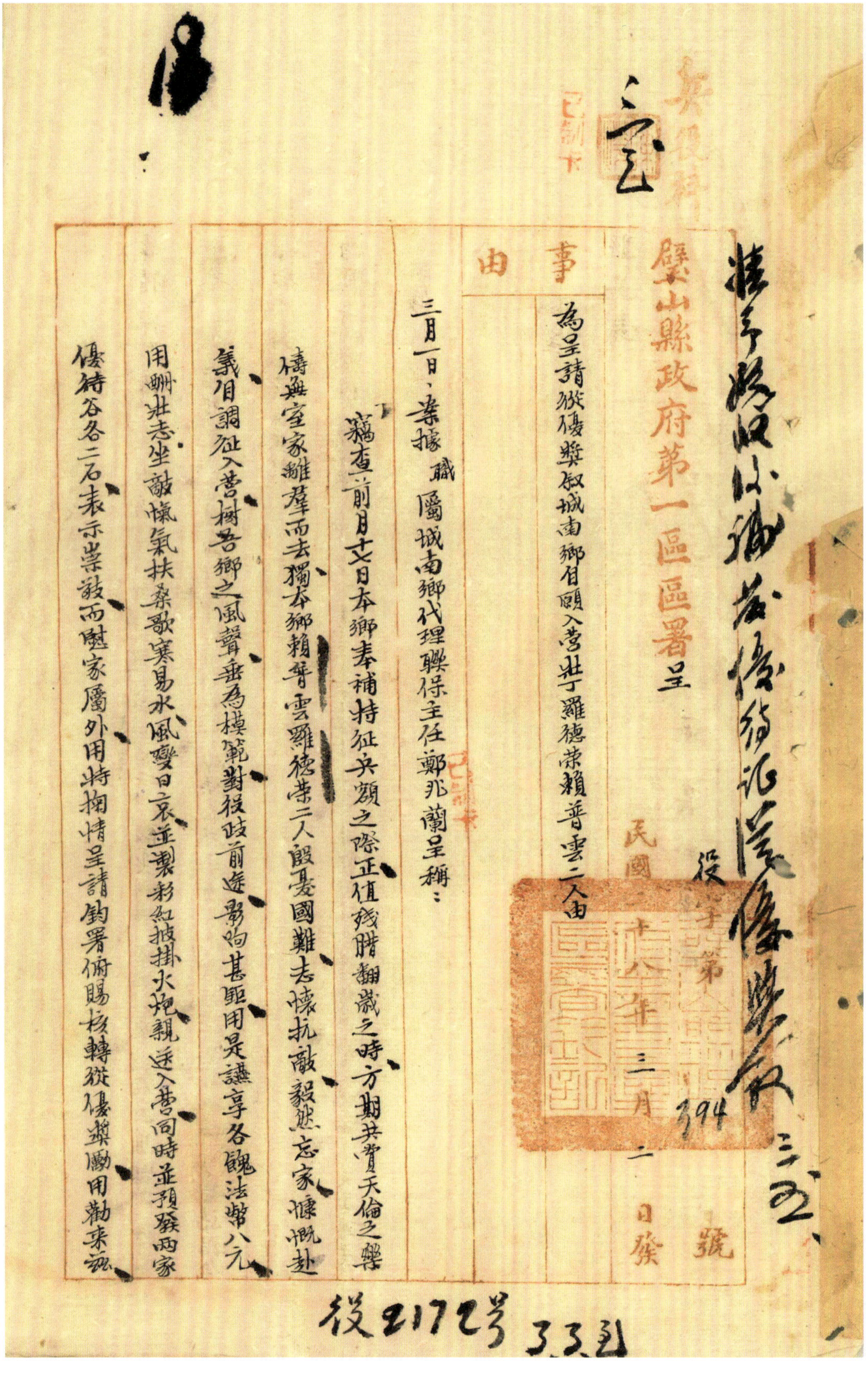

璧山縣政府第一區區署呈

役字第　　號

民國二十八年三月二日發

事由：為呈請從優奬叙城南鄉自願入營壯丁羅德榮、賴普雲二人由

三月一日，案據職屬城南鄉代理聯保主任鄭兆蘭呈稱：竊查前月廿七日本鄉奉補特征兵額之際，正值殘臘翻歲之時，方期共賞天倫之樂，儔與室家離羣而去，獨本鄉賴普雲、羅德榮二人，殷憂國難，志懷抗敵，毅然忘家，慷慨赴義，自願征入營，樹吾鄉之風聲，垂為模範，對役政前途影响甚鉅。用是議享各饋法幣八元，用酬壯志，坐敵愾氣，扶桑歌寒易水，風變日哀；並製彩紅披掛，火炮親送入營；同時並預發兩家優待谷各二石，表示崇敬，而慰家屬。外用特掬情呈請鈞署俯賜核轉從優奬勵，用勸來茲

394

三.三

役2172号 3.3到

18-1

是否有當指令祇遵」

等情。據此。除以「呈悉。據稱該鄉賴普雲羅德葉二人，殷憂國難，自願入營，似此忠勇慷慨，捨家報國，實屬難能可貴，深堪嘉許，除已頒谷石外，仰候呈請縣府從優獎敘，以資激勸。此令」等語指令印發外，理合具文呈請

鈞府，俯予鑒核，補發物質優待証下署，以憑轉給抵報，并懇額外從優獎敘，以昭激勸！是否有當

伏候

令遵！

謹呈

縣長彭

區長尹大猷

璧山县政府第三区区署关于限期送交二、三两月加征壮丁致临江乡联保的训令（一九三九年三月十八日）

4

璧山县政府第三区区署训令　区二役字第133号

民国二十八年三月十八日

要点：为奉令征送二三两月加征丁额，饬限三月廿四日送县交付，仰遵照按配数目如限一次送足由

令临江乡联保办公处

案奉

璧山县政府役字第一〇八九号训令开：

本年三月十八日案奉

永川团管区永字第二六四号寒征代电开：案奉渝酉师管区司令部三月元役电开：该区二三两月加征额以五四三八名拨交九四军，限三月有日在该区交接完毕，并先准备该军接兵干部驻地，迅速办为要等因。自应遵办。查规定交接限期转即届满，兹规定征兵办法如下：（一）该县二三两月份加征额七六二名，限一次征齐于三月廿五日以前送达永川交接；（二）各县征集壮丁务须施行严格身体检查，以免剔除补送之赔累；（三）中选壮丁应先依照军部前以永字第一八八号训令附发名册格式造具壮丁名册及交付报告表三份一并携带来部候拨；（四）所需征集费按照军管区前所规定特征兵征集费每兵每日两角，以行程六十里计算为准，则先

行檢發給候壯丁交付後核實列報，特請核發歸墊。（五）各縣如有不能將壯丁於三月廿五
日以前撥交足額，則俟接收部隊遷移駐地，所有欠額應由各該縣自行負責逕
送補足。除分電外，合亟電仰切實遵照辦理為要。等因。奉此，查本縣二三兩月加征壯丁
額共七六二名，既經 上級督區限期征送，自應遵照辦理。茲由本府製定各區鄉二
三月份加征丁額應撥交九四軍兵額配賦表，核定該區上項丁額應征一六四名，二
三兩月份一次征足，統限三月廿三日一次集中該區，由該區區署軍事區員率領送縣，在
自衛總隊部內驗收，以憑轉送永川交撥。但集中時須施行嚴格身體檢查，並嚴
附發式樣造具名冊及交付報告表一份，一併攜帶來縣候驗。如有不能將應送壯
丁遵限一次送足者，即實行扣罰征集費，所有欠額即責令該區長自行逕送補
足。除分令外，合行檢發配賦表一份、壯丁名冊式樣一紙、交付報告表式樣一紙，令
仰該區長即便遵照，一俟文到日，遵照配賦表說明第四項之規定數實配賦由各
聯保甲分如限征送，並將配賦數目先行表報，以憑查核。至本府三月六日役字
第九八七號訓令附發二月份加征丁額配賦表，即行作廢，合併令知。此令。
等因。計發各區鄉二三月加征丁額應撥交九四軍兵額配賦表一份、壯丁名冊式樣一紙

交付報告表式樣一份。奉此。查本區此次應征撥九四軍入營壯丁壹百六十四名，奉令於三月廿三日在本署集中檢驗，送縣交付。茲因各鎮鄉有往返數十里之麻煩，而接龍又係集縣必由之路，為各鎮鄉便利及減省消耗計，所有八塘、依鳳、大路、臨江、健龍五鎮鄉，飭限本月（三月）廿二日將應征入營壯丁齊集各該聯保辦公處，聽候本署派員實施親身傳檢查。其餘[illegible]、接龍、青木、六塘、七塘五鎮鄉，飭限廿三日齊集本處應征入營壯丁，聽候檢驗，統限廿四日由各鎮鄉派可靠員丁逕送縣城牌坊街德星棧集中，轉送交付。事關征補要政，各該主任務須嚴飭所屬，如限齊集，以備檢送。如有逾期未送足額，臨時不能檢送時，即責令各該主任逕送接收部隊交付。其壯丁征送名冊及交付報告表，務須依照所頒式樣切實填報三份，以便存查。除分令外，合行令仰該主任即便遵照辦理，務各先期準備，一次送足，藉免補征及往返消耗之累。至本署本年三月七日以區二役字第一三〇號訓令特配各鎮鄉入營壯丁五十一名一案，應予作廢，併仰知照，為要。

此令。

計發交付報告表一份，征送名冊一份，各鄉鎮干額配賦表一份

區長 趙[illegible]奎

已製卡

附：璧山县第三区各镇乡二、三两月加征丁额应拨交九四军兵额配赋表

璧山縣第三區各鎮鄉二三兩月加征丁額應撥交九四軍兵額配賦表

鎮鄉別	應征送名額	備攷
八塘鎮	二二名	
依鳳鄉	一六名	
大路鎮	二四名	
龍溪鄉	一二名	
接龍鄉	一六名	
青木鄉	一〇名	
六塘鄉	一二名	
七塘鎮	一八名	
臨江鄉	一八名	
轉龍鄉	一六名	
合計	一六四名	

璧山县政府第三区区署关于各联保继续限期补送壮丁数额致临江乡联保的训令（一九三九年三月二十四日）

璧山縣政府第三區區署訓令　區二役字第　號

民國二十八年三月廿四日

159

事由：為令飭各聯保繼續補壯丁依照規定期間送縣交付由

令臨江鄉鎮聯保辦公處

查二三兩月份加征丁額應撥交九四軍入營壯丁壹百六十四名，雖經攤配各聯保飭限三月廿四日率送縣城交付在案，惟因配送數字太多，誠恐徵集不齊，兼之時送永川檢驗，難免不剔退一部份，本署有集中驗送之責，不能不先為準備，茲特指示繼續補征辦法如下：

1.各鄉鎮二三兩月份加征丁額照本署配賦應撥交九四軍之壯丁如已照額送足者，仍照原額繼續補征十分之三合驗壯丁，即日集中聯保辦公處聽候派員檢驗；如未照額送足者，除應即立速將額征足外，並應照額再補征十分之三合驗壯丁，一律集中聯保

候驗補送

又應補送壯丁之各聯保經本署派員施行身体檢驗後限四月四日一次送交本區驗收處交付如在規定限期內有不能送足者即責成應送保長直接送交接收部隊交付所有往來用費即由該保長自行担負如有超送之聯保即在下次配額內減除

3、絕對禁止遊蕩之商行人充送壯丁

以上各項除分令外合行令仰該主任即便遵照並轉飭各保長一体遵照爲要！

此令。

區長

抄飭遵照補征

三、廿八。

璧山县政府第三区区署关于限期补送壮丁致临江乡联保的训令（一九三九年三月二十九日）

12

速办　范日

璧山縣政府第三區區署訓令　民國廿八年三月廿九日　發

區二役字第一四一號

為奉令飭各聯保應補二、三兩月加征丁額務必規定日期集縣以憑轉送由

令臨江鎮、鄉聯保辦公處

查二、三兩月加征丁額，除依鳳鄉已送足額外，其餘各鎮、鄉均未送足，業經本署以區二役字第一三九號訓令指示辦理在案。惟因本署備受勒坐，各鎮、鄉遠缺額，而接驗人員又不敷分配，如不免予規劃，難期周甚之功，特再指示如下：

（1）各鎮、鄉應征二、三兩月加征丁額，務必照次專兜區役兩額，依限加征，聽候接驗。

（2）查龍鄉應征壯丁定四月一日集中該鄉聯保辦公處聽候接驗，八塘、臨江應征壯丁定四月二日午前八時集中區署，以引導侍候接收，仰該聯保因照辦理依期送到毋違為要。

（3）依風、大路、七保之、應征壯丁定四月二日分就聯保或集中所屬派員接驗。

（4）龍溪、樟龍、青木應征壯丁定四月三日仍分就聯保或集中會驗。

（5）各鎮鄉應征壯丁候本署核驗後，限四月四日一次送齊交付，不得欠送一名，否則即由各鎮鄉自行負責直接送交接收部隊交付。

（6）征送名冊只造一份，已足存查，交付抽籤表即予免造，義務手續。惟征送名冊家長姓名欄只填一人，如（父○○或母○○及兄○○或弟○○等人為家長，亦可照填姓名），備註欄內須注明該丁特徵以資查考，壯丁指紋須用紅色。

（7）富紳及公務員家應征之壯丁應儘先中送，以示公平而恤農民。各保甲長及鄉鎮公所應秉公執行，不得稍徇庇，自干連帶處分。

（8）絕對禁止違法強拉外籍壯丁，免干法究。

以上各項，期在必行。除分令外，合行令仰該主任即便遵照辦理為要！

此令。

計發丁額一覽表一份。

區長 趙□基

附：丁额一览表

鄉鎮別	配送數	已送數	欠送數	備補兵	共補兵	備攷
八塘	二二名	一二名	一〇名	七名	一七名	原收十四名，又付財經龍科長別送二名（王炳六冉錫清）
來鳳	一六名	一六名	無	五名	五名	原收十七名，剔除二名，現又據該部待查一
大路	二四名	一三名	一一名	七名	一捌名	
龍溪	一二名	九名	三名	四名	七名	原收十名，又付財經龍科長別送一名（黃紫清）
接龍	一六名	六名	一〇名	五名	一五名	原收七名，呂旺清已入營（已處補查一）
青木	一〇名	六名	四名	三名	七名	原收七名，李彥良為誤印時去羽黃、在德派充收發伕，爽洵私逃
六塘	一二名	四名	八名	四名	一二名	原收六名，又付財經龍科長別送一名（周旺玉），又江流泉現已撥部待查一。
七塘	一八名	六名	一二名	五名	一七名	
激江	一八名	一二名	六名	五名	一一名	
轉龍	一六名	四名	一二名	五名	一七名	

璧山县政府第三区区署关于加紧征送合格壮丁致临江乡联保的训令（一九三九年三月三十日）

送照三、卅〇

13

144

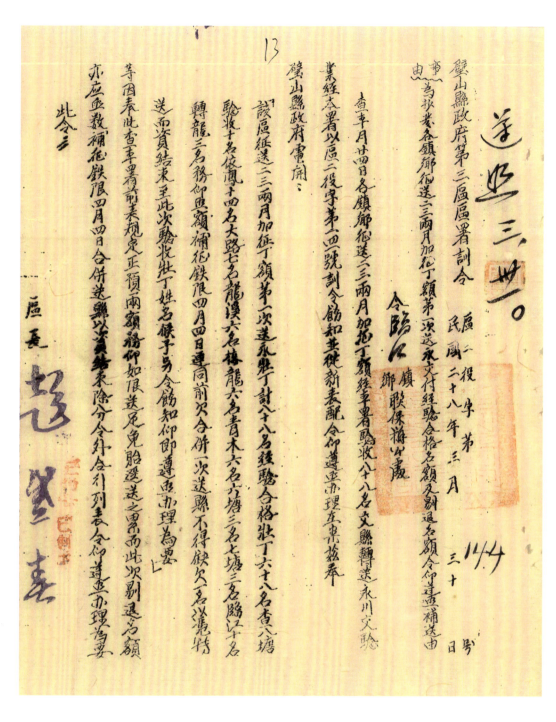

璧山縣政府第三區區署訓令　區二役字第　號

民國二十八年三月三十日

事由：為抄發各鎮鄉征送二三兩月加征丁額第一次送永文付經驗合格名額及剔退名額令仰遵照補送由

令臨江鎮鄉聯保辦公處

查本月廿四日各鎮鄉征送二三兩月加征丁額，經本署驗收八十八名，交縣轉送永川交驗，業經本署以區二役字第二四號訓令飭知並徙新表配令仰遵照辦理在案。茲奉

璧山縣政府電開：

「該區征送二三兩月加征丁額第一次送永壯丁計八十八名，經驗合格壯丁六十八名，查八塘驗收十名，依鳳十四名，大路七名，龍溪六名，梅龍六名，青木六名，六塘三名，七塘三名，臨江十名，轉龍三名，務仰照額補征，缺限四月四日連同前次合併一次送縣，不得缺欠一名，以憑轉送，而資結束。至此次驗收壯丁姓名，候予另令飭知，仰即遵照辦理為要」

等因，奉此。查本署前表規定正額兩額，務仰如限送足，免貽遲送之累。而此次剔退名額亦應照數補征，缺限四月四日合併送縣，以資結束。除分令外，合行列表，令仰遵照辦理為要。

此令。

區長　趙□□

附：各镇乡征送二、三两月加征丁额第一次送承交付经验合格壮丁及剔退壮丁名额一览表

各鎮鄉征送二三兩月加征丁額第一次送承交付經驗合格壯丁及剔退壯丁名額一覽表

鎮鄉別	送驗數	經驗合格數	剔退數	備攷
八塘	一二名	一〇名	二名	
依鳳	一六名	一四名	二名	
大路	一三名	七名	六名	
龍溪	九名	六名	三名	
接龍	六名	六名	〇	
青木	六名	六名	〇	
大塘	四名	三名	一名	
七塘	六名	三名	三名	
臨江	一二名	一〇名	二名	
轉龍	四名	三名	一名	
合計	八八名	六八名	二〇名	

附記 1、各鎮鄉第一次送承壯丁如無剔除情事即照本署前表規定正額兩額如限徵集一次送足名，如有剔除情事除照前表規定如限送足不計外應將此表剔退數補徵併送

璧山县政府第三区区署关于抄发商讨加送二、三月份壮丁名额问题会议记录致璧山县临江乡联保的训令（一九三九年四月一日）

附：会议记录

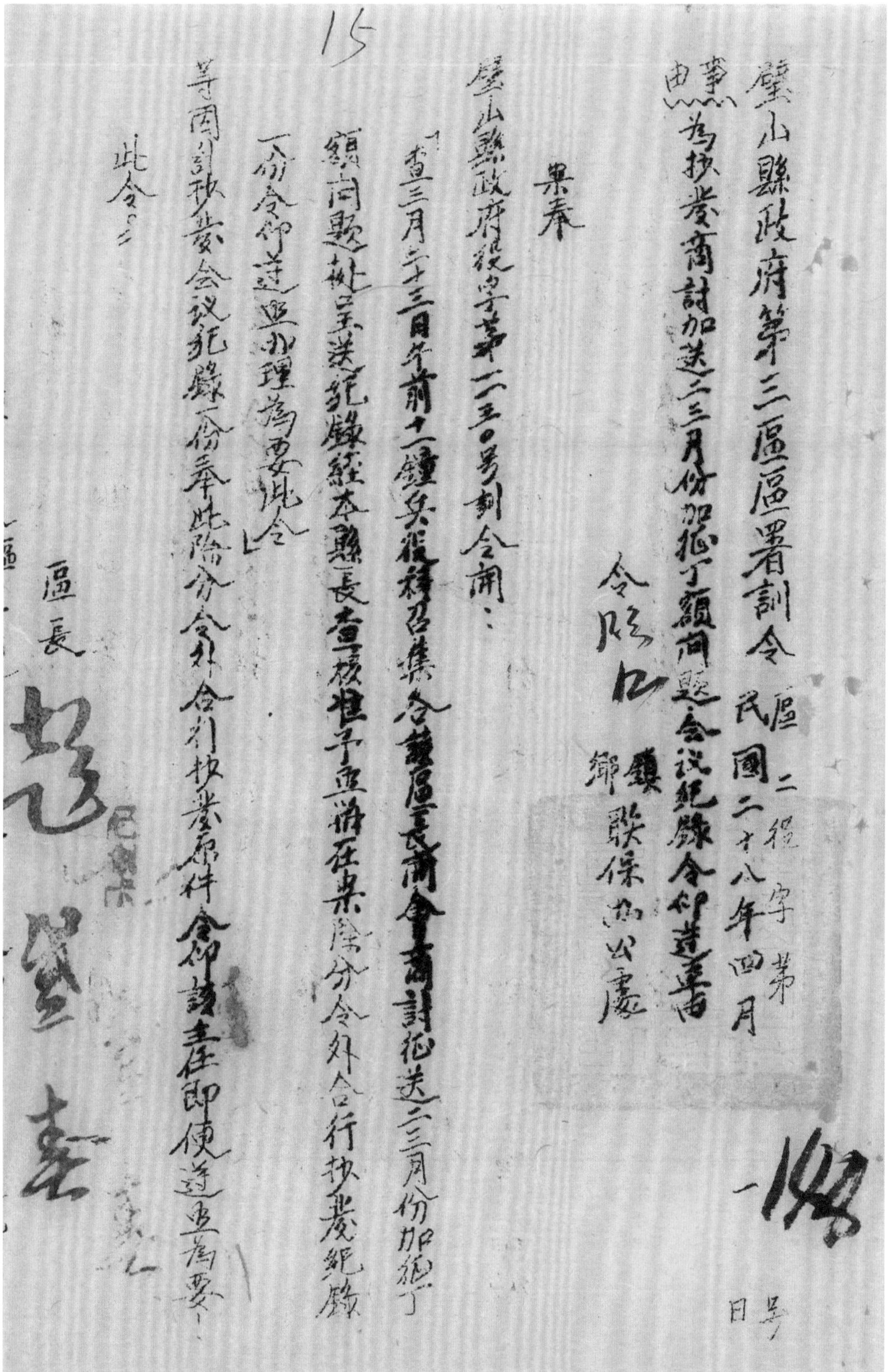
璧山縣政府第三區區署訓令　區二程字第　號

民國二十八年四月　日

令臨江鄉鎮聯保辦公處

事由：為抄發商討加送二三月份加征丁額問題會議紀錄令仰遵辦由

案奉

璧山縣政府程字第一二五〇號訓令開：

"查三月二十三日午前十一鐘奉縣府召集各該區區長開會，商討加送二三月份加征丁額問題，擬定送紀錄經本縣長查核，准予照辦在案。除分令外，合行抄發紀錄一份，令仰遵照辦理為要。此令。"

等因。計抄發會議紀錄一份。奉此，除分令外，合行抄發原件，令仰該主任即便遵照為要。

此令。

區長

三月十三日午前十一鐘召集各區鄉長開會商討征送二、三月份加征丁額問題紀錄

1、開會地點：縣府會議廳

2、出席人：彭咸春　徐光達　刘有德　邹忠　龍履謙

3、主席龍縣長報告（略）

4、議決事項：

1、以後征送壯丁仍由各保依法征送交各聯保集中，再由區署派員分往各聯保檢驗身体，認為合格者列入名冊，俟所屬各聯保驗收後，定期一次集中區署，即日造具該區壯丁指紋名冊四份送交縣府，由縣府派兵會同區署派員護送離縣交付。

2、二三月加征丁額依上項議案辦理，惟馬新鄉應送之二區署、第三區署集中之丁逕送永川，不必送縣。

3、各區集中伙食不問時間早遲，在未離縣以前統由各縣自辦，以後每驗收壯丁一名，並規定發征集費兩日，由縣府于交付後照發。

4、自壯丁入營之日起，伙食即由縣府逐日按名發給，仍交各區自办。

5、壯丁剃头及標記布費用由縣府核實發給。

6、第一三兩區壯丁驗收處暫設總隊部，二月份加征者限三月廿五日集中，廿六日出發，到丁家鎮宿營，第二區之丁限廿六日集中，廿七日早晨同一三區壯丁赴邢川交付，各區均派員率領，仍由縣府派兵護送，以防逃逸。三月份加征額限四月五日集中，六日由縣出發，七日到達邢川交付。

7、各區壯丁身體檢驗須照嚴格，如剔除過多，往返所耗伙食即於各區區長領征集費內扣償。

8、壯丁禦寒被蓋，可就地向旅店租用，酬給之數區負責。

遵辦 四、二

璧山县政府第三区区署关于遵照表配名额补送二、三月应送壮丁名额致临江乡联保的训令（一九三九年四月七日）

通知三、十九、十一保遵照补送 四、八

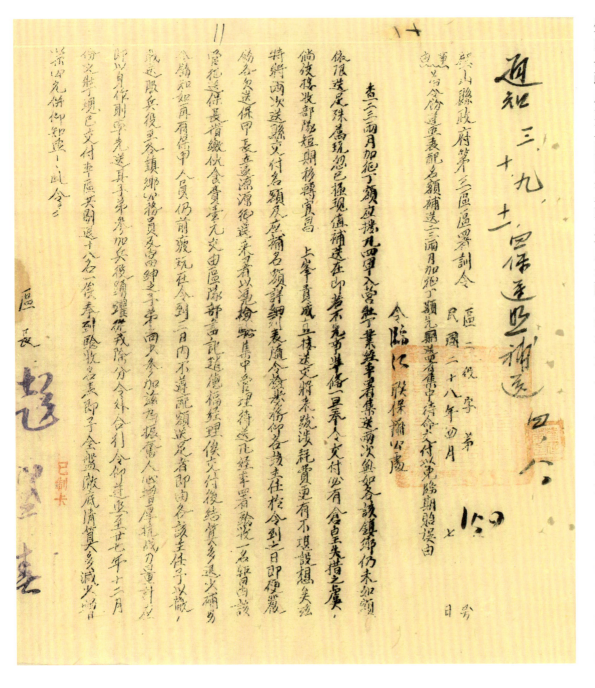

璧山縣政府第三區區署訓令　區二役字第　號

民國二十八年四月七日

事由：為令飭遵照表配名額補送二三兩月加征丁額先行送區集中待命交付以免貽誤由

150

令臨江聯保辦公處

查二三兩月加征丁額應撥九四軍入營壯丁業經本署集送兩次，無如各該鎮鄉仍未如額依限送足，殊屬玩忽已極，現值補送在即，若不先事準備，一旦奉令交付，必有倉皇失措之虞，倘使接收部隊短期移轉宜昌，上峯責成立捧送交，將來殊涉耗費，更有不堪設想矣。茲特將兩次送縣交付名額及應補名額詳細列表，隨令檢發，務仰各該主任於令到五日即便嚴飭各負送保甲長立速源源征送，來署者以憑檢驗集中管理待送。凡經本署檢驗一名，須由該管征送保長措繳伙食費壹元，交由區隊部書記趙德福經理，俟交付後結算，多退少補，務令飭知照。所有保甲人員仍前疲玩，在令到三日內不遵配額送足者，即由各該主任予以撤職，送服兵役。至各鎮鄉公務員及富紳之子弟，而又參加該為振奮人心，增厚抗戰力量計，應即以身作則，事先送其子弟參加兵役，踴躍從戎。除分令外，合行令仰遵照！至廿七年十二月份之壯丁現已交付本區，共剔退十八名，一俟奉到驗收名表，即予全盤徹底清算，多減少增，並仰先行知照！此令。

區長 [signature]

已制卡

附：本区各镇乡应补送二、三两月份加征丁额应拨交九四军入营壮丁欠数表

本區各鎮鄉應補送二三兩月份加征丁額應撥交九四軍入營壯丁欠數表

鎮鄉別	配賦名額 正額	配賦名額 備補	配賦名額 合計	第一次送交驗收數	第二次交轉送數	合計已送數	送補數	備攷
八塘	22	7	29	10	4	14	15	
依鳳	16	5	21	14	0	14	7	
大路	24	7	31	7	15	22	9	
龍溪	12	4	16	6	3	9	7	
接龍	16	5	21	6	4	10	11	
青木	10	3	13	6	1	7	6	
六塘	12	4	16	3	6	9	7	
七塘	18	5	23	3	6	9	14	
路江	18	5	23	10	9	19	4	
那龍	16	5	21	3	5	8	13	
總計	164	50	214	68	53	121	93	

四月七日列

璧山县政府第三区区署关于检发一九三八年十一月份起至特征兵止验收名额品迭超欠一览表、征兵应补名额一览表致璧山县临江乡联保的训令（一九三九年四月二十三日）

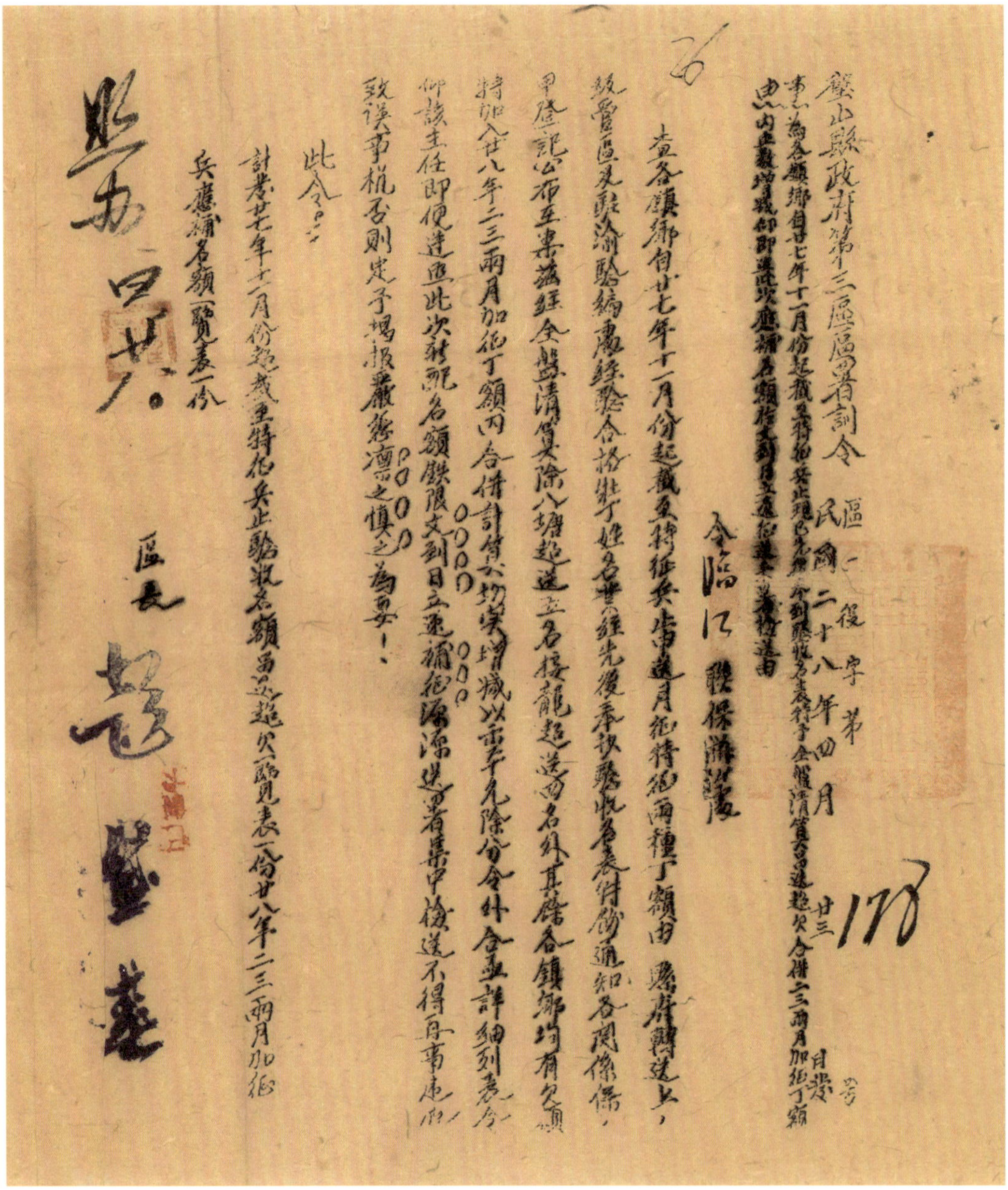

璧山县政府第三区区署训令　区一役字第　号

民国二十八年四月廿三日发

事由：为各镇乡自廿七年十一月份起截至特征兵止现已先后送到验收名表符予全盘清算出送超欠合併二三两月加征丁额思内再数增减仰即遵照应补名额限文到日立速补征送署集中检送由

令临江联保办事处

查各镇乡自廿七年十一月份起截至特征兵当送月征特征两种丁额，由县府验送兵，级区及县验编处经验合格壮丁姓名，业经先后奉执验收名表，抄发通知各关系保甲，登记公布在案。兹经全盘清算，其除八塘超送五名、接龙超送四名外，其余各镇乡均有欠额，特加入廿八年二三两月加征丁额内合併计算，切实增减，以重兵役。除分令外，合亟详细列表，令仰该主任即便遵照此次补配名额，限文到日立速补征，源源送署集中检送，不得再事迟延，致误事机，否则定予竭报严惩，凛之慎之为要！

此令。

计发廿七年十一月份起截至特征兵止验收名额出送超欠一览表一份，廿八年二三两月加征兵应补名额一览表一份

区长　赵□□

照办　四月廿六

附：璧山县第三区各镇乡应送丁额截至特征兵止品送超欠及二、三两月加征兵已送应补一览表

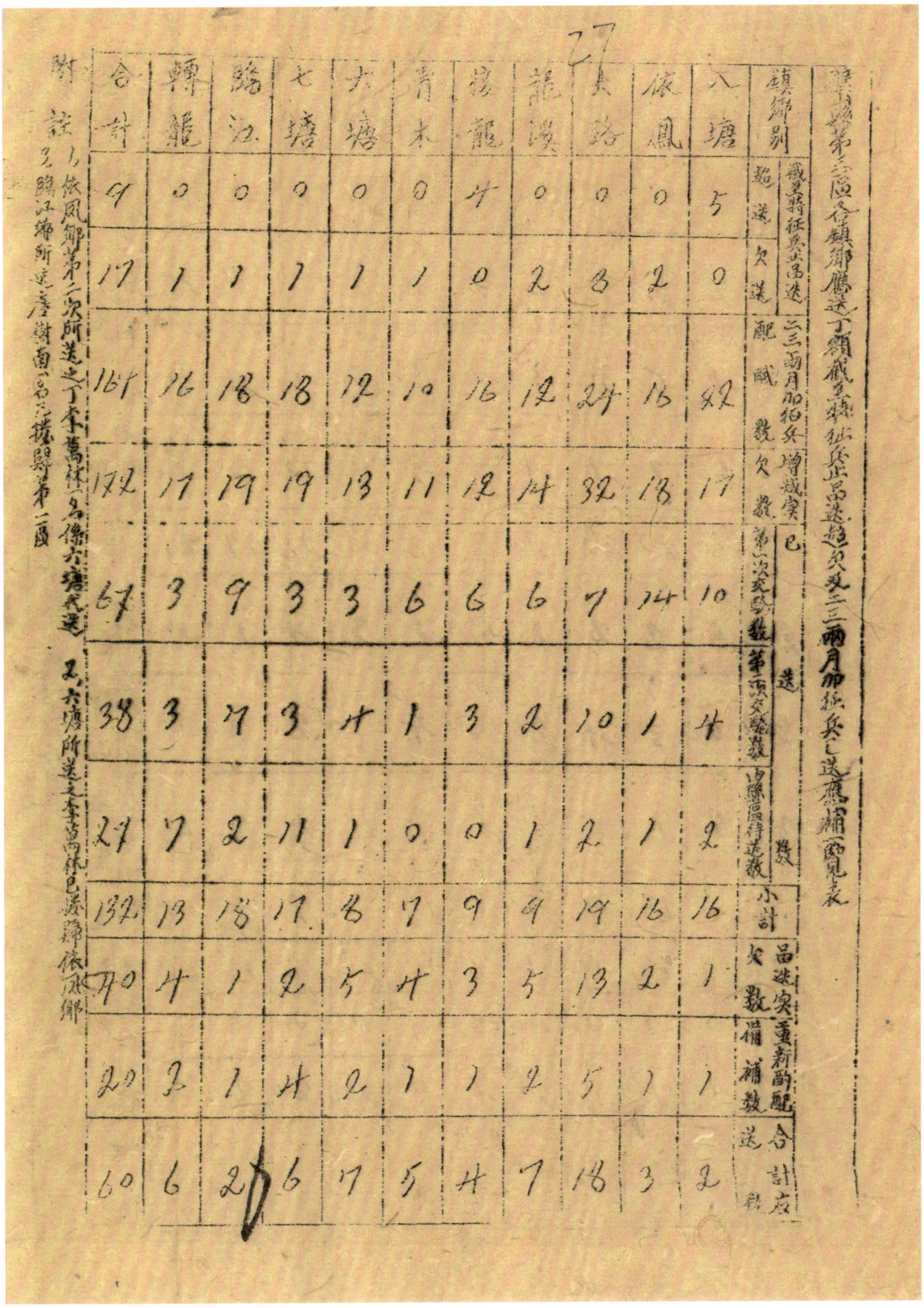

璧山縣第三區各鎮鄉應送丁額截至特征兵止品送超欠及二三兩月加征兵已送應補一覽表

27

鎮鄉別	截至特征兵止品送：超送	截至特征兵止品送：欠送	二三兩月加征兵：配賦數	二三兩月加征兵：增減實欠數	已送數：第一次交驗數	已送數：第二次交驗數	已送數：由縣府待送數	小計	品送實欠數	重新酌配備補數	合計應補送數
八塘	5	0	22	17	10	4	2	16	1	1	2
依鳳	0	2	16	18	14	1	1	16	2	1	3
大路	0	3	24	32	7	10	2	19	13	5	18
龍溪	0	2	12	14	6	2	1	9	5	2	7
健龍	4	0	16	12	6	3	0	9	3	1	4
青木	0	1	10	11	6	1	0	7	4	1	5
六塘	0	1	12	13	3	4	1	8	5	2	7
七塘	0	1	18	19	3	3	11	17	2	4	6
臨江	0	1	18	19	9	7	2	18	1	1	2
轉龍	0	1	16	17	3	3	7	13	4	2	6
合計	9	17	164	172	67	38	27	132	40	20	60

附註：1、依鳳鄉第二次所送之丁李萬林一名係六塘代送。又，六塘所送之李萬林已撥歸依鳳鄉。

2、臨江鄉所送彥樹[illegible]一名已撥歸第一區